LE NOUVEL

À portée de Maths

CM1
cycle 3

Janine Lucas
Jean-Claude Lucas
Marie-Pierre Trossevin
Professeurs des écoles

Laurence Meunier
Directrice d'école

Robert Meunier
Conseiller pédagogique

NOUVEAUX
2016
PROGRAMMES

hachette
ÉDUCATION

Création et exécution de la maquette intérieure et de couverture : Valérie GOUSSOT et Delphine D'INGUIMBERT

Mise en pages : Marse (Olivier RANDIER)

Illustrations : Marc GOUBIER, Paul BEAUPÈRE (p. 65 bas, p. 67 haut, p. 73 haut, p. 97, p. 99 haut et milieu, p. 104, p. 149 gauche, p. 165 droite, p. 172 à 175, p. 180 à 191)

Dessins techniques : Marse (Hélène OSTROWSKI, Olivier RANDIER)

Fabrication : Patricia ZALEWSKI

Édition : Maud KASSIR

PAPIER À BASE DE
FIBRES CERTIFIÉES

⊟ hachette s'engage pour
l'environnement en réduisant
l'empreinte carbone de ses livres.
Celle de cet exemplaire est de :
0,68 kg éq. CO$_2$
Rendez-vous sur
www.hachette-durable.fr

www.hachette-education.com

ISBN : 978-2-01-394742-8

© Hachette Livre 2016, 58 rue Jean Bleuzen, CS 70007, 92178 Vanves Cedex.

Avant-propos

LE NOUVEL À portée de Maths est un ouvrage entièrement nouveau et conforme aux programmes parus au *B.O.* du 26 novembre 2015.

- Il présente toujours une organisation par domaines mathématiques, permettant un usage très souple en fonction des exigences de chacun, mais il offre aussi une progression annuelle en début d'ouvrage pour ceux qui le souhaitent.

- Il introduit une **pratique régulière du calcul mental** en début de chaque leçon.

- Il fait une large place à la **résolution de problèmes**. Une nouvelle partie « PROBLÈMES TRANSVERSAUX » a été ajoutée afin de travailler dans un même problème plusieurs notions d'un même domaine ou de différents domaines.

- Il propose des **problèmes interdisciplinaires** pour faire le lien entre les mathématiques et les autres disciplines : géographie, sciences, histoire...

- Il offre, dans chaque domaine, des **activités numériques** pour initier les élèves à l'usage de différents logiciels.

Les leçons, qui ont été complètement repensées, sont toutes construites sur le même schéma et comportent :

- une activité de « **Calcul mental** » ;
- un « **CHERCHONS ENSEMBLE** » permettant de découvrir en collectif une nouvelle notion de façon simple et immédiate ;
- un « **JE RETIENS** » servant de référentiel à l'élève ;
- un « **J'APPLIQUE** » permettant un réinvestissement de la notion étudiée ;
- un « **JE M'ENTRAÎNE** » composé de nombreux exercices d'appropriation classés par compétences et de nombreux problèmes. Tous sont gradués en difficulté (de une étoile ∗ à trois étoiles ⁑) afin de pratiquer facilement la différenciation en classe ; certains sont en lien avec d'autres disciplines GÉOGRAPHIE ;
- un « **À TOI DE JOUER** » en fin de leçon, offre une approche plus ludique.

Des pages « **JE PRÉPARE L'ÉVALUATION** » proposent régulièrement de revoir un ensemble de leçons avant d'évaluer les élèves.

Cet ouvrage reste fidèle à l'esprit de l'édition précédente et offre une vision du livre de mathématiques clairement articulée autour de l'autonomie pédagogique, considérant comme une évidence que :
l'enseignant est un professionnel qui choisit et assume sa pédagogie. Le rôle d'un manuel n'est donc pas de lui imposer une démarche formalisée, mais de le soutenir dans ses actions de formation.

Nous ne doutons pas qu'avec ce manuel, complété par le **guide pédagogique**, le **cahier d'activités** et les **photofiches**, l'enseignant trouvera les outils nécessaires pour asseoir une pédagogie de la réussite propre à la formation des futurs citoyens.

Les auteurs

Sommaire

NOMBRES ET CALCULS 9

Proposition de progression annuell

Sommaire du calcul mental

NOMBRES ET CALCULS

Compétence : Connaître quelques fonctionnalités de la calculatrice utiles pour effectuer une suite de calculs.
Calcul mental : Donner le nombre de dizaines, de centaines, de milliers, ex. 1 à 5 p. 144.

Je veux passer de 145 à 169 sans effacer.

Cherchons ensemble

a. Recopie ce tableau et note ce que Valentin doit faire. Plusieurs solutions sont possibles !

Je tape										
Je lis										

b. Vérifie avec ta calculatrice.

c. Compare ce que tu as trouvé avec les résultats de ton (ta) voisin(e).

Je retiens

→ **Voici les différentes touches de la calculatrice.**

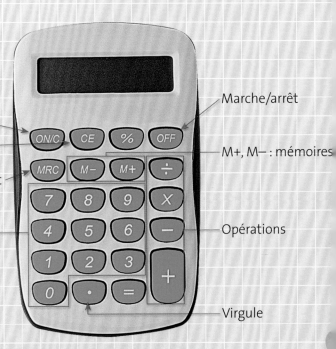

Remise à zéro

Effacement du dernier nombre

MRC : calcule automatiquement la différence entre M+ et M−

Chiffres

Marche/arrêt

M+, M− : mémoires

Opérations

Virgule

→ Effectuer les calculs à la calculatrice permet d'éviter des calculs trop longs ou de vérifier des résultats.
Attention ! Si tu as mal tapé un signe sur ta calculatrice, ton résultat ne sera pas correct. Calcule toujours l'ordre de grandeur du résultat !

J'applique

1 * **Reproduis et complète le tableau correspondant à l'opération 3 256 − 958 = .**

Je tape							
Je lis							

2 * **Reproduis et complète le tableau correspondant à l'opération 16 + 37 + 19 = .**

Je tape							
Je lis							

3 ⁝ **Effectue ces opérations à l'aide de t[a] calculatrice.**

a. 912 + 3 096 + 36 567 = ...

b. 57 902 − 28 439 = ...

c. 5 634 × 37 = ...

d. 5 409 + 756 + 2 009 = ...

e. 3 026 × 104 = ...

f. 6 357 : 3 = ...

g. 7 956 − 987 = ...

h. 1 047 + 39 + 478 + 593 = ...

Je m'entraîne

Effectuer une suite de calculs avec la calculatrice

4 * Sans utiliser ta calculatrice, trouve le résultat final de chaque programme. Vérifie ensuite avec ta calculatrice.

a.

| 9 | 7 | + | 8 | = | – | 3 | 1 | = |

b.

| 5 | 6 | – | 8 | × | 2 | + | 5 | = |

5 * Reproduis ces tableaux et écris dans les cases vides ce que tu dois taper sur ta calculatrice pour obtenir le résultat demandé.

a.

| 4 896 | .... | .... | = | 5 056 |

b.

| 3 629 | .... | .... | = | 3 229 |

6 Effectue les calculs suivants à l'aide de ta calculatrice, de deux manières différentes : en faisant une addition, puis sans faire d'addition.

a. 38 + 38 + 38 + 38 = ...

b. 49 + 49 + 49 = ...

c. 104 + 104 + 104 + 104 = ...

7 a. Reproduis et complète ce tableau. Que remarques-tu ?

Je tape	4	×	4	=	=	=
Je lis						

b. Continue ces suites. Trouve six nombres.

● 36 ; 72 ; 108 ; ....   ● 256 ; 512 ; 768 ; ....

8 a. Reproduis et complète ce tableau.

Je tape	7	4	×	2	M+	4	8	M–	MRC
Je lis									

b. À quelle opération ton travail correspond-il ?

● (74 × 2) – 48   ● (74 × 2) + 48

9 Effectue les calculs suivants en utilisant les touches M+, M– et MRC, comme dans l'exemple.

(226 + 109) – (78 + 64)

| Je tape | 2 | 2 | 6 | + | 1 | 0 | 9 | M+ | 7 | 8 | + | 6 | 4 | M– | MRC |

a. (36 + 77 + 608) – 325

b. (256 + 36) – (107 + 88)

c. (98 × 25) – (24 × 18)

d. (205 × 39) + (47 × 4) – 3 021

10 Essaie d'effectuer les calculs suivants à l'aide de ta calculatrice.
Que constates-tu ? Comment peux-tu procéder ?

a. 382 000 × 782 = ...   b. 32 000 × 8 600 = ...

c. 60 780 000 + 80 550 000 + 40 900 000 = ...

PROBLÈMES

Résous les problèmes suivants uniquement à l'aide de ta calculatrice. (Tu ne dois utiliser ni feuille ni crayon !)

11 * 25 membres d'un club sportif ont loué un gîte pour le week-end. Ils doivent payer chacun 18 € pour la location, mais le responsable du gîte accorde une réduction totale de 42 €.
Quel sera le montant de la facture ?

12 Un livreur doit charger différents colis dans sa camionnette :
– 15 colis pesant chacun 12 kg ;
– 4 colis pesant chacun 19 kg ;
– 1 colis pesant 32 kg.

Il ne doit pas dépasser une charge maximale de 300 kg. Peut-il charger tous les colis ?

SCIENCES
13 Un jardinier effectue les achats suivants :
– 6 pots de pétunias à 3 € l'un ;
– 2 barquettes de géraniums à 4 € l'une ;
– 2 barquettes de mufliers à 3 € l'une ;
– 1 suspension de fuchsias à 6 €.
Quelle somme totale va-t-il payer ?

À toi de jouer

Sauras-tu retrouver les deux signes manquants dans ce programme ?

| 1 | 2 | × | 2 | 5 | M+ | .... | .... | M– | MRC |

À la fin de mon programme, ma calculatrice affichait : 225.

Compétences : Connaître, savoir écrire, nommer et décomposer les nombres entiers. Comparer, ranger, encadrer ces nombres.
Calcul mental : Écrire un nombre entier à partir de sa décomposition, ex. 21 p. 144

Cherchons ensemble

En cours de géographie, Solène et Ismaël étudient la superficie de départements français.

a. Écris toutes les superficies en chiffres, puis en lettres.

b. Range ces départements dans l'ordre croissant de leur superficie.

c. Encadre la superficie du département du Finistère entre les deux centaines les plus proches.

Département	Superficie en km^2
Nord	$(5 \times 1\,000) + (7 \times 100) + (4 \times 10) + 3$
Rhône	3 249
Finistère	673 dizaines et 3 unités
Paris	1 centaine et 5 unités
Var	cinq mille neuf cent soixante-treize

Je retiens

→ Le **nombre 5 743** est composé de **quatre chiffres** : le 5 ; le 7 ; le 4 ; le 3.

Il peut s'écrire de différentes façons :
- 5 743
- $(5 \times 1\,000) + (7 \times 100) + (4 \times 10) + 3$
- Dans 5 743, il y a **5 milliers et 743 unités** ou **57 centaines et 43 unités** ou **574 dizaines et 3 unités**.

m	c	d	u
5	7	4	3

- cinq mille sept cent quarante-trois
- 5 unités de mille, 7 centaines, 4 dizaines, 3 unités

→ **Pour comparer** deux nombres entiers :
- Si les deux nombres n'ont pas le même nombre de chiffres, le plus grand est celui qui a le plus de chiffres.

Exemple : 5 693 > 456

- Si les deux nombres ont le même nombre de chiffres, on compare ces nombres en partant de la gauche, chiffre par chiffre.

Exemple : 3 742 < 3 813 parce que 7 < 8.

→ **Pour ranger** des nombres **dans l'ordre croissant**, on les écrit du plus petit au plus grand.
Pour ranger des nombres **dans l'ordre décroissant**, on les écrit du plus grand au plus petit.

→ **Pour encadrer** un nombre, on cherche le nombre immédiatement inférieur et le nombre immédiatement supérieur terminés par un ou plusieurs zéros.

Exemple : Encadrer à la dizaine près le nombre 2 356. → 2 350 < 2 356 < 2 360

J'applique

1 * **Écris en chiffres les nombres suivants.**

a. sept mille trois cent quarante-deux

b. huit mille neuf cent huit

c. trois mille six cent cinquante-neuf

d. quatre mille vingt-huit

e. mille deux cents

2 * **Écris en lettres les nombres suivants.**

a. 6 748   **c.** 4 582   **e.** 7 400

b. 2 009   **d.** 8 558

3 ‡ **Décompose ces nombres comme dan l'exemple.**

5 679 → $(5 \times 1\,000) + (6 \times 100) + (7 \times 10) + 9$

a. 2 347   **c.** 6 778   **e.** 1 894

b. 4 653   **d.** 2 754

4 ‡ **Retrouve les nombres correspondants.**

a. $(4 \times 1\,000) + (5 \times 100) + (7 \times 10) + 4$

b. $8 + (6 \times 100) + (7 \times 10\,) + (3 \times 1\,000)$

c. $(7 \times 100) + 3 + (2 \times 1\,000)$

Je m'entraîne

Écrire des nombres entiers

5 ✴ **Écris les nombres suivants en lettres, puis sous forme d'une décomposition.**

a. 1 789　　**c.** 548　　**e.** 9 999

b. 6 521　　**d.** 3 253

6 ⁝ **Recopie et complète comme dans l'exemple.**

46 dizaines et 4 unités → 464

a. 45 centaines et 7 dizaines → ....

b. 6 unités de mille et 8 unités → ....

c. 78 centaines et 7 dizaines → ....

d. 78 centaines et 7 unités → ....

e. 3 unités de mille et 8 dizaines → ....

Comparer des nombres entiers

7 ✴ **Recopie et complète avec le signe qui convient (< ou >).**

a. 9 106 .... 7 592　　**d.** 5 678 .... 5 679

b. 4 518 .... 4 501　　**e.** 5 644 .... 5 640

c. 3 745 .... 3 475

Ranger des nombres entiers

8 ✴ **Range ces nombres dans l'ordre croissant.**

5 099 – 5 009 – 5 900 – 5 100 – 3 999 – 4 010 – 5 109 – 5 090

9 ⁝ **Range ces nombres dans l'ordre décroissant.**

7 001 – 6 099 – 6 999 – 7 099 – 7 999 – 6 009 – 7 019 – 7 009

Encadrer des nombres entiers

10 ⁝ **Recopie et complète ce tableau.**

Nombre précédent	Nombre donné	Nombre suivant
....	4 000	....
....	2 699	....
....	6 788	....
....	3 999	....
....	3 897	....

11 ⁝ **Encadre les nombres suivants à la dizaine près, puis à la centaine près.**

a. 3 978　　**c.** 6 846　　**e.** 2 163

b. 9 999　　**d.** 7 332

PROBLÈMES

GÉOGRAPHIE

12 ⁝ **Observe ce tableau donnant l'altitude de quelques sommets français.**

Massif	Sommet	Altitude en m
Corse	Monte Cinto	2 706
Massif central	Puy de Sancy	1 886
Alpes	Mont Blanc	4 810
Jura	Crêt de la Neige	1 723
Pyrénées	Pic Vignemale	3 298
Vosges	Ballon de Guebwiller	1 424

a. Écris en lettres ces différents nombres.

b. Range ces sommets du moins élevé au plus élevé.

13 ⁝ M. Lupin veut s'acheter une voiture. Il dispose de 8 780 €. Le vendeur lui propose :

　– une voiture d'occasion à 5 000 € ;

　– une petite voiture neuve à 8 000 € ;

　– une grande voiture neuve à 9 000 €.

a. Quelle voiture peut-il acheter ?

b. Combien lui manque-t-il pour acheter la grande voiture neuve ?

🎲 À toi de jouer

Nombre mystère

– Son chiffre des unités est supérieur à 8.

– Son chiffre des unités de mille est égal au triple de 1.

– Son chiffre des dizaines est le double de celui des unités de mille.

– Il contient un 0.

Qui est-il ?

3 Les nombres jusqu'à 999 999 (1) : lire, écrire et décomposer

Compétences : Connaître, savoir écrire, nommer et décomposer les nombres entiers.

Calcul mental : Écrire le nombre entier précédent, le nombre entier suivant, ex. 28 et 29 p. 145.

Cherchons ensemble

Louis et Morgane ont pioché les étiquettes suivantes.

a. En assemblant ces étiquettes, aide-les à former :
- le plus grand nombre possible avec 4 étiquettes.
- le plus petit nombre possible avec 4 étiquettes.
- le plus grand et le plus petit nombre avec toutes les étiquettes.

b. Dans le plus grand nombre avec toutes les étiquettes :
- Que représente le chiffre 8 ?
- Combien y a-t-il de centaines ?

mille	cent(s)	vingt(s)
huit	quatre	trente

Je retiens

→ **Pour écrire** un nombre, il faut séparer la classe des mille de celle des unités simples par un espace.

Exemple : 126 839

On peut utiliser un tableau de numération.
Dans chaque classe, on range trois chiffres :
celui des centaines, des dizaines et des unités.
126 839 s'écrit cent vingt-six **mille** huit cent trente-neuf.

Classe des mille			Classe des unités simples		
c	d	u	c	d	u
1	2	6	8	3	9

→ **Pour lire** un nombre, il faut commencer par le nombre de mille, puis le nombre d'unités simples.

→ Il y a deux façons de **décomposer** ce nombre :
- 126 839 = 100 000 + 20 000 + 6 000 + 800 + 30 + 9
- 126 839 = (1 × 100 000) + (2 × 10 000) + (6 × 1 000) + (8 × 100) + (3 × 10) + 9

→ **Attention :**
- Mille est invariable. *Exemple :* soixante mille
- Cent prend un « s » au pluriel s'il est le dernier mot. *Exemple :* quatre cent trente-deux mille six cent
- On met toujours un trait d'union entre le chiffre des dizaines et celui des unités.

Exemple : sept cent cinquante-six mille neuf cent quarante-deux

J'applique

1 * **Recopie en séparant les différentes classes des nombres.**

- **a.** 234576
- **b.** 200002
- **c.** 7090
- **d.** 687908
- **e.** 54076
- **f.** 57008
- **g.** 687321
- **h.** 008765
- **i.** 067850
- **j.** 45987

2 * **Écris ces nombres en lettres.**

- **a.** 56 987
- **b.** 400 004
- **c.** 435 809
- **d.** 208 480
- **e.** 231 200

3 * **Écris ces nombres en chiffres.**

- **a.** deux cent trente-trois mille six cent quatre
- **b.** sept cent soixante-quatre mille neuf cents
- **c.** quatre cent vingt-six mille deux cent trente
- **d.** quatre-vingt-deux mille huit cent soixante et u
- **e.** six cent soixante-quatre mille cinq cent dix

4 * **Décompose ces nombres.**

- **a.** 53 980
- **b.** 998 998
- **c.** 548 215
- **d.** 652
- **e.** 1 256

Je m'entraîne

Connaître et savoir écrire les nombres entiers

5 ‡ Que représente le chiffre 3 dans chaque nombre ?

a. 456 038   **c.** 999 326   **e.** 376 455

b. 754 003   **d.** 603 111   **f.** 436 788

6 ‡ Dans chaque nombre, entoure en rouge le chiffre des centaines. Entoure en bleu le chiffre des dizaines de mille.

a. 456 876   **c.** 568 893   **e.** 300 000

b. 56 704   **d.** 32 815

7 ‡ Dans chaque nombre, entoure en rouge le chiffre des unités de mille. Entoure en bleu le nombre de centaines.

a. 342 875   **c.** 803 705   **e.** 421 190

b. 450 605   **d.** 258 930

8 ‡ Quel est le nombre...

a. ... de centaines dans 345 876 ?

b. ... d'unités de mille dans 65 219 ?

c. ... de centaines de mille dans 745 008 ?

d. ... de dizaines dans 5 005 ?

e. ... de dizaines de mille dans 128 769 ?

Décomposer les nombres entiers

9 ‡ Décompose les nombres suivants comme dans l'exemple.

254 008 = 200 000 + 50 000 + 4 000 + 8

a. 567 987   **c.** 400 765   **e.** 126 452

b. 298 550   **d.** 78 451

10 ‡ Décompose les nombres suivants comme dans l'exemple.

273 704

$(2 \times 100\,000) + (7 \times 10\,000) + (3 \times 1\,000) + (7 \times 100) + 4$

a. 33 024   **c.** 148 548   **e.** 407 015

b. 382 000   **d.** 444 505

11 ‡ Retrouve chaque nombre.

a. 50 000 + 5 + 600 + 4 000

b. 600 000 + 3 000 + 300 + 9

c. 100 000 + 90 000 + 5 000 + 700 + 30 + 2

d. 50 000 + 4

e. 6 + 700 + 20 000 + 80

12 ‡ Recopie et complète ces additions.

a. 62 345 = ... + 2 000 + ... + 45

b. 654 948 = 650 000 + ... + 900 + ...

c. 19 675 = ... + 9 000 + ... + 5

d. 405 300 = 400 000 + ... + 5 000

e. 151 087 = 150 000 + ... + ...

PROBLÈMES.........................

GÉOGRAPHIE

13 ‡ Observe ces données sur les hébergements touristiques en France.

Type d'hébergement	Nombre	Capacité
Hôtel	17 143	537 500
Camping	6 083	616 370
Résidence collective	1 600	560 780
Gîte	44 000	58 750

a. Écris en lettres ces nombres.

b. Décompose chaque nombre.

c. Que représente le chiffre 7 dans ces nombres ?

14 ‡ M. Cèdlachance joue à la loterie. En janvier, il a gagné une fois 200 000 € et deux fois 10 000 €.

a. Quelle somme totale a-t-il gagnée ?

En février, il perd deux cent dix-neuf mille neuf cent quatre-vingt-dix euros.

b. Combien lui reste-t-il ?

À toi de jouer

Dahlia a lancé six dés.
Trouve le plus grand nombre possible à partir des chiffres indiqués par les dés.
Écris-le en chiffres et en lettres.

Compétences : Comparer, ranger, encadrer des nombres entiers.
Calcul mental : Donner le nombre de dizaines de mille, de centaines de mille, de millions, ex. 14 à 17 p. 144.

Cherchons ensemble

Pierre et Tom étudient la superficie de plusieurs pays d'Europe.
a. Quel pays a la plus grande superficie ?
b. Quel pays a la plus petite superficie ?
c. Range ces pays du plus grand au plus petit. Explique comment tu as procédé.
d. Pour chaque pays, arrondis les nombres à la centaine la plus proche.

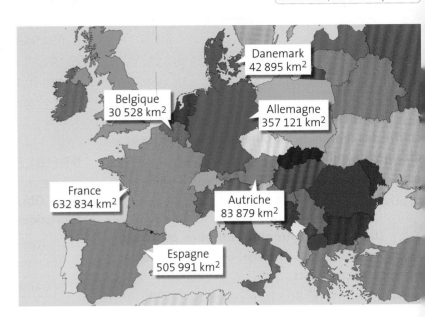

Danemark 42 895 km²
Belgique 30 528 km²
Allemagne 357 121 km²
France 632 834 km²
Autriche 83 879 km²
Espagne 505 991 km²

Je retiens

→ **Pour comparer** deux nombres entiers :
• Si les deux nombres n'ont pas le même nombre de chiffres, le plus grand est celui qui a le plus de chiffres.
Exemple : 456 097 > 78 956
• Si les deux nombres ont le même nombre de chiffres, on compare ces nombres en partant de la gauche, chiffre par chiffre.
Exemple : 46 **7**89 < 46 **9**90 parce que **7** < **9**

→ **Pour ranger** des nombres **dans l'ordre croissant**, on les écrit du plus petit au plus grand.
Pour ranger des nombres **dans l'ordre décroissant**, on les écrit du plus grand au plus petit.

→ **Pour encadrer** un nombre, on cherche le nombre immédiatement inférieur et le nombre immédiatement supérieur terminés par un ou plusieurs zéros.
Exemple : Encadrer à la centaine près le nombre 24 672.   24 600 < 24 672 < 24 700

J'applique

1 * **Recopie et mets le signe qui convient (< ou >).**
a. 123 215 .... 204 000
b. 56 112 .... 401 028
c. 458 120 .... 460 119
d. 844 186 .... 805 637
e. 612 016 .... 612 060

2 **Range ces nombres dans l'ordre croissant.**
14 140 – 10 404 – 14 410 – 140 000 – 14 044 – 10 044

3 **Range ces nombres dans l'ordre décroissan**
85 329 – 858 004 – 58 725 – 850 000 – 580 725
88 254

4 **Recopie et complète avec un nombre qu**
convient.
a. 104 512 < .... < 105 000   **d.** 33 303 < .... < 33 333
b. 215 233 < .... < 215 300   **e.** 600 655 < .... < 605 56
c. 12 891 < .... < 12 900

Je m'entraîne

Comparer des nombres entiers

5 * Recopie et mets le signe qui convient (< ou >).

a. 246 333 .... 536 943   **d.** 900 099 .... 901 099

b. 27 642 .... 124 201   **e.** 76 806 .... 74 806

c. 558 891 .... 459 981

6 Recopie et mets le signe qui convient (< ou >).

a. 631 424 .... 63 424   **d.** 19 452 .... 194 352

b. 15 984 .... 159 840   **e.** 279 634 .... 289 634

c. 7 083 .... 6 083

7 Recopie et mets le signe qui convient (< ou >).

a. 759 578 .... 759 758   **d.** 79 431 .... 794 031

b. 27 866 .... 127 866   **e.** 356 999 .... 357 000

c. 896 654 .... 896 655

Ranger des nombres entiers

8 * Range ces nombres dans l'ordre croissant.

7 031 − 94 531 − 134 853 − 39 631 − 3 941

9 * Range ces nombres dans l'ordre décroissant.

945 633 − 3 526 − 27 831 − 531 631 − 8 646

10 Range ces nombres dans l'ordre croissant.

36 325 − 363 250 − 36 426 − 36 425 − 364 250

11 Range ces nombres dans l'ordre décroissant.

72 324 − 73 324 − 72 234 − 723 245 − 722 324

Encadrer des nombres entiers

12 * Recopie et complète avec un nombre qui convient.

a. 72 031 < .... < 72 052   **d.** 19 823 < .... < 19 830

b. 127 605 < .... < 129 605   **e.** 746 186 < .... < 755 560

c. 300 999 < .... < 301 999

13 Recopie et complète ce tableau.

Nombre précédent	Nombre donné	Nombre suivant
....	365 999	....
....	36 889	....
....	700 000	....
....	543 999	....
....	270 099	....

14 Encadre le nombre donné.

a. À la centaine précédente et à la centaine suivante.

• 343 651   • 75 930   • 809 199

b. À la dizaine de mille précédente et à la dizaine de mille suivante.

• 13 842   • 746 366   • 173 799

PROBLÈMES . . . .

GÉOGRAPHIE

15 * Observe ce tableau.

Ville	Population
Toulouse	458 298
Montpellier	272 084
Marseille	855 393
Strasbourg	275 718
Nice	342 295
Lyon	500 715
Nantes	292 718
Versailles	566 979

Range ces villes dans l'ordre croissant de leur nombre d'habitants.

16 Quel est le plus grand nombre entier qui s'écrit avec trois chiffres ? avec quatre chiffres ? avec cinq chiffres ? avec six chiffres ?

À toi de jouer

Lis ces deux phrases après avoir ajouté **1 unité** à chaque nombre en orange.

• La superficie du lac Tchad, en Afrique, est passée de 24 999 km² en 1963 à 8 999 km² actuellement.

• Chaque année, 36 999 km² de banquise fondent au Groenland, soit l'équivalent de la superficie de la Belgique et du Luxembourg réunis !

Cherchons ensemble

Rémy est passionné de cinéma.
Il a trouvé un document sur les six films qui ont fait le plus d'entrées.

Films	Nombre de spectateurs
Titanic	vingt et un millions sept cent soixante-quatorze mille cent quatre-vingt-un
Bienvenue chez les Ch'tis !	20 489 303
Intouchables	dix-neuf millions quatre cent quarante mille neuf cent vingt
Blanche-Neige et les Sept Nains	18 319 651
La Grande Vadrouille	17 267 607
Autant en emporte le vent	seize millions sept cent dix-neuf mille deux cent trente-six

a. Lis à haute voix tous ces nombres.

b. Écris en chiffres les nombres écrits en lettres. À quoi dois-tu faire attention ?

c. Écris en lettres les nombres écrits en chiffres.

Je retiens

→ Les nombres sont rangés en **trois classes** : les millions, la classe des mille et les unités simples.

Exemple :

millions			mille			unités simples		
c	d	u	c	d	u	c	d	u
	3	6	7	2	1	0	1	4

→ **Pour lire** un grand nombre, il faut d'abord lire le nombre de millions, puis le nombre de mille et enfin le nombre d'unités simples.

Exemple : trente-six **millions** sept cent vingt et un **mille** quatorze

→ **Pour écrire** un grand nombre, il faut regrouper les chiffres par trois en commençant par les unités simples avec un espace entre chaque classe... Attention à ne pas oublier les zéros intercalés !

Exemple : 36 721 014

J'applique

1 ✳ Recopie ces nombres en séparant les classes de nombres. Enlève les zéros inutiles si besoin.

a. 3457839 **d.** 007948300

b. 0230046980 **e.** 79106320

c. 88974364

2 ✳ Écris ces nombres en lettres.

a. 48 007 636 **c.** 3 793 600 **e.** 19 019 019

b. 151 003 615 **d.** 23 846 703

3 ✱ Écris en chiffres les nombres suivants. N'oublie pas les espaces.

a. cinq millions six cent trente-sept mille

b. vingt-six millions

c. cent quarante-trois millions six cent mille trois cent trois

d. six cent cinquante-sept millions huit cent cinq

e. neuf cent trente-sept millions huit cent cinq mille sept cent vingt-six

Je m'entraîne

Connaître et savoir écrire les nombres entiers

4 * **Écris ces nombres en lettres.**

a. 24 780 123   **c.** 7 823 090   **e.** 6 453 784

b. 896 090 013   **d.** 209 140 500

5 ‡ **Écris en chiffres les nombres suivants. N'oublie pas les espaces.**

a. trois millions deux cent quatre mille douze

b. cinquante-sept millions cinquante

c. deux cent treize millions six mille cinq cent soixante-dix-huit

d. neuf millions cent mille six cents

e. cent quatre-vingts millions quatre cent quatorze mille huit cent neuf

6 ‡ **Dans chaque nombre, que représentent le chiffre 8 et le chiffre 6 ?**

a. 549 860 031   **c.** 1 095 863   **e.** 26 785 234

b. 34 627 845   **d.** 8 536 201

7 ‡ **Indique, pour chaque nombre, le nombre de centaines de mille.**

a. 3 567 200   **c.** 456 800 600   **e.** 78 090 702

b. 90 782 430   **d.** 342 901 678

Décomposer des nombres entiers

8 * **Décompose chaque nombre, comme dans l'exemple.**

26 341 057 = (2 × 10 000 000) + (6 × 1 000 000) + (3 × 100 000) + (4 × 10 000) + (1 × 1 000) + (5 × 10) + 7

a. 35 004 697   **c.** 5 744 689   **e.** 124 542 006

b. 83 125 054   **d.** 873 542 100

9 ‡ **Recopie et retrouve chaque nombre.**

a. 6 000 000 + 200 000 + 543

b. 640 000 + 25 000 000 + 37

c. 206 + 1 000 000 + 358 000

d. 137 000 000 + 452 + 111 000

e. 95 000 000 + 25 + 70 000

10 ‡ **Recopie et calcule ces additions sans les poser.**

a. 6 540 000 + 200 000   **d.** 2 300 000 + 700 000

b. 2 561 000 + 700   **e.** 5 644 500 + 20 000

c. 3 658 000 + 2 000 000

PROBLÈMES . . . .

11 * Écris les mots dont tu as besoin pour écrire en lettres les nombres suivants. N'écris pas deux fois le même !

a. 12 589 865   **b.** 708 000 807

GÉOGRAPHIE

12 ‡ En France, on compte environ six millions sept cent dix-huit mille neuf cents élèves dans les écoles maternelles et primaires.

Les élèves des collèges sont au nombre de trois millions trois cent douze mille trois cents.

a. Combien y a-t-il d'élèves dans les écoles ? Écris ce nombre en chiffres.

b. Combien y a-t-il d'élèves dans les collèges ? Écris ce nombre en chiffres.

c. Décompose ces deux nombres.

d. Le nombre d'élèves dans les écoles primaires est de 4 161 900.

Quel est le nombre d'élèves dans les écoles maternelles ? Écris ce nombre en lettres.

À toi de jouer

Si tu parviens à décoder ce message, tu trouveras la distance moyenne qui sépare la Terre du Soleil (en km).

— Mon chiffre des centaines est 8.

— Mon nombre de millions est 149.

— Mon chiffre des dizaines est immédiatement inférieur au chiffre des centaines.

— Mon chiffre des centaines de mille est 5.

— Mon chiffre des unités de mille est identique au chiffre des dizaines.

— Mon chiffre des dizaines de mille est immédiatement supérieur au chiffre des centaines.

— Place un zéro là où il te manque un chiffre.

6 Les millions (2) : comparer, ranger et encadrer

Compétences : Comparer, ranger, encadrer des nombres entiers.

Calcul mental : Arrondir un nombre entier, ex. 38 à 40 p. 145.

Cherchons ensemble

Voici les superficies en km² des 8 pays les plus grands du globe.

a. Quel pays a la plus grande superficie ?

b. Quel pays a la plus petite superficie ?

c. Comment as-tu fait pour trouver ?

d. Range tous ces pays dans l'ordre croissant.

Brésil	8 511 965
Russie	17 055 200
Argentine	2 766 890
Canada	9 984 670
États-Unis	9 631 420
Inde	3 287 590
Chine	9 596 560
Australie	7 886 650

Je retiens

→ **Pour comparer** deux grands nombres, on compare en premier la classe des millions, puis celle des mille et enfin celle des unités simples.

Exemples :
- **559** 805 474 < **570** 805 474   car   **559** < **570**.
- 6 **763** 628 > 6 **753** 628   car   **763** > **753**.
- 49 366 **895** > 49 366 **894**   car   **895** > **894**.

→ **Pour ranger** des nombres **dans l'ordre croissant**, on les écrit du plus petit au plus grand.
Pour ranger des nombres **dans l'ordre décroissant**, on les écrit du plus grand au plus petit.

→ **Pour encadrer** un nombre, on cherche le nombre immédiatement inférieur et le nombre immédiatement supérieur terminés par un ou plusieurs zéros.
Exemple : Encadrer à la dizaine de mille près le nombre 15 678 301.
→ 15 670 000 < 15 678 301 < 15 680 000

J'applique

1 * **Recopie et mets le signe qui convient (< ou >).**

a. 37 256 019 .... 35 256 018

b. 56 135 064 .... 56 118 075

c. 67 904 064 .... 67 904 406

d. 98 009 710 .... 98 010 614

e. 147 453 985 .... 14 745 985

2 ⁑ **Range ces nombres dans l'ordre croissant.**
12 580 900 – 125 809 000 – 12 579 901 –
1 257 990 – 11 999 998 – 12 581 008

3 ⁑ **Range ces nombres dans l'ordre décroissant.**
24 780 900 – 247 809 000 – 24 779 901 –
2 477 990 – 23 999 998 – 24 781 005

4 ⁑ **Recopie et complète par un nombre qui convient.**

a. 28 509 026 < .... < 29 946 270

b. 670 700 098 < .... < 670 700 100

c. 15 890 678 > .... > 15 890 600

d. 79 999 645 < .... < 80 000 000

e. 6 578 907 > .... > 6 577 998

Comparer des nombres entiers

5 * Recopie et mets le signe qui convient (< ou >).

a. 123 753 452 .... 123 753 462

b. 673 000 341 .... 674 000 342

c. 99 031 478 .... 98 041 478

d. 548 931 000 .... 548 931 600

e. 32 675 543 .... 33 675 643

6 * Pour chaque série de nombres, écris le nombre le plus grand.

a. 123 768 – 98 729 314 – 541 893 300

b. 34 500 959 – 49 781 617 – 56 324 848

c. 12 341 723 – 12 431 723 – 12 341 732

d. 345 156 001 – 345 146 002 – 346 146 000

e. 56 309 870 – 56 390 870 – 56 039 870

7 ⁑ Recopie et mets le signe qui convient (< ou >).

a. 46 789 070 .... 467 798 070

b. 654 000 740 .... 943 312 999

c. 98 359 768 .... 698 359 768

d. 155 378 601 .... 155 478 701

e. 434 233 655 .... 444 244 644

Ranger des nombres entiers

8 * Range ces nombres dans l'ordre croissant.

23 765 564 – 32 765 564 – 23 865 564 –
32 865 564 – 3 564 756 – 123 865 564

9 ⁑ Range ces nombres dans l'ordre croissant.

182 346 721 – 182 346 821 – 182 546 721 –
182 356 621 – 183 146 121 – 182 446 621

10 ⁑ Range ces nombres dans l'ordre décroissant.

78 481 675 – 98 471 645 – 78 491 665 –
98 481 675 – 108 841 756 – 98 941 675

11 ⁑ Range ces nombres dans l'ordre décroissant.

139 674 321 – 139 664 421 – 139 673 221 –
39 664 321 – 139 774 231 – 139 734 311

Encadrer des nombres entiers

12 * Recopie et complète avec un nombre qui convient.

a. 317 000 < .... < 318 000

b. 3 426 000 < .... < 3 427 000

c. 256 846 680 < .... < 256 846 690

13 ⁑ Recopie et encadre ces nombres entre les deux milliers les plus proches.

a. .... < 12 341 718 < ....   **d.** .... < 237 479 531 < ....

b. .... < 9 678 943 < ....   **e.** .... < 677 441 322 < ....

c. .... < 25 000 605 < ....

PROBLÈMES

GÉOGRAPHIE

14 ⁑ Observe ce tableau de la production de fruits en France.

Fruits	Masse en kg
Prunes	152 542 675
Kiwis	67 563 800
Pêches	280 317 429
Raisin de table	52 098 700
Poires	124 776 450
Abricots	186 158 925
Cerises	30 310 650
Fraises	55 195 680

a. Range ces fruits dans l'ordre décroissant de leur production.

b. Encadre chaque nombre entre les deux centaines de mille les plus proches.

15 ⁑ Trouve un nombre de huit chiffres en utilisant une seule fois chaque étiquette.

vingt   millions   six   cent

mille   treize   trente

Écris ce nombre en chiffres et en lettres.

À toi de jouer

Dans chaque couple de nombres, ne conserve que le plus petit, puis additionne-les pour trouver le nombre d'habitants aux États-Unis.

• 9 346 562 ; 9 453 562

• 177 990 401 ; 177 981 400

• 63 418 200 ; 61 418 301

• 68 707 737 ; 68 706 737

Utiliser la calculatrice

1 * **Recopie et complète le tableau correspondant à l'opération.**

7 029 − 376 = ...

Je tape									
Je tape									

2 ⁝ **Calcule ces opérations à l'aide de ta calculatrice.**

a. 87 + 4 027 + 6 908 = ...

b. 37 609 − 28 217 = ...

c. 9 094 × 37 = ...

d. 35 367 + 2 896 + 23 097 = ...

e. 3 097 × 120 = ...

Écrire les nombres en chiffres et en lettres

3 * **Écris en lettres les nombres suivants.**

a. 245 983

b. 504 678 329

c. 135 000 876

d. 15 980 600

e. 60 480

4 ⁝ **Écris en chiffres les nombres suivants.**

a. soixante-douze mille six cent quatorze

b. vingt-sept millions cinquante-neuf mille douze

c. trois cent quatre-vingt-quatorze millions quatre-vingt mille trente-sept

d. six cent mille trois cent quatre-vingts

e. neuf millions sept cent treize mille trente-sept

Décomposer un nombre entier

5 * **Décompose ces nombres.**

a. 38 729 = (.... × 10 000) + (.... × 1 000) + (.... × 100) + (.... × 10) + ...

b. 5 346 790 = ...

c. 670 824 = ...

d. 78 098 521 = ...

e. 9 389 107 = ...

6 ⁝ **Retrouve les nombres correspondants.**

a. (5 × 100 000) + (7 × 10 000) + (4 × 1 000) + (3 × 100) + (9 × 10) + 8

b. (8 × 1 000 000) + (8 × 100 000) + (3 × 1 000) + (2 × 10 000) + (6 × 10) + 9

c. (6 × 100 000) + (3 × 10 000 000) + (4 × 1 000 000) + (3 × 1 000) + (8 × 100) + (7 × 10)

d. (7 × 1 000 000) + (2 × 10 000) + (5 × 1 000) + (3 × 10) + 5

Connaître la signification des chiffres dans un nombre

7 * **Que représente le chiffre 9 dans les nombres suivants ?**

a. 13 409 123

b. 786 904 184

c. 76 890

d. 696 203 050

e. 926 704 345

f. 5 793 600

g. 9 806 452

h. 432 879

i. 65 789 032

j. 88 888 988

8 ⁝ **Pour chacun de ces nombres, indique quel est le chiffre des dizaines de mille.**

a. 36 789 021

b. 903 167 000

c. 9 034 601

d. 70 418 346

e. 897 785

f. 702 906

g. 67 890

h. 90 029 124

i. 584 082

j. 998 574 000

Donner le nombre de...

9 ⁝ **Dans chacun de ces nombres, indique le nombre de centaines, comme dans l'exemple.**

24 312 → 243

a. 145 298

b. 67 820

c. 12 932

d. 56 904 832

e. 254 847 524

f. 9 013

g. 4 619 496

h. 653 021

i. 908

j. 459 736 123

10 ⁝ **Dans chacun de ces nombres, indique le nombre de dizaines de mille, comme dans l'exemple.**

25 524 312 → 2 552

a. 456 907

b. 78 903 450

c. 905 345 900

d. 900 600

e. 14 785

f. 9 173 841

g. 890 345

h. 45 870

i. 5 390 650

j. 478 417 852

Comparer deux nombres entiers

11 * Recopie et complète avec le signe qui convient (< ou >).

a. 75 890 .... 78 590

b. 243 902 .... 24 982

c. 9 087 .... 9 870

d. 678 304 .... 599 871

e. 67 093 .... 59 999

f. 29 056 .... 30 001

g. 103 059 .... 103 590

h. 14 609 .... 14 690

i. 27 000 .... 26 999

j. 207 104 .... 270 104

12 Recopie et complète avec le signe qui convient (< ou >).

a. 34 786 982 .... 36 903 980

b. 202 800 765 .... 201 987 432

c. 9 875 980 .... 987 598

d. 900 783 600 .... 900 783 500

e. 78 673 086 .... 69 075 187

f. 9 034 890 .... 10 987 999

g. 63 788 999 .... 63 789 000

Ranger des nombres entiers

13 * Range ces nombres dans l'ordre croissant.

78 980 – 789 980 – 87 800 – 790 253 – 78 890

14 Range ces nombres dans l'ordre décroissant.

12 678 432 – 126 986 900 – 1 267 900 – 21 800 453 – 126 987 301 – 21 456 999

Encadrer un nombre entier

15 Recopie et encadre les nombres suivants à la dizaine près.

a. .... < 34 267 < ....

b. .... < 67 983 < ....

c. .... < 129 603 < ....

d. .... < 14 789 458 < ....

e. .... < 9 899 < ....

f. .... < 78 898 < ....

g. .... < 34 789 406 < ....

h. .... < 563 264 708 < ....

i. .... < 897 397 < ....

j. .... < 1 999 999 < ....

16 Recopie et complète le tableau suivant.

Nombre de milliers qui vient juste avant	Nombre donné	Nombre de milliers qui vient juste après
....	642 900	....
....	7 093 521	....
....	899 672	....
....	15 087 982	....
....	156 900	....

17 Recopie et encadre les nombres suivants à la dizaine de mille près.

a. .... < 346 290 < ....

b. .... < 67 812 543 < ....

c. .... < 8 090 234 < ....

d. .... < 89 783 < ....

e. .... < 15 798 987 < ....

f. .... < 901 567 < ....

g. .... < 785 299 000 < ....

h. .... < 7 567 980 < ....

i. .... < 99 097 452 < ....

j. .... < 202 918 < ....

PROBLÈMES

18 * Écris les mots dont tu as besoin pour écrire les nombres suivants :

a. 650 000

b. 9 000 008

c. 999 999 999

d. 500 500 500

e. 12 000 120

19 * Écris le nombre correspondant à cette définition.

Son chiffre des centaines est 5. Son chiffre des unités est 1. Son chiffre des dizaines est inférieur au chiffre des unités. Son nombre de milliers est 43.

20 Pour écrire tous les nombres entiers de 2 704 à 2 799, combien de fois écrit-on le chiffre 3 ?

21 Combien peut-on écrire de nombres en utilisant tous ces chiffres : 7, 3, 5 et 0 ?
Écris-les en chiffres et en lettres.

22 Trouve un nombre de sept chiffres en utilisant une seule fois chaque étiquette.

trente   millions   six   cent   mille   treize

Écris ce nombre en chiffres et en lettres.

Compétences : Nommer les fractions simples en utilisant le vocabulaire : demi, tiers, quart... Utiliser les fractions dans des cas simples de partages.

Calcul mental : Écrire le nombre entier précédent, le nombre entier suivant, ex. 30 à 33 p. 145.

Cherchons ensemble

Pour l'anniversaire de Maxence, sa grande sœur a préparé trois gâteaux.
Voici ce qu'il reste après la fête.

a. En combien de parts chaque gâteau a-t-il été découpé ?

b. Combien reste-t-il de parts pour chaque gâteau ?

c. Tom a mangé $\frac{3}{8}$ (trois huitièmes) d'un gâteau. Lequel a-t-il mangé ?

d. Pour chaque gâteau, écris sous forme de fractions les parts qui n'ont pas été mangées.

e. Pour chaque gâteau, écris sous forme de fractions les parts qui ont été mangées.

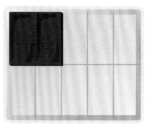
Gâteau au chocolat

Tarte aux cerises

Cake

Je retiens

→ Quand on partage une unité en plusieurs parts **égales**, chaque partie représente **une fraction** de cette unité.

→ Une fraction est un nombre.

Exemple : L'unité *u* est partagée en 5 parts égales.

Chaque partie représente « un cinquième » $\left(\frac{1}{5}\right)$ de l'unité : $\frac{1}{5} + \frac{1}{5} + \frac{1}{5} + \frac{1}{5} + \frac{1}{5} = \frac{5}{5} = 1$.

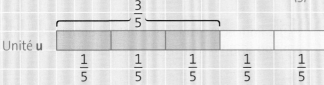

$\frac{3}{5}$

Unité **u**

$\frac{1}{5}$ $\frac{1}{5}$ $\frac{1}{5}$ $\frac{1}{5}$ $\frac{1}{5}$

La partie orange comporte 3 parts, représente $\frac{3}{5}$ de l'unité et se lit « trois cinquièmes ».

→ Quelques fractions usuelles :

Unité **u** $\frac{1}{2}$ (un demi) $\frac{1}{3}$ (un tiers) $\frac{1}{4}$ (un quart) $\frac{4}{4}$ = 1 (quatre quarts = une unité)

J'applique

1 ✴ **Écris en chiffres les fractions suivantes.**

a. trois neuvièmes

b. deux quarts

c. deux cinquièmes

d. trois quarts

e. six huitièmes

f. un sixième

g. quatre septièmes

h. deux tiers

2 ✴ **Lis ces fractions, puis écris-les en lettres.**

• $\frac{1}{5}$ • $\frac{3}{8}$ • $\frac{1}{2}$ • $\frac{7}{9}$ • $\frac{3}{4}$ • $\frac{4}{7}$ • $\frac{2}{3}$

3 ✴ **Écris la fraction qui correspond à chaque partie colorée.**

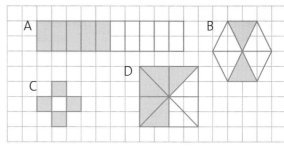

Nommer les fractions

4 ⁎ **Écris, sous forme de fraction, la quantité d'eau représentée par chaque partie colorée.**

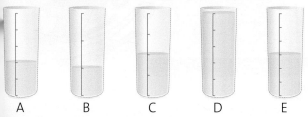

A   B   C   D   E

5 ⁑ **Observe ces figures.**
Sur chacune de ces figures, quelle fraction représente la partie qui n'est pas colorée ?

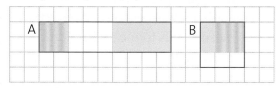

6 ⁑ Découpe une bande **u** représentant 16 carreaux de ton cahier. Plie-la en 8, c'est-à-dire d'abord en 2, puis encore en 2, enfin encore en 2. Redéplie-la et trace un trait sur chaque pli.
Avec cette bande, mesure les segments [CD] et [GH].

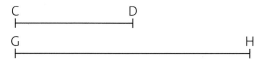

Recopie et complète avec une fraction.
● [CD] mesure .... de **u**.   ● [GH] mesure .... de **u**.

Utiliser des fractions pour représenter un partage

7 ⁎ **Reproduis ces figures.**

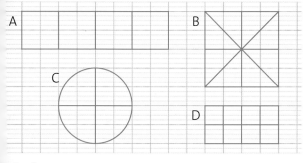

Colorie :
● en rouge un quart du rectangle A ;
● en vert trois huitièmes du carré B ;
● en bleu quatre quarts du cercle C ;
● en jaune sept huitièmes du rectangle D.

8 ⁑ **Dessine une bande formée de 7 carreaux sur ton cahier.**

a. Colorie en rouge $\frac{2}{7}$.

b. Colorie en bleu $\frac{3}{7}$.

c. Quelle fraction représente la partie non coloriée ?

9 ⁑ **Trace quatre carrés de 4 carreaux de côté sur ton cahier.**

a. Colorie un seizième du premier, un huitième du deuxième, un quart du troisième, un demi du dernier.

b. Écris sous chaque carré la fraction qui correspond.

PROBLÈMES . . . .

10 ⁎ Paul veut découper une baguette de 10 cm en 5 morceaux de même longueur. Aide-le à faire le partage : dessine la baguette et chaque morceau. Quelle fraction de baguette chaque morceau représente-t-il ?

11 ⁑ Quatre enfants achètent chacun le même gâteau, puis le coupent et en mangent une part. La part mangée est colorée.
Qui a mangé la plus grosse part ? Explique.

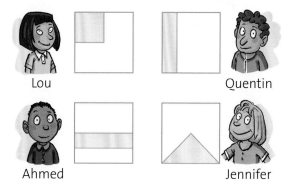

Lou   Quentin

Ahmed   Jennifer

À toi de jouer

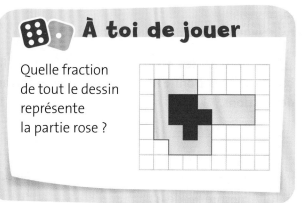

Quelle fraction de tout le dessin représente la partie rose ?

Compétence : Utiliser les fractions dans des cas simples de codage de mesures de grandeur.

Calcul mental : Écrire un nombre entier à partir de sa décomposition, ex. 23 p. 145.

Cherchons ensemble

Cinq enfants ont acheté des rubans de couleur.

Tom   Rose

Jawad

Océane

Ly-Lan

Fabrique la bande unité suivante en respectant bien ses mesures, puis réponds aux questions.

bande unité

a. Mesure les rubans d'Océane et de Ly-Lan à l'aide de la bande unité. Que constates-tu ?

b. Mesure les rubans de Tom et de Rose à l'aide de la bande unité. Indique leurs mesures sous forme de fractions.

c. Mesure le ruban de Jawad à l'aide de la bande unité. Indique sa mesure sous forme de fraction.

d. Reproduis la droite graduée ci-dessous et replace les mesures de ces rubans sous forme de fractions.

```
|_____|_____|
0                 1                 2
```

Je retiens

→ Pour placer des fractions sur une droite graduée, il faut partager l'unité en **parts égales**.

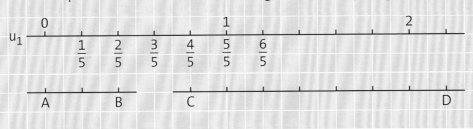

Chaque unité est partagée en 5 parts égales $\left(\frac{1}{5} = 1 \text{ part}\right)$.

AB mesure $\frac{2}{5}$ de u_1.

CD mesure $\frac{7}{5}$ de u_1.

Chaque unité est partagée en 3 parts égales $\left(\frac{1}{3} = 1 \text{ part}\right)$.

EF mesure $\frac{1}{3}$ de u_2.

GH mesure $\frac{8}{3}$ de u_2.

J'applique

1 * **Compare les segments proposés avec la bande unité u. Donne leurs longueurs sous forme de fractions.**

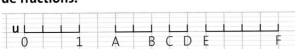

a. [AB] mesure .... de u.
c. [EF] mesure .... de u.

b. [CD] mesure .... de u.

2 ⁑ **Reproduis la droite graduée ci-dessous sur ton cahier.**

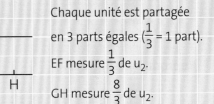

Trace ensuite les segments suivants.

a. [AB] mesure $\frac{4}{6}$ de u.
c. [EF] mesure $\frac{7}{6}$ de u.

b. [CD] mesure $\frac{2}{6}$ de u.
d. [GH] mesure $\frac{9}{6}$ de u.

Tracer des longueurs à partir d'une fraction

3 * Utilise la bande u du « Cherchons ensemble » pour tracer les segments suivants.

a. $AB = 1\,u + \dfrac{1}{4}\,u$ **b.** $CD = \dfrac{3}{4}\,u$ **c.** $EF = \dfrac{7}{4}\,u$

4 * Sur ton cahier, trace un segment u de 6 carreaux.

a. Trace un segment [AB] qui mesure $\dfrac{1}{3}$ de u.

b. Trace un segment [CD] qui mesure $\dfrac{5}{6}$ de u.

c. Trace un segment [EF] qui mesure $\dfrac{3}{3}$ de u.

Trouver une fraction à partir d'une longueur

5 * Aide-toi de la bande unité pour trouver la longueur des segments. Exprime ces mesures sous forme de fractions.

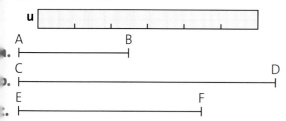

6 * Observe cette droite graduée et écris les fractions qui correspondent aux lettres.
Pour les lettres B et C, trouve plusieurs façons d'écrire les fractions.

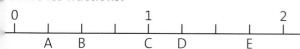

7 * Reproduis la droite graduée ci-dessous sur ton cahier.

Place les points suivants.

a. $\dfrac{1}{5}$ **b.** $\dfrac{3}{6}$ **c.** $\dfrac{4}{5}$ **d.** $\dfrac{2}{10}$ **e.** $\dfrac{8}{10}$

Tu peux t'aider des différents partages de la même droite graduée ci-dessous.

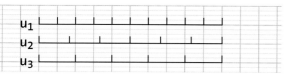

Quelles sont les fractions égales ?

PROBLÈMES..........................

8 * Shirin, Mourad, Lola et Edgar font une randonnée. Au bout d'une heure, Shirin a effectué les $\dfrac{7}{8}$ du parcours, Mourad les $\dfrac{5}{8}$, Lola les $\dfrac{3}{8}$ et Edgar les $\dfrac{8}{8}$. Classe les quatre enfants selon leur position.

9 * Un rallye automobile a emprunté le parcours suivant.

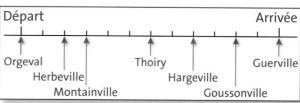

a. Les concurrents se sont arrêtés une première fois après avoir parcouru $\dfrac{1}{4}$ du parcours, puis une seconde fois après avoir fait $\dfrac{2}{3}$ de la distance totale. Dans quels villages se sont-ils arrêtés ?

b. Où se seraient-ils arrêtés s'ils avaient fait une pause à mi-parcours ?

10 * Lors d'une rencontre sportive scolaire, les élèves doivent courir autour de ce terrain rectangulaire.

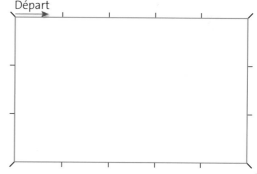

Au bout de 10 minutes, Marius a parcouru $\dfrac{1}{2}$ du chemin, Lydine $\dfrac{3}{4}$ du chemin, Noah $\dfrac{11}{16}$ du chemin et Blanche $\dfrac{5}{8}$ du chemin.
Qui est en tête ? Qui est dernier ?

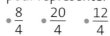 **À toi de jouer**

Combien de verres identiques faut-il pour représenter :
• $\dfrac{8}{4}$ • $\dfrac{20}{4}$ • $\dfrac{12}{4}$

Compétence : Nommer les fractions décimales en utilisant le vocabulaire : dixième, centième.

Calcul mental : Donner le nombre de dizaines de mille, de centaines de mille, de millions, ex. 18 à 20 p. 144.

Cherchons ensemble

Léon veut mettre du carrelage blanc et vert dans sa salle de bains : un mur avec des grands carreaux, et un mur avec des petits carreaux. Il fait deux schémas.

Schéma A

a. Quelle fraction représente chaque carreau ?

b. Exprime sous forme d'une fraction la partie avec du carrelage vert.

c. S'il y avait 5 carreaux verts, quelle serait la fraction correspondante ?

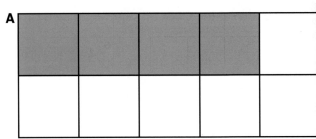

Schéma B

d. Quelle fraction représente chaque carreau ?

e. Exprime sous forme d'une fraction la partie avec du carrelage vert.

f. S'il y avait 50 carreaux verts, quelle serait la fraction correspondante ?

g. Compare les réponses aux questions **c.** et **f.** : que peut-on en conclure ?

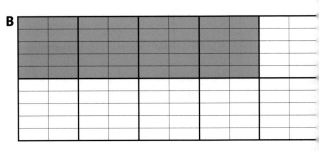

Je retiens

→ Les fractions qui ont **10** ou **100** au dénominateur sont des **fractions décimales**.

Exemples : $\dfrac{1}{10}$ se lit « un dixième ». $\dfrac{1}{100}$ se lit « un centième ».

$\dfrac{16}{10}$ se lit « seize dixièmes ». $\dfrac{60}{100}$ se lit « soixante centièmes ».

→ Quand on partage l'unité en 10 ou en 100 parts égales, on obtient des nombres 10 ou 100 fois plus petits que l'unité : $1 > \dfrac{1}{10} > \dfrac{1}{100}$

J'applique

1 * **Reproduis cette droite sur ton cahier.**

Place les fractions suivantes sur cette droite.

• $\dfrac{5}{10}$ • $\dfrac{9}{10}$ • $\dfrac{2}{10}$ • $\dfrac{12}{10}$ • $\dfrac{7}{10}$

2 * **Donne la mesure de chaque segment sous forme d'une fraction décimale.**

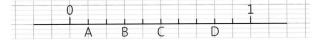

3 ⁑ **Écris chaque nombre sous la forme d'une fraction décimale.**

a. six dixièmes

b. vingt-sept centièmes

c. quinze dixièmes

d. trois centièmes

e. deux cent cinquante centièmes

f. soixante-douze centièmes

g. huit dixièmes

h. douze centièmes

Nommer les fractions décimales

4 ✳ **Écris en lettres.**

a. $\frac{5}{10}$ c. $\frac{7}{100}$ e. $\frac{15}{100}$ g. $\frac{23}{10}$ i. $\frac{56}{100}$

b. $\frac{9}{10}$ d. $\frac{45}{10}$ f. $\frac{100}{100}$ h. $\frac{89}{10}$ j. $\frac{95}{100}$

5 ✳ **Observe cette droite graduée.**

Donne la mesure de chaque segment sous forme de fraction décimale.

a. OA = $\frac{....}{10}$ c. OC = $\frac{....}{10}$ e. OE = $\frac{....}{10}$

b. OB = $\frac{....}{100}$ d. OD = $\frac{....}{100}$

6 ⁝ **Recopie et complète.**

a. $\frac{5}{10} = \frac{....}{100}$ c. $\frac{30}{10} = \frac{....}{100}$ e. $7 = \frac{....}{10}$

b. $\frac{80}{100} = \frac{....}{10}$ d. $1 = \frac{....}{10}$ f. $9 = \frac{....}{100}$

Utiliser les fractions décimales

7 ✳ **Reproduis la droite graduée ci-dessous dans ton cahier.**

```
 90              100
───             ───
100             100
─┬───┬───┬───┬───┬───┬─
     A       B       C
```

a. Place les trois fractions suivantes :

$\frac{95}{100}$ •$\frac{103}{100}$ •$\frac{98}{100}$

b. Écris sous forme de fractions les emplacements des points A, B et C.

8 ⁝ **Trace sur papier millimétré une droite graduée de 10 cm. Marque 0 et 1 à chaque extrémité.**

a. Place sur la droite les points A, B, C, D, E et F tels que :

OA = $\frac{9}{10}$ • OD = $\frac{70}{100}$

OB = $\frac{7}{10}$ • OE = $\frac{90}{100}$

OC = $\frac{40}{100}$ • OF = $\frac{4}{10}$

b. Que remarques-tu ?

9 ⁝ **Trace sur ton cahier un carré de 10 carreaux de côté.**

a. Colorie en rouge la partie correspondant à $\frac{4}{10}$ du carré.

b. Colorie en jaune la partie correspondant à $\frac{5}{100}$ du carré.

c. Quelle fraction correspond à la partie non coloriée ?

PROBLÈMES...........................

10 ✳ a. Quelle fraction de 1 m représente une longueur de 10 cm ?

b. Quelle unité représente $\frac{1}{100}$ de mètre ?

11 ⁝ En finale du 100 mètres aux jeux Olympiques de Londres de 2012, Usain Bolt a gagné en 9 s 63 (9 secondes et 63 centièmes de seconde), Justin Gatlin a terminé troisième en 9 s 79, et Richard Thompson a fini septième en 9 s 98.

a. Sur du papier millimétré, reproduis la droite graduée et place les temps de chaque coureur.

```
9                               10
─┬──────────────────────────────┬─
```

b. Combien de centièmes de seconde séparaient le premier du troisième, le premier du septième et le troisième du septième ?

12 ⁝ M. Lassue répartit quotidiennement son temps ainsi : $\frac{35}{100}$ de son temps à dormir, $\frac{3}{10}$ à travailler, $\frac{19}{100}$ à jouer du piano, $\frac{1}{10}$ à manger et le reste à faire du sport.
Quelle fraction de son temps, en centièmes, consacre-t-il au sport ?

À toi de jouer

Qui a dépensé le plus ?

J'ai dépensé 5/10 de mon argent.

J'ai dépensé 50/100 de mon argent.

Je prépare l'évaluation

Nommer les fractions simples

1 ✳ **Lis ces fractions, puis écris-les en lettres.**

a. $\frac{2}{5}$ **c.** $\frac{1}{2}$ **e.** $\frac{1}{3}$ **g.** $\frac{5}{7}$ **i.** $\frac{1}{8}$

b. $\frac{6}{8}$ **d.** $\frac{4}{9}$ **f.** $\frac{3}{4}$ **h.** $\frac{2}{9}$ **j.** $\frac{3}{7}$

2 ✳ **Écris en chiffres les fractions suivantes.**

a. trois sixièmes   **d.** trois quarts

b. huit neuvièmes   **e.** un septième

c. deux cinquièmes

3 ✳ **Écris la fraction qui correspond à chaque partie colorée.**

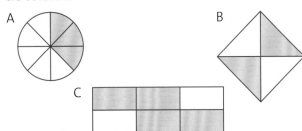

Utiliser des fractions dans des cas simples de partage

4 ✳ **Trace une bande formée de 12 carreaux sur ton cahier.**

a. Colorie en bleu $\frac{5}{12}$.

b. Colorie en vert $\frac{6}{12}$.

c. Quelle fraction représente la partie non colorée ?

5 ⁑ **Trace un carré de 4 carreaux de côté sur ton cahier.**

a. Colorie $\frac{1}{4}$ de ce carré en rouge.

b. Colorie $\frac{2}{16}$ de ce carré en bleu.

c. Colorie $\frac{2}{8}$ de ce carré en vert.

d. Écris sous forme de fraction la partie non colorée.

Utiliser des fractions dans des cas simples de codage de mesures de grandeurs

6 ✳ **En te servant de la bande unité u, écris la longueur des segments proposés sous forme de fractions.**

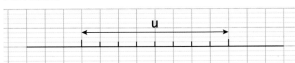

a. A ⊢————⊣ B

b. C ⊢————————————⊣ D

c. E ⊢————⊣ F

d. G ⊢——————————————————⊣ H

7 ⁑ **Reproduis sur ton cahier la droite graduée suivante.**

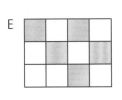

Trace ensuite ces segments.

a. AB mesure $\frac{5}{8}$ de **u**.

b. CD mesure $\frac{1}{2}$ de **u**.

c. EF mesure $\frac{1}{4}$ de **u**.

d. GH mesure $\frac{10}{8}$ de **u**.

Nommer les fractions décimales

8 ✳ **Écris chaque nombre sous la forme d'une fraction décimale.**

a. huit dixièmes

b. trente-quatre centièmes

c. vingt-cinq dixièmes

d. cinq centièmes

e. treize centièmes

f. quatre-vingt-neuf centièmes

9 ✳ **Lis ces fractions, puis écris-les en lettres.**

a. $\frac{6}{10}$ **c.** $\frac{1}{10}$ **e.** $\frac{9}{100}$ **g.** $\frac{87}{10}$ **i.** $\frac{18}{10}$

b. $\frac{25}{10}$ **d.** $\frac{1}{100}$ **f.** $\frac{34}{100}$ **h.** $\frac{67}{100}$ **j.** $\frac{52}{100}$

Utiliser les fractions décimales

10 ✶ **Écris la fraction qui correspond à chaque partie colorée.**

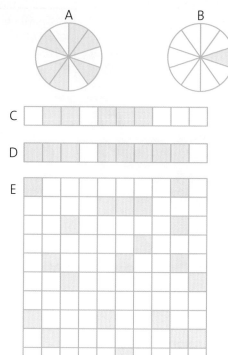

11 ⁝ **Reproduis cette droite graduée en dixièmes sur ton cahier.**

0   1   2

lace les fractions suivantes :

$\frac{7}{10}$ • $\frac{15}{10}$ • $\frac{1}{10}$

$\frac{4}{10}$ • $\frac{20}{10}$ • $\frac{10}{10}$

12 ⁝ **Trace une droite graduée de 10 cm sur du apier millimétré. Marque 0 et 1 à chaque extrémité.**

Place sur la droite les points A, B, C, D et E tels que :

• A soit placé à $\frac{6}{10}$ du zéro

• B soit placé à $\frac{73}{100}$ du zéro

• C soit placé à $\frac{20}{100}$ du zéro

• D soit placé à $\frac{45}{100}$ du zéro

• E soit placé à $\frac{9}{10}$ du zéro

Quel est l'écart entre le point C et le point A ?

PROBLÈMES

13 ✶ Dans une classe de 30 élèves, la moitié sont des filles.
Combien y a-t-il de garçons dans cette classe ?

14 ✶ Dans une classe de 24 élèves, $\frac{2}{3}$ sont des garçons.
Combien y a-t-il de filles dans cette classe ?

15 ✶ Le chemin qui passe dans la forêt de Rambouillet mesure 8 km. Chimène en a parcouru les $\frac{5}{8}$.
a. Combien de kilomètres a-t-elle parcourus ?
b. Combien de kilomètres lui reste-t-il à parcourir ?
c. Quelle fraction représente ce qui lui reste à parcourir ?

16 ⁝ Louanne adore le gâteau au chocolat.
Sa tante Émilie lui suggère deux choix possibles :
– prendre $\frac{1}{4}$ du gâteau ;
– prendre un tiers du gâteau.
Quel sera le choix de Louanne pour avoir la plus grosse part ?

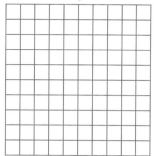

17 ⁝ Dans une journée, Cyrille dort en moyenne $\frac{45}{100}$ du temps, mange pendant $\frac{5}{100}$ du temps, travaille $\frac{30}{100}$ du temps et passe le reste de son temps en loisirs.
a. Reproduis ce quadrillage sur ton cahier.

b. Colorie en rouge le temps pendant lequel Cyrille dort.
c. Colorie en jaune le temps pendant lequel Cyrille mange.
d. Colorie en vert le temps pendant lequel Cyrille travaille.
e. Quelle fraction les loisirs représentent-ils ?

Compétence : Connaître la valeur de chacun des chiffres de la partie décimale en fonction de sa position.
Calcul mental : Identifier le chiffre des dixièmes, des centièmes, ex. 51 et 52 p. 146.

Cherchons ensemble

L'école organise un concours de lancer de vortex.
C'est Fatou qui remporte l'épreuve, avec une longueur de 15 m et 48 cm.
Voici les résultats des autres participants :

- Titouan : 10 m et 25 cm
- Emma : 8 m et 80 cm
- Lucas : 13 m et 06 cm
- Jia Li : 12 m et 50 cm

a. Qui doit monter sur la deuxième marche du podium ? sur la troisième ?

b. En suivant le modèle de Fatou, écris leur résultat sous la forme d'une fraction décimale.

c. En suivant le modèle de Fatou, écris leur résultat sous la forme d'un nombre à virgule.

15 m 48 cm
= 15 + 48/100
= 15,48 m

Je retiens

→ Une **fraction** ou un **nombre à virgule** sont deux façons d'exprimer un **nombre décimal**.

→ Dans un nombre à virgule, on distingue la **partie entière** et la **partie décimale**.

Exemple : 27,48

	Partie entière			Partie décimale	
centaines	dizaines	unités		dixièmes	centième
				$\dfrac{1}{10}$	$\dfrac{1}{100}$
	2	7	,	4	8

- Ce nombre se lit :
« vingt-sept virgule quarante-huit »
ou « vingt-sept et quarante-huit centièmes ».

- $27,48 = 27 + 0,48 = 27 + \dfrac{48}{100}$

- 27 est la partie entière ; 0,48 est la partie décimale.
- 4 est le chiffre des dixièmes ; 8 est le chiffre des centièmes.

J'applique

1 * **Recopie ces nombres en écrivant en bleu la partie entière et en rouge la partie décimale.**

a. 0,63
b. 1,39
c. 12,26
d. 67,2
e. 169,50
f. 0,04
g. 83,01
h. 7,8
i. 100, 09
j. 2,90
k. 11,9
l. 10,4

2 ⁑ **Écris chaque somme sous forme d'un nomb** décimal.

a. 23 unités + 7 dixièmes
b. 4 unités + 5 dixièmes + 3 centièmes
c. 4 dizaines + 3 unités + 9 centièmes
d. 8 unités + 1 centième + 4 dixièmes
e. 7 dizaines + 9 dixièmes
f. 4 dizaines + 3 unités + 8 dixièmes

**onnaître la valeur des chiffres de la partie
écimale**

3 * Recopie ces nombres, puis entoure en rouge
e chiffre des dizaines et en vert le chiffre des
ixièmes.

. 36,78   **c.** 9,46   **e.** 98,20

. 1 098,6   **d.** 673,01

4 * Recopie ces nombres, puis entoure en rouge
e chiffre des centaines et en vert le chiffre des cen-
ièmes.

. 123,67   **c.** 341, 6   **e.** 641,94

. 1 098,75   **d.** 781,64

5 ⁝ Réponds aux questions suivantes.

. Dans une unité, combien y a-t-il de dixièmes ?

. Dans une unité, combien y a-t-il de centièmes ?

. Dans une dizaine, combien y a-t-il de dixièmes ?

. Dans une dizaine, combien y a-t-il de centièmes ?

6 ⁝ Lis ces nombres décimaux.

• 27,3   • 9,63   • 12,36   • 0,13   • 125,03

Quels sont ceux qui ont dans leur partie décimale :

. trois centièmes ?   **c.** trente-six centièmes ?

. trois dixièmes ?   **d.** six dixièmes ?

7 ⁝ Indique ce que représente le chiffre 5 dans
es nombres suivants.

. 27,5   **c.** 3 405,1   **e.** 356,09

. 8,05   **d.** 504,36

8 ⁝ Écris en chiffres et en lettres trois nombres
décimaux dont le chiffre des dizaines est 3 et le
chiffre des centièmes est 8.

**Connaître les différentes écritures
d'un nombre décimal**

9 * Écris chaque nombre sous la forme d'une
fraction décimale et d'un nombre à virgule, comme
dans l'exemple.

2 unités et 7 dixièmes → $\frac{27}{10}$ et 2,7

a. 3 unités et 45 centièmes

b. 15 unités et 50 centièmes

c. 1 unité et 6 dixièmes

d. 2 unités et 5 centièmes

e. 7 unités et 16 centièmes

10 ⁝ Écris ces fractions sous forme d'un nombre
à virgule.

a. $\frac{13}{10}$ **b.** $\frac{1}{100}$ **c.** $20+\frac{4}{10}$ **d.** $5+\frac{9}{10}$

PROBLÈMES. . . . .

11 * Basile achète chaque jour un magazine valant
85 centimes d'euro et chaque semaine un magazine valant 2 euros et 20 centimes. Donne le prix
de chaque magazine sous la forme d'un nombre
décimal.

SCIENCES
12 ⁝ Voici les tailles de cinq enfants :

– Louison : 1 m 29 cm

– Julie : 1 m 38 cm

– Sacha : 1 mètre et 33 centièmes de mètre

– Anaïs : 1 mètre et 3 dixièmes de mètre

– Wang : 1 mètre et 4 centièmes de mètre

a. Écris ces tailles sous forme de nombres décimaux.

b. Quel est l'enfant le plus grand ? le plus petit ?

13 ⁝ Écris le poids de ces animaux sous forme
de nombres décimaux, puis range-les dans l'ordre
croissant.

– chien : 17 kg 500 g   – poule : 1 kg 450 g

– perroquet : $\frac{6}{10}$ kg   – écureuil : $\frac{40}{100}$ kg

– chat : 3 kg 800 g

À toi de jouer

**Résous cette énigme
pour trouver le record
du monde du lancer
de noyau d'olive (en mètres).**

– C'est un nombre décimal
  formé de quatre chiffres.

– Le chiffre des unités est 1.

– Le chiffre des centièmes est le triple
  du chiffre des unités.

– La somme des chiffres qui composent
  la partie entière est 3.

– La somme des chiffres qui composent
  la partie décimale est 7.

11 **Nombres décimaux et demi-droites graduées**

Compétences : Repérer et placer les nombres décimaux sur une demi-droite graduée.
Calcul mental : Identifier le chiffre des dixièmes, des centièmes, ex. 53 et 54 p. 146.

Cherchons ensemble

Sur cette demi-droite graduée, le maître a noté les performances de ses élèves au saut en longueur.

a. Que représente une unité ?

b. En combien de parties est divisée chaque unité ? Que représente chaque partie ?

c. Écris les performance d'Émilia, May-Li et Ethan sous forme de nombres décimaux.

d. Reproduis cette droite graduée sur ton cahier et place les performances suivantes.

| **Bertille** : 2,6 m | **Aurélien** : 1,3 m | **Bilal** : 3,1 m | **Léo** : 0,4 m | **Éléna** : 1,9 m |

Le maître a également noté les performances de ses élèves à la course de vitesse.

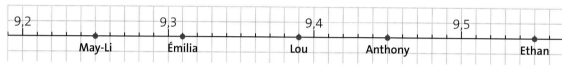

e. Écris les nombres décimaux qui correspondent aux différents prénoms.

f. Reproduis cette droite graduée et place les performances suivantes :

| 9,52 | 9,37 | 9,22 | 9,43 | 9,5 |

Je retiens

→ Avec une **demi-droite graduée en dixièmes**, on peut placer des nombres décimaux **entre des nombres entiers**

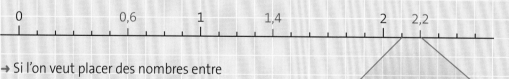

→ Si l'on veut placer des nombres entre 2,1 et 2,2, il faut **graduer la demi-droite en centièmes**, c'est-à-dire partager encore un petit carreau en dix.

J'applique

1 ＊ **Indique, pour chaque lettre, le nombre décimal qui correspond.**

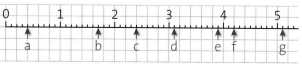

2 ⁑ **Reproduis la demi-droite graduée sur ton cahier.**

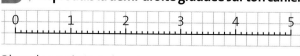

Place les points suivants.

a. 1,3　　**b.** 2,6　　**c.** 3,1　　**d.** 0,7　　**e.** 1,9

Je m'entraîne

epérer un nombre décimal
ur une demi-droite graduée

3 * **Indique, pour chaque lettre, le nombre décimal qui correspond.**

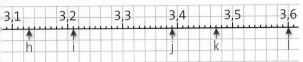

4 ❊ **Chaque lettre correspond à un nombre décimal. Lequel ?**

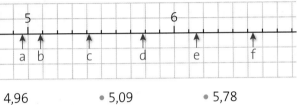

- 4,96
- 5,41
- • 5,09
- • 6,15
- • 5,78
- • 6,53

Placer un nombre décimal
sur une demi-droite graduée

5 * **Reproduis la demi-droite graduée sur ton cahier.**

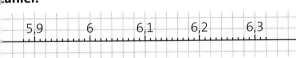

Place les nombres suivants.

- a. 6,05
- b. 5,98
- c. 6,16
- d. 6,20
- e. 6,34

6 ❊ **Trace cette demi-droite graduée sur du papier millimétré.**

Place les nombres suivants.

- a. 0,27
- b. 0,85
- c. 0,36
- d. 0,93
- e. 0,09

PROBLÈMES . . . .

7 * Voici l'augmentation de poids de cinq bébés entre l'âge de 1 an et de 2 ans.

- • Linh : 2,85 kg
- • Alexis : 2,97 kg
- • Carmen : 2,9 kg
- • Sylvain : 3,1 kg
- • Edwin : 3,06 kg

Reproduis cette demi-droite, puis place ces nombres.

8 ❊ Renaud Lavillenie détient depuis le 16 février 2014 le record du monde du saut à la perche en salle avec un saut à 6 m 16 cm.

a. Écris ce record en mètres sous la forme d'un nombre décimal.

b. Avant ce record, il avait réussi des sauts à 6 m 8 cm, 6 m 3 cm et 5 m 97 cm. Écris ces nombres sous forme de nombres décimaux.

c. Reproduis la demi-droite graduée, puis place les quatre points correspondant aux quatre sauts.

9 ❊ Une souris mesure entre 9 et 10 cm.

a. Donne cinq tailles possibles pour une souris.

b. Place ces cinq tailles sur une droite graduée.

SCIENCES
10 ❊ Lola a relevé les températures extérieures en degrés Celsius tous les matins de la semaine.

L	M	M	J	V	S	D
3,6	4,2	3,5	3,7	3,9	4,1	3,2

a. Trace une demi-droite graduée qui te permettra de placer les températures de chaque jour de la semaine.

b. Place les températures sur la demi-droite graduée.

À toi de jouer

Écris, sous forme de nombres décimaux, les nombres repérés sur cette règle.

Cherchons ensemble

Voici les 5 films parmi les plus regardés en France et le nombre de spectateurs qui les ont vus.

Avatar	*Titanic*	*Les 101 Dalmatiens*	*Bienvenue chez les Ch'tis !*	*Le Livre de la jungle*
14,77 millions	21,77 millions	14,66 millions	20,49 millions	14,69 millions

a. Quel film a été vu par le plus grand nombre de spectateurs ?
Explique comment tu as procédé.

b. Quel film a été vu par le plus petit nombre de spectateurs ?
Explique comment tu as procédé.

c. Range ces 5 films du plus regardé au moins regardé.

Je retiens

→ **Pour comparer** deux nombres décimaux :
• On compare d'abord les parties entières.
Exemple : 4,5 < 5,1 car 4 unités < 5 unités.

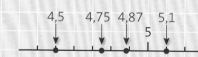

• On compare ensuite, si nécessaire, les parties décimales.
Exemples : 4,75 < 4,87 car 75 centièmes < 87 centièmes.
  4,25 < 4,5 car 2 dixièmes < 5 dixièmes ou 25 dixièmes < 50 dixièmes.

J'applique

1 * **Recopie et complète avec les signes <, > ou =.**

a. 6,8 7

b. 10,8 9,9

c. 25,2 26,02

d. 15,4 1,54

e. 6,2 5,89

f. 0,80 1,01

g. 5,78 4,9

h. 7,68 6,87

2 * **Recopie et complète avec les signes <, > ou =.**

a. 4,36 4,63

b. 10,1 10,10

c. 3,06 3,6

d. 28,67 .... 28, 5

e. 7,08 7,8

f. 0,9 0,87

g. 12,30 12,8

h. 8,6 8,40

3 ‡ **Recopie et complète avec les signes <, > ou =.**

a. 3,8 4

b. 4,35 4,3

c. 6,1 5,9

d. 5,3 5,30

e. 4,25 4,09

f. 4,10 4,3

g. 6,3 5,95

h. 5,4 5,41

4 ‡ **Range ces nombres dans l'ordre croissant.**
4,12 – 5,03 – 4,6 – 4,43 – 3,79

5 ‡ **Range ces nombres dans l'ordre décroissant.**
8,46 – 8,05 – 7,94 – 8,8 – 8,40

Je m'entraîne

Comparer des nombres décimaux

6 ✷ Recopie et entoure, dans chacun des nombres, le chiffre qui permet de vérifier l'inégalité, comme dans l'exemple.

4⑶7 < 4⑸1

a. 56,7 > 54,5

b. 0,46 > 0,43

c. 9,09 < 9,2

d. 6,13 > 6,1

e. 5,67 < 5,76

7 ⸬ Recopie et complète avec les signes <, > ou =.

a. 6,08 6,80

b. 3,2 3,20

c. 1,6 1,06

d. 0,67 0,76

e. 19,7 19,66

f. 154,6 154,60

g. 3,9 3,95

h. 0,2 0,21

8 ⸬ Recopie chaque série de nombres. Entoure en rouge le nombre le plus petit et en bleu le plus grand.

a. 6,25 – 5,95 – 6,3

b. 13,01 – 13,1 – 13,05

c. 0,3 – 0,25 – 0,4

d. 15,9 – 1,59 – 0,15

e. 3,9 – 4 – 3,97

Ranger des nombres décimaux

9 ✷ Range ces nombres dans l'ordre croissant.
3,6 – 4,13 – 3,98 – 4,1 – 3,9

10 ✷ Range ces nombres dans l'ordre décroissant.
7,5 – 5,7 – 6,9 – 7 – 5,9

11 ⸬ Range ces nombres dans l'ordre croissant.
67,9 – 69,7 – 68,89 – 67,96 – 68,8

12 ⸬ Range ces nombres dans l'ordre décroissant.
13,4 – 14,2 – 13,94 – 14,25 – 13,04

13 ⸬ Recopie et complète le tableau suivant.

Nombre qui vient juste avant ayant deux chiffres après la virgule	Nombre donné	Nombre qui vient juste après ayant deux chiffres après la virgule
....	13,45	....
....	9,9	....
12,78	....	....
....	....	4,01

PROBLÈMES.....................

14 ✷ Voici les quantités de tiges de bambous mangées par cinq pandas chaque jour.
Range les pandas du moins gourmand au plus gourmand !

Happy : 19,90 kg Li Li : 20,05 kg Yuan Zi : 20,6 kg Huan Huan : 19,8 kg Yen Yen : 21,4 kg

15 ⸬ Range ces maisons de la plus grande à la plus petite.

a. 100,5 m²

b. 99,56 m²

c. 100,05 m²

d. 99,6 m²

e. 99,5 m²

f. 100,25 m²

GÉOGRAPHIE
16 ⸬ Range ces départements du plus peuplé au moins peuplé.

Population en millions d'habitants	
Yvelines	1,41
Oise	0,8
Hauts-de-Seine	1,58
Nord	2,58
Moselle	1,04
Finistère	0,89
Hérault	1,06
Isère	1,21
Haute-Garonne	1,26

À toi de jouer

Écris tous les nombres possibles en n'utilisant, dans chaque nombre, qu'une seule fois chacune de ces cartes.

6 , 5 3

Range les nombres que tu as trouvés dans l'ordre croissant.

Compétences : Intercaler et encadrer des nombres décimaux entre deux nombres entiers consécutifs.

Calcul mental : Trouver le nombre entier le plus proche d'un nombre décimal, ex. 58 à 60 p. 146.

Cherchons ensemble

Mathias et Clémentine font une partie de jeu vidéo. Clémentine obtient un score compris entre 15 et 16 points.

a. Quel peut être le score de Clémentine ?

b. Aurait-elle pu avoir un autre score ? Trouve tous les scores avec un chiffre après la virgule qu'elle aurait pu avoir.

c. Mathias a obtenu le score de 13,5 points. Entre quels nombres entiers consécutifs se situe ce score ?

Je retiens

→ On peut **intercaler entre deux nombres entiers consécutifs** tout nombre décimal dont la partie entière est égale au plus petit des deux nombres.

Exemple : Entre 5 et 6, on peut placer 5,8, mais aussi 5,15.

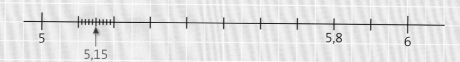

→ **Pour encadrer** un nombre décimal par deux nombres entiers consécutifs, on prend la partie entière de ce nombre et le nombre entier qui vient juste après.

Exemple : Pour encadrer 13,8, on prend la partie entière de ce nombre (13) et le nombre entier qui vient juste après (14).

On peut alors écrire : 13 < 13,8 < 14.

J'applique

1 ✻ **Recopie et complète avec un nombre qui convient.**

5 < …. < 6   12 < …. < 13

7 < …. < 8   0 < …. < 1

10 > …. > 9   34 > …. > 33

99 < …. < 100   17 > …. > 16

19 > …. > 18   29 < …. < 30

2 ✻ **Écris tous les nombres compris entre 0 et 1 ayant un chiffre après la virgule.**

3 ✺ **Recopie et encadre chaque nombre décimal par deux nombres entiers consécutifs, comme dans l'exemple.**

6 < 6,75 < 7

a. …. < 9,23 < ….   **f.** …. < 12,07 < ….

b. …. < 2,6 < ….   **g.** …. < 68,92 < ….

c. …. < 162,7 < ….   **h.** …. < 1,18 < ….

d. …. < 0,93 < ….   **i.** …. < 23,68 < ….

e. …. < 29,7 < ….   **j.** …. < 2,09 < ….

Je m'entraîne

Intercaler un nombre décimal entre deux nombres entiers

4 * **Écris tous les nombres compris entre 8,2 et 8,3 ayant deux chiffres après la virgule.**

5 * **Recopie et complète avec un nombre ayant un chiffre après la virgule.**

a. 3 < .... < 4

b. 79 < .... < 80

c. 100 > .... > 99

d. 39 < .... < 40

e. 20 > .... > 19

f. 120 < .... < 121

g. 10 < .... < 11

h. 9 > .... > 8

i. 1 > .... > 0

j. 14 < .... < 15

6 ⁝ **Recopie et complète avec un nombre ayant deux chiffres après la virgule.**

a. 7 < .... < 8

b. 23 < .... < 24

c. 50 > .... > 49

d. 15 < .... < 16

e. 32 > .... > 31

f. 20 < .... < 21

g. 6 < .... < 7

h. 11 > .... > 10

i. 2 > .... > 1

j. 255 < .... < 256

7 ⁝ **Retrouve dans cette liste tous les nombres compris entre 24 et 25.**

24,7 – 2,49 – 25,01 – 24,8 – 23,98 – 14,9 – 24,02 – 25,3 – 24,47 – 24,5

8 ⁝ **Trouve à chaque fois trois nombres décimaux situés entre les deux nombres proposés.**

a. 7 et 8

b. 19 et 20

c. 209 et 210

d. 0 et 1

e. 56 et 57

f. 9 et 10

Encadrer un nombre décimal par deux nombres entiers

9 * **Encadre chaque nombre décimal par deux nombres entiers consécutifs.**

a. 13,2

b. 15,56

c. 9,80

d. 67,4

e. 123,85

f. 0,13

10 ⁝ **Encadre chaque nombre décimal par deux nombres entiers consécutifs.**

a. 45,14

b. 9,1

c. 23,8

d. 432,6

e. 5,98

f. 6,78

PROBLÈMES

11 * Dorian n'a que des euros dans son porte-monnaie ; il n'a aucun centime d'euro. Que doit-il donner pour payer ces différents objets ?

a. Un cahier à 2,96 €.

b. Une trousse à 9,55 €.

c. Un stylo à 1,59 €.

d. Un cartable à 35,50 €.

e. Un dictionnaire à 19,20 €.

SCIENCES

12 ⁝ Mariam mesure 1,50 m. Logan mesure 1,6 m. Ly-Lan, Louise et Hicham sont plus grands que Mariam et plus petits que Logan. Ils n'ont pas la même taille.

Trouve une taille possible pour chaque enfant.

13 ⁝ Voici les résultats, en secondes, des deux demi-finales du 100 m nage libre hommes des jeux Olympiques de Londres.

J. Magnussen	47,63	S. Fraser	49,07
S. Verschuren	48,13	C. Jones	48,6
C. Cielo	48,17	J. Roberts	48,57
Y. Agnel	48,23	N. Lobintsev	48,38
P. Timmers	48,57	B. Fraser	48,92
G. Louw	48,44	B. Hayden	48,21
K. Czerniak	48,44	F. Gilot	48,49
H. Garcia	48,04	N. Adrian	47,97

a. Indique les temps des concurrents qui sont arrivés entre 47 et 48 secondes.

b. Indique les temps des concurrents qui sont arrivés entre 48 et 49 secondes.

c. Indique les temps des concurrents qui ont mis plus de 49 secondes.

d. Quels sont les huit qualifiés pour la finale ?

À toi de jouer

Écris tous les nombres possibles compris entre 9 et 10 en n'utilisant, dans chaque nombre, qu'une seule fois chacune de ces cartes.

14 Écriture fractionnaire et nombres décimaux

Compétences : Passer d'une écriture fractionnaire à une écriture à virgule et réciproquement.

Calcul mental : Déterminer l'ordre de grandeur d'une différence, ex. 41 à 43 p. 152.

Cherchons ensemble

J'ai 5,4€

J'ai 45/10 d'euros.

Thomas et Éléa comparent l'argent qu'ils ont dans leur porte-monnaie.

a. Qui a le plus d'argent ? Tu peux t'aider de cette demi-droite graduée.

```
  4              5              6
 ──┬──────────────┬──────────────┬──
 40
 ──
 10
```

b. Écris la somme d'argent que possède Éléa sous la forme d'une fraction en suivant ces étapes :
- Sépare la partie entière et la partie décimale du nombre.
- Transforme chaque partie en fractions décimales.
- Additionne les deux fractions.

c. Écris la somme d'argent que possède Thomas sous la forme d'un nombre à virgule.

d. Giorgia possède $\dfrac{524}{100}$ d'euros. Écris cette somme d'argent sous la forme d'un nombre à virgule.

Je retiens

→ Pour **passer d'une écriture fractionnaire à une écriture à virgule** et réciproquement, on peut :
- utiliser une **demi-droite graduée** en dixièmes ou en centièmes.

Exemples :

```
  0                    1        1,57      2         2,4
  ┬────────────────────┬─────────┬────────┬──────────┬
  0                    10                  20         24
  ──                   ──                  ──         ──
  10                   10                  10         10

  0                    100       157       200        240
  ───                  ───       ───       ───        ───
  100                  100       100       100        100
```

- utiliser la **décomposition**.

Exemples : $\dfrac{24}{10} = \dfrac{20}{10} + \dfrac{4}{10} = 2 + 0{,}4 = 2{,}4$ $\qquad$ $1{,}57 = 1 + 0{,}57 = \dfrac{100}{100} + \dfrac{57}{100} = \dfrac{157}{100}$

→ Dans un énoncé qui contient des informations numériques exprimées de différentes façons (fractions, nombres à virgule), il faut ramener tous les nombres **sous la même forme** avant de faire les calculs.

J'applique

1 ✳ **Pour chaque lettre, indique l'écriture fractionnaire et l'écriture à virgule, comme dans l'exemple.**

$A = \dfrac{7}{10} = 0{,}7$

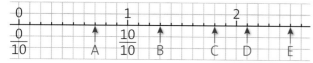

```
  0              1              2
 ─┬──────────────┬──────────────┬─
  0             10
 ──             ──
 10       A     10   B      C  D    E
```

2 ✳ **Écris ces fractions décimales sous forme de nombres à virgule, comme dans l'exemple.**

$\dfrac{28}{10} = \dfrac{20}{10} + \dfrac{8}{10} = 2 + \dfrac{8}{10} = 2{,}8$

a. $\dfrac{14}{10}$ **b.** $\dfrac{35}{10}$ **c.** $\dfrac{9}{10}$ **d.** $\dfrac{126}{10}$ **e.** $\dfrac{59}{10}$

3 ✳ **Écris ces nombres à virgule sous forme de fractions décimales, comme dans l'exemple.**

$3{,}1 = 3 + \dfrac{1}{10} = \dfrac{30}{10} + \dfrac{1}{10} = \dfrac{31}{10}$

a. 7,8 **b.** 9,4 **c.** 10,5 **d.** 0,7 **e.** 45,6

Passer d'une écriture fractionnaire à une écriture à virgule

4 ✳ **Pour chaque lettre, donne l'écriture fractionnaire et l'écriture à virgule.**

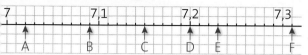

5 ✳ **Écris ces fractions décimales sous forme de nombres à virgule.**

a. $\dfrac{214}{100}$ c. $\dfrac{1\,259}{100}$ e. $\dfrac{128}{100}$

b. $\dfrac{79}{100}$ d. $\dfrac{135}{100}$

6 ✳ **Trace ces segments sur ton cahier.**

• AB = $\dfrac{12}{10}$ cm   • GH = $\dfrac{50}{10}$ cm

• CD = 6,4 cm   • IJ = $\dfrac{104}{10}$ cm

• EF = 3 cm et $\dfrac{4}{10}$ cm

Passer d'une écriture à virgule à une écriture fractionnaire

7 ✳ **Recopie et relie les nombres égaux.**

9,3	6,04	12,1	0,80	6,4

$\dfrac{64}{10}$	$\dfrac{121}{10}$	$\dfrac{93}{10}$	$6 + \dfrac{4}{100}$	$\dfrac{8}{10}$

8 ✳ **Écris ces nombres à virgule sous forme de fractions décimales.**

a. 6,82   c. 1,59   e. 0,98

b. 15,63   d. 9,47

9 ✳ **Recopie et relie les nombres égaux.**

5,7	7,05	5,07	7,5	5,75

$7 + \dfrac{5}{10}$	$5 + \dfrac{75}{100}$	$\dfrac{57}{10}$	$5 + \dfrac{7}{100}$	$\dfrac{705}{100}$

PROBLÈMES . . . .

10 ✳ Voici les prix des viennoiseries de la boulangerie du village.

a. Écris tous ces nombres sous forme de fractions décimales.

b. Quelle est la viennoiserie la plus chère ?

c. Quelle est la viennoiserie la moins chère ?

SCIENCES
11 ✳ Plusieurs enfants se sont mesurés :

• Antoine : 1 m et $\dfrac{43}{100}$ m

• Louis : $\dfrac{145}{100}$ m

• Léa : 1 m et $\dfrac{4}{10}$ m

• Andréa : 1 m et $\dfrac{29}{100}$ m

• Loris : $\dfrac{135}{100}$ m

a. Écris tous ces nombres sous forme de nombres à virgule.

b. Range-les dans l'ordre décroissant.

12 ✳ Voici les distances réalisées au lancer de poids.

• 19,02 m • 20,22 m • 18,80 m • 19,42 m • 19,18 m
• 20,48 m • 19 m   • 19,63 m • 18,47 m • 20,70 m

a. Écris tous ces nombres sous forme de fractions décimales.

b. Range-les dans l'ordre croissant pour établir le classement.

À toi de jouer

1/2, c'est 5/10, on peut l'écrire 0,5.

Es-tu d'accord avec Clara ?

Je prépare l'évaluation

Connaître la valeur des chiffres de la partie décimale

1 * **Recopie ces nombres et entoure la partie décimale en rouge.**

a. 37,2

b. 132,7

c. 12,6

d. 6,9

e. 1,54

f. 9,04

g. 0,67

h. 3,90

i. 145,8

j. 8,4

2 ⁂ **Recopie ces nombres, puis entoure en rouge le chiffre des dizaines et en vert le chiffre des dixièmes.**

a. 65,12

b. 13,23

c. 52,7

d. 235,07

e. 0,8

f. 140,9

g. 9,85

h. 10,80

i. 67,52

j. 97,6

Repérer et placer des nombres décimaux sur une droite graduée

3 * **Écris, pour chaque lettre, le nombre décimal qui correspond.**

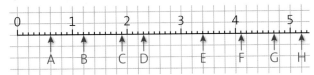

4 * **Reproduis la droite graduée sur ton cahier.**

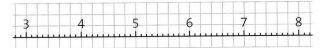

Place les points suivants.

- A : 5,7
- B : 6,1
- C : 7,3
- D : 3,9
- E : 4,8
- F : 6,6
- G : 7,5
- H : 6

5 ⁂ **Écris, pour chaque lettre, le nombre décimal qui correspond.**

6 ⁂ **Reproduis la droite graduée sur ton cahier.**

| 0,7 | 0,8 | 0,9 | 1 | 1,1 | 1,2 |

Place les points suivants.

- A : 0,78
- C : 0,93
- E : 0,8
- G : 1,02
- B : 1,12
- D : 1,09
- F : 0,99
- H : 1,15

Comparer des nombres décimaux

7 * **Recopie, puis entoure, dans chacun des nombres, le chiffre qui permet de vérifier l'inégalité.**

2①5 < 2③8

a. 13,8 > 13,4

b. 6,4 > 5,9

c. 2,5 > 2,10

d. 10,87 < 10,9

e. 78,4 > 76,40

f. 4,08 > 4,02

g. 1,9 > 1,09

h. 0,7 < 0,86

i. 8,79 > 8,78

j. 19,98 < 20,01

8 * **Recopie et complète avec les signes < ou >.**

a. 4,5 6,2

b. 10,6 10,06

c. 30,5 30,4

d. 5,7 5,43

e. 9,89 9,98

f. 10,2 10,15

g. 0,6 0,47

h. 7,13 7,49

i. 16,03 15,9

j. 25,1 25,01

9 ⁂ **Pour chaque série de nombres, recopie le nombre le plus grand.**

a. 7,86 − 8,02 − 7,9 − 8,2

b. 0,2 − 0,97 − 0,8 − 0,79

c. 12,04 − 12,4 − 12,19 − 12,39

d. 49,7 − 49,56 − 49,71 − 49,60

e. 1,23 − 1,7 − 1,89 − 1,9

Ranger des nombres décimaux

10 * **Range chaque liste de nombres dans l'ordre croissant.**

a. 7,8 − 9,8 − 7,3 − 8,6 − 9,4

b. 10,67 − 10,56 − 10,74 − 10,45 − 10,89

11 ⁂ **Range chaque liste de nombres dans l'ordre décroissant.**

a. 16,1 − 16,56 − 16,9 − 15,8 − 16,24

b. 6,36 − 6,7 − 6,63 − 6,07 − 7,6

Intercaler des nombres décimaux entre deux nombres entiers

12 * **Recopie et complète avec un nombre ayant un chiffre après la virgule.**

a. 8 < .... < 9

b. 1 > .... > 0

c. 99 < .... < 100

d. 12 < .... < 13

e. 9 < .... < 10

13 ‡ **Recopie et complète avec un nombre de deux chiffres après la virgule.**

a. 6 < .... < 7

b. 10 > .... > 9

c. 59 < .... < 60

d. 10 < .... < 11

e. 3 < .... < 4

Encadrer des nombres décimaux entre deux nombres entiers

14 * **Recopie et encadre chaque nombre décimal par deux nombres entiers consécutifs, comme dans l'exemple.**

7 < 7,12 < 8

a. .... < 4,9 < ....

b. .... < 7,01 < ....

c. .... > 0,9 > ....

d. .... < 10,1 < ....

e. .... < 12,09 < ....

15 ‡ **Encadre chaque nombre décimal par deux nombres entiers consécutifs.**

a. 5,13

b. 10,45

c. 26,89

d. 9,2

e. 0,78

f. 50,02

g. 99,78

h. 40,17

i. 0,08

Passer d'une écriture fractionnaire à une écriture à virgule et réciproquement

16 ‡ **Écris ces fractions décimales sous forme de nombres à virgule.**

a. $\dfrac{3}{10}$

b. $\dfrac{25}{100}$

c. $\dfrac{37}{10}$

d. $\dfrac{1}{100}$

e. $\dfrac{20}{100}$

17 ‡ **Écris ces nombres à virgule sous forme de fractions décimales.**

a. 3,7

b. 10,02

c. 0,6

d. 4,17

e. 0,16

PROBLÈMES

18 * Voici les résultats de cinq élèves lors d'une compétition de lancer de javelot.

- Bertrand : 15 mètres et 36 centimètres ;
- Lana : 12 m 78 cm ;
- Chloé : 18 m et 7 dixièmes de mètre ;
- Isak : 16 m et 4 centièmes de mètre ;
- Romain : 14 mètres et 15 centièmes de mètre.

a. Écris toutes ces performances sous la forme de nombres décimaux.

b. Qui a lancé son javelot le plus loin ? Le moins loin ?

19 ‡ Ilona compare les prix d'un même paquet de gâteaux dans plusieurs magasins.

Voici les prix qu'elle a notés :

- 1,4 €
- 1,23 €
- 1,38 €
- 1,56 €
- 1,44 €
- 1,35 €

a. Reproduis la droite graduée et place ces prix.

| 1,2 | 1,3 | 1,4 | 1,5 | 1,6 |

b. Quel est le prix le plus élevé ? le moins élevé ?

c. Écris ces nombres sous forme de fractions.

20 ‡ Rose possède plusieurs escargots qu'elle mesure régulièrement. Voici leur taille en cm au 12 janvier.

a. Écris ces nombres sous la forme de fractions décimales.

b. Range ces nombres dans l'ordre décroissant.

15 Addition des nombres entiers

Compétence : Maîtrise d'une technique opératoire : l'addition.

Calcul mental : Compléter à la dizaine supérieure, ex. 1 et 2 p. 147.

Cherchons ensemble

Marie, Gustave et Nin veulent partir en voyage en Italie. Marie dispose de 987 €, Gustave possède 815 € et Nin 1 023 €. De combien d'argent disposent-ils à eux trois ?

a. Quelle opération doivent-ils faire pour le savoir ?

b. Avant de faire l'opération, comment peuvent-ils avoir une idée du résultat ?

c. Résous le problème.

Je retiens

→ **L'addition** est l'opération qui permet de calculer une **somme**.

→ Pour **poser une addition**, il faut faire attention à toujours bien placer :
• les unités sous les unités ;
• les dizaines sous les dizaines ;
• les centaines sous les centaines ; etc.

Exemple :

	m	c	d	u
	1	1	1	
+	3	9	5	8
+		9	0	7
+			7	4
	4	9	3	9

→ Pour vérifier si le **résultat** de l'addition posée est **vraisemblable**, on peut calculer **l'ordre de grandeur** pour avoir un **résultat approché**.

Exemple : 3 958 + 907 + 74 = ? → 4 000 + 900 + 70 = **4 970**

J'applique

1 ✴ **Trouve le résultat le plus rapidement possible, sans poser l'opération.**

a. 900 + 70 + 3 = ...

b. 6 000 + 300 + 28 = ...

c. 1 000 + 200 + 300 + 40 + 2 = ...

d. 50 000 + 1 700 + 300 + 40 + 15 = ...

e. 12 000 + 700 + 50 + 18 = ...

2 ✴ **Calcule en ligne sans poser l'opération.**

a. 3 423 + 372 = ...

b. 5 275 + 3 312 = ...

c. 23 243 + 4 632 = ...

d. 5 673 + 4 323 = ...

e. 9 132 + 6 354 + 313 = ...

3 ✴ **Indique l'ordre de grandeur de ces résultats**

a. 368 + 99 = ...

b. 624 + 399 = ...

c. 3 504 + 499 = ...

d. 2 735 + 8 999 = ...

4 ✴ **Pose et calcule ces additions.**

a. 6 734 + 3 958 = ...

b. 3 893 + 7 439 = ...

c. 15 746 + 26 935 = ...

d. 9 087 + 6 782 = ...

5 ✴ **Pose et calcule ces additions.**

a. 4 067 + 987 + 1 987 = ...

b. 190 + 67 + 2 986 = ...

c. 6 782 + 4 278 + 983 = ...

d. 459 + 678 + 402 + 69 = ...

e. 863 + 6 702 + 9 307 = ...

Calculer l'ordre de grandeur d'une somme

6 ✳ **En utilisant une valeur approchée des nombres, choisis pour chacune des sommes suivantes le résultat qui te paraît exact.**

a. 3 237 + 4 612 + 223 = ?   7 202   9 623   8 072

b. 6 977 + 699 + 3 010 = ?   9 736   10 686   8 346

Calculer une addition en ligne

7 ✳ **Recopie et complète le carré magique : quelles que soient la ligne, la colonne et la diagonale, on doit trouver la même somme.**

16	3	....	13
5	....	11	....
....	6	....	12
4	15	14	....

8 ✳ **Zoé entre dans ce quadrillage avec 32 points. Quel chemin va-t-elle suivre pour sortir avec 100 points ?**

32 ▶
10	5	3	2
8	4	11	13
14	16	15	7
12	1	6	9
▼ 100

Poser une addition

9 ✳ **Pose et calcule.**

a. 6 237 + 4 634 + 17 = ...

b. 7 348 + 298 + 612 + 15 = ...

c. 12 865 + 3 608 + 495 = ...

d. 706 + 16 986 + 4 908 = ...

10 ✳ **Recopie et complète.**

```
    5 . 6 5          c.      4 8 . 8
  + . 3 . 6               +   9 . 7 .
    6 2 1 .                 1 . 2 0 0
```

```
    . 5 . 2          d.    1 8 2 .
  +   9 . 4 .             + . . . 7
  1 3 2 8 0               6 2 2 2
```

11 ✳ **a.** Trouve deux nuages dont la somme est égale à 10 000.

b. Trouve deux nuages dont la somme est égale à 100 000.

c. Trouve trois nuages dont la somme est égale à 50 000.

4623   95377   8737   83997   7995   30345   3271   632   38734   1263

PROBLÈMES

GÉOGRAPHIE

12 ✳ Voici ce que la famille Béranger a dépensé durant son séjour d'une semaine à la mer.
Quel est le montant total du séjour ?

location de la maison	900 €
stage de voile	160 €
essence	220 €
restaurant	360 €
souvenirs	150 €
nourriture	420 €

13 ✳ Un cycliste s'entraîne pour une compétition. Il parcourt 117 km le lundi, 87 km le mardi, et le mercredi 15 km de plus que le mardi.
Quelle distance a-t-il parcourue pendant ces trois jours ?

14 ✳ Pendant les soldes, une télévision haute définition coûte 1 275 euros. Son prix a diminué de 130 euros. Quel était son prix avant les soldes ?

15 ✳ Voici le nombre d'élèves à l'école de la ville de Menton.

Classes	CP	CE1	CE2	CM1	CM2	Totaux
Garçons	26	30	29	27	31	....
Filles	24	28	32	29	27	....
Totaux	....	....	....	....	....	....

a. Recopie et complète ce tableau.

b. Quel est le nombre total d'élèves dans cette école ?

16 ✳ Sylvie a 50 euros. Pour la fête des Mères, elle veut offrir à sa maman le plus grand nombre possible de cadeaux. Elle a le choix entre :
  – un bouquet de fleurs à 26 euros ;
  – un livre à 17 euros ;
  – un foulard à 22 euros ;
  – du maquillage à 5 euros ;
  – une carte postale musicale à 6 euros.
Quel est le meilleur choix ?

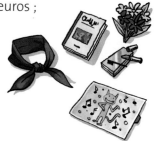

 À toi de jouer

Complète le triangle magique avec les nombres 1, 2, 3, 4, 5, 6 de façon à ce que la somme soit la même sur les 3 côtés.

16 **Soustraction des nombres entiers**

Compétence : Maîtrise d'une technique opératoire : la soustraction.
Calcul mental : Retrancher 10, ex. 1 à 4 p. 150.

Cherchons ensemble

Mme Delprat achète un canapé à 970 €.
Elle verse 358 € à la commande.
Combien lui restera-t-il à verser à la livraison ?

a. Quelle opération doit-elle faire pour le savoir ?

b. Avant de faire l'opération, comment peut-elle avoir une idée du résultat ?

c. Résous le problème.

Je retiens

→ La **soustraction** est l'opération qui permet de calculer **une différence** ou **un écart**.

→ Quand on pose une soustraction, on écrit toujours le nombre le plus grand en premier.

→ On peut commencer par calculer l'**ordre de grandeur** du résultat.

Exemple : 816 − 679 → ordre de grandeur : 800 − 700 = 100

$$\begin{array}{r} 8\ 1\ {}_16 \\ -\ 6\ 7\ 9 \\ \hline 7 \end{array}$$

6 − 9, ce n'est pas possible.
On ajoute 10 unités à 6 : on a 16 unités.
16 − 9 = 7.

$$\begin{array}{r} 8\ {}_11\ {}_16 \\ -\ 6\ {}_17\ 9 \\ \hline 3\ 7 \end{array}$$

On a ajouté 10 unités à 816.
Pour conserver la différence entre 816 et 679, on ajoute 1 dizaine à 679 : 7 + 1 = 8.
1 − 8, ce n'est pas possible.
On ajoute 10 dizaines à 1 dizaine : 11 − 8 = 3.

$$\begin{array}{r} 8\ {}_11\ {}_16 \\ -\ {}_16\ {}_17\ 9 \\ \hline 1\ 3\ 7 \end{array}$$

On a ajouté 10 dizaines à 816.
Pour conserver la différence entre 816 et 679, on ajoute 1 centaine à 679 : 6 + 1 = 7.
8 − 7 = 1.

J'applique

1 ＊ **Calcule ces soustractions en ligne.**

a. 345 − 45 = ...
b. 672 − 72 = ...
c. 1 345 − 200 = ...
d. 7 832 − 530 = ...
e. 4 529 − 2 305 = ...

2 ＊ **Pose et calcule.**

a. 875 − 694 = ...
b. 938 − 475 = ...
c. 3 242 − 2 798 = ...
d. 5 301 − 3 784 = ...
e. 5 690 − 3 873 = ...

3 ⁂ **Indique l'ordre de grandeur du résultat.**

a. 8 023 − 668
b. 5 013 − 3 509
c. 7 987 − 1 967
d. 3 007 − 986
e. 6 790 − 3 92...

4 ⁂ **Pose et calcule une soustraction avec chaqu... couple de nombres.**

a. 368 et 625
b. 189 et 702
c. 4 308 et 1 734
d. 5 122 et 9 600
e. 8 700 et 2 783

Je m'entraîne

Calculer l'ordre de grandeur d'une différence

5 * **Calcule l'ordre de grandeur du résultat.**

a. $87 - 55$ c. $987 - 597$ e. $6\,713 - 3\,479$

b. $289 - 108$ d. $3\,415 - 1\,409$

6 ‡ **Trouve la soustraction correspondant à l'ordre de grandeur donné.**

a. Ordre de grandeur : 500

$1\,328 - 398$ $737 - 247$ $4\,948 - 4\,678$

b. Ordre de grandeur : 1 000

$4\,928 - 2\,937$ $3\,852 - 2\,907$ $75\,625 - 69\,327$

c. Ordre de grandeur : 10 000

$138\,420 - 29\,378$ $32\,728 - 22\,968$

$50\,698 - 31\,325$

Calculer une soustraction en ligne

7 * **Calcule en ligne.**

a. $668 - 125 = \ldots$
b. $1\,449 - 318 = \ldots$
c. $5\,645 - 1\,382 = \ldots$

d. $7\,237 - 4\,519 = \ldots$
e. $1\,258 - 937 = \ldots$

8 ‡ **Calcule en ligne.**

a. $1\,397 - 257 = \ldots$
b. $2\,000 - 1\,250 = \ldots$
c. $7\,800 - 5\,500 = \ldots$

d. $10\,000 - 6\,780 = \ldots$
e. $9\,080 - 3\,000 = \ldots$

Poser une soustraction

9 * **Effectue ces différentes opérations. Que peux-tu en conclure ?**

• $446 - 368 = \ldots$
• $(446 + 25) - (368 + 25) = \ldots$
• $(446 - 25) - (368 - 25) = \ldots$
• $2\,738 - 1\,835 = \ldots$
• $(2\,738 + 48) - (1\,835 + 48) = \ldots$
• $(2\,738 - 48) - (1\,835 - 48) = \ldots$

10 ‡ **Recopie et complète.**

```
        . . . .                c.    3 8 4 5
     -  7 8 1 3                    - 2 . . 4
        2 1 7 2                      1 0 5 .

        5 7 3 9                d.    9 8 7 2
     -  . . . .                    - 6 . . .
        2 1 6 1                      . 0 8 6
```

PROBLÈMES

11 * Jean a 38 billes. Il en donne 7 à Louis. Combien lui en reste-t-il ?

HISTOIRE
12 * Jacques Cartier, marin et explorateur français, est né en 1491 ; il est mort en 1557. Il a découvert la vallée du Saint-Laurent au Canada en 1534.

a. Quel âge avait-il lors de cette découverte ?

b. À quel âge est-il mort ?

13 ‡ Léo a 13 ans. Il a 5 ans de plus que son frère Clément. Quel est l'âge de Clément ?

14 ‡ Aide l'électricien à compléter son relevé de dépenses.

Achats (€)	Janvier	Février	Mars
Ampoules	580	a.	250
Interrupteurs	b.	1 000	800
Fils électriques	180	120	c. ....
Prises électriques	40	0	30
Total	1 120	1 600	2 000

15 ‡ Philippe a 36 €. Il va au restaurant et regarde la carte du menu. Il souhaite choisir une entrée, un plat, un dessert et un café. Que peut-il commander pour qu'il lui reste 4 € ?

LA CARTE
ENTRÉES
Salade   8 €
Saumon fumé   9 €
PLATS PRINCIPAUX
Magret de canard   12 €
Escalope de veau   11 €
Colin à la basquaise   14 €
DESSERTS
Crème brulée   7 €
Glace   5 €
Mousse au chocolat   6 €
Café   2 €

À toi de jouer

Le coffre au trésor est fermé par un cadenas à quatre chiffres. Résous cette énigme et tu trouveras le code du cadenas !

– Si je retire 8 au 1er nombre, j'obtiens 1.

– Si j'enlève 4 au 2e nombre, j'obtiens 4.

– Si je retranche 13 au double du 2e nombre du code, j'obtiens le 3e nombre.

– Si j'ôte 5 et que j'ajoute 3 au 4e nombre, j'obtiens 6.

Compétence : Maîtrise d'une technique opératoire : la multiplication.
Calcul mental : Multiplier par 2, 3... 9, ex. 1 à 3 p. 153.

Cherchons ensemble

Sixtine, Chloé et Hicham se demandent combien il y a de chocolats.
a. Quelle méthode est la plus rapide ?
b. Comment peut-on calculer encore plus rapidement le nombre de chocolats ?

Je vais les compter un par un ! 1, 2, 3, 4... 21 !

J'additionne les chocolats par colonnes : 3 + 3 + 3 + 3 + 3 + 3 + 3 = 21

J'additionne les chocolats par lignes : 7 + 7 + 7 = 21

Je retiens

→ **La multiplication est l'opération qui permet d'ajouter plusieurs fois la même quantité.**

Exemple : $6 + 6 + 6 + 6 + 6 = 5 \times 6 = 30$
$5 + 5 + 5 + 5 + 5 + 5 = 6 \times 5 = 30$

6 et 5 sont les **facteurs** et 30 est le **produit**.

→ **Attention !**
• Quand on multiplie un nombre par 0, le produit est nul.
Exemple : $271 \times 0 = 0$

• Quand on multiplie un nombre par 1, on ne change pas le nombre.
Exemple : $271 \times 1 = 271$

→ Pour trouver un produit, on peut :
• **décomposer** la multiplication.
Exemple : $512 \times 6 = (500 + 10 + 2) \times 6$
$= (500 \times 6) + (10 \times 6) + (2 \times 6)$
$= 3\,000 + 60 + 12$
$512 \times 6 = 3\,072$

Pour calculer une multiplication, il faut connaître la table de Pythagore, les tables de multiplication.

	1	2	3	4	5	6	7	8	9	10
1	1	2	3	4	5	6	7	8	9	10
2	2	4	6	8	10	12	14	16	18	20
3	3	6	9	12	15	18	21	24	27	30
4	4	8	12	16	20	24	28	32	36	40
5	5	10	15	20	25	30	35	40	45	50
6	6	12	18	24	30	36	42	48	54	60
7	7	14	21	28	35	42	49	56	63	70
8	8	16	24	32	40	48	56	64	72	80
9	9	18	27	36	45	54	63	72	81	90
10	10	20	30	40	50	60	70	80	80	100

• **poser** la multiplication.
Exemple :

```
      5 1 2
  ×       6
  3 0 7 2
```

$6 \times 2 = 12$. On écrit 2 et on retient 1
$6 \times 1 = 6$. $6 + 1 = 7$. On écrit 7.
$6 \times 5 = 30$. On écrit 30.

J'applique

1 ✳ **Remplace les additions suivantes par une multiplication quand c'est possible.**

a. $8 + 8 + 8 + 8 + 8 = \ldots$
b. $3 + 3 + 3 + 3 + 3 + 5 = \ldots$
c. $15 + 15 + 15 + 15 + 15 + 15 = \ldots$
d. $10 + 10 + 10 + 10 + 10 + 10 = \ldots$
e. $7 + 7 + 7 + 7 + 9 + 7 = \ldots$

2 ✳ **Recopie et complète.**

a. $\ldots \times 6 = 36$ **c.** $6 \times \ldots = 0$ **e.** $4 \times \ldots = 36$
b. $7 \times \ldots = 63$ **d.** $8 \times \ldots = 48$ **f.** $1 \times \ldots = 1$

3 ✳ **Pose et calcule.**

a. $35 \times 2 = \ldots$ **c.** $67 \times 6 = \ldots$ **e.** $15 \times 4 = \ldots$
b. $49 \times 5 = \ldots$ **d.** $78 \times 3 = \ldots$

4 ✳ **Décompose ces multiplications comme dan l'exemple. Pose les multiplications pour vérifier t résultats.**

$(235 \times 5) = (200 \times 5) + (30 \times 5) + (5 \times 5) = 1\,000 + 150 + 2$
$= 1\,175$

a. $324 \times 2 = \ldots$ **c.** $432 \times 3 = \ldots$
b. $534 \times 5 = \ldots$ **d.** $627 \times 4 = \ldots$

Savoir reconnaître une situation de multiplication

5 ✳ **Retrouve parmi ces énoncés ceux qui correspondent à une situation de multiplication. Justifie ton choix.**

a. Pour sa classe, une maîtresse commande 25 manuels de mathématiques à 12 € pièce.
Combien dépense-t-elle en tout ?

b. Pour les vacances, Myriam met 6 chemises, 6 shorts, 6 vestes et 8 jupes dans sa valise.
Combien de vêtements emporte-t-elle en tout ?

c. Karim possède 72 images. Sophie a 72 images. Arthur détient 72 images.
Combien d'images ont-ils à eux trois ?

d. Louis range ses CD dans un meuble à étagères. Il remplit 6 étagères avec 10 CD chacune.
Combien a-t-il de CD ?

e. Voici la collection de billes de May-Li.
Combien possède-t-elle de billes en tout ?

Calculer une multiplication en ligne

6 ✳ **Recopie et complète ce tableau.**

×	5	....	4
2	....	12	....
....	....	6	....
7	....	....	....
....	....	....	20

Calcule ces multiplications sans les poser.

7 ✳
a. 135 × 1 = ...   **d.** 352 × 2 = ...
b. 527 × 3 = ...   **e.** 1 337 × 0 = ...
c. 326 × 4 = ...

Poser une multiplication

8 ✳ **Pose et calcule.**

a. 89 × 6 = ...   **d.** 324 × 4 = ...
b. 547 × 8 = ...   **e.** 307 × 9 = ...
c. 746 × 7 = ...

9 ✳ **Recopie et complète.**

```
a.      4 . .        b.      2 . 7
     ×      6             ×      .
     . . 5 8              7 7 1
```

10 ✳ **Recopie et complète.**

```
a.    . 8 .          b.      8 . .
   ×       2             ×       5
   1 3 . 2               . . 8 0
```

PROBLÈMES

11 ✳ Myriam achète tous les jours 3 baguettes de pain chez le boulanger.
Combien a-t-elle acheté de baguettes en une semaine ?

12 ✳ Un maçon doit carreler une chambre à l'aide de carreaux de 50 cm sur 50 cm. Il met 9 carreaux dans la longueur et 7 dans la largeur.
Combien lui faut-il de carreaux en tout ?

13 ✳ Le marchand d'ordinateurs vend 9 ordinateurs par semaine.
Combien gagne-t-il en 8 semaines ?

465€

14 ✳ Une famille de 5 personnes déjeune au restaurant. Chaque personne prend une entrée, un plat et un dessert. L'entrée coûte 8 €, le plat principal 12 € et le dessert 6 €.
Calcule de deux manières différentes le coût total du déjeuner.

GÉOGRAPHIE

15 ✳ **Consommation d'eau en France.**

a. Un adulte consomme par jour 160 litres d'eau. Quelle est la consommation pour un foyer de 4 personnes par jour ? par semaine ?

b. Une douche de 4 à 5 minutes nécessite 70 litres d'eau.
Combien faut-il d'eau pour un foyer de 4 personnes pour 1 jour ? pour une semaine ?

16 ✳ Mme Dupard a acheté 4 DVD à 23 € chacun et une mini-chaîne. Elle a dépensé en tout 152 €.
Quel était le prix de la mini-chaîne ?

À toi de jouer

Trouve le nombre 28 en utilisant uniquement les chiffres 2, 3, 4, 5 une seule fois et les opérations addition, soustraction, multiplication.

18 Multiplication par 10, 100, 1 000 ; 20, 200...

Compétence : Multiplier par 10, 100, 1 000, ... 20, 30...
Calcul mental : Calculer le double, ex. 4 à 6 p. 153.

Cherchons ensemble

a. Le samedi, la fleuriste a vendu 10 bouquets de 8 fleurs chacun.
Combien a-t-elle vendu de fleurs en tout le samedi ?

b. Le dimanche, jour de la fête des Mères, elle a vendu 100 bouquets de 8 fleurs chacun.
Combien a-t-elle vendu de fleurs en tout le dimanche ?

c. Compare les résultats. Que remarques-tu ?

Je retiens

→ **Pour multiplier** un nombre entier par **10, 100, 1 000...** on écrit **un, deux ou trois zéros** à droite de ce nombre.
Exemple : 6 × 10 = 60
       6 × 100 = 600
       6 × 1 000 = 6 000

→ **Pour multiplier** un nombre entier par **20** (2 × 10), on le multiplie par **2**, puis par **10**.
Exemple : 6 × 2**0** = (6 × 2) × 1**0** = 12 × 1**0** = 12**0**

→ **Pour multiplier** un nombre entier par **300** (3 × 100), on le multiplie par **3**, puis par **100**.
Exemple : 6 × 3**00** = (6 × 3) × 1**00** = 18 × 1**00** = 1 8**00**

J'applique

1 ∗ **Recopie et calcule sans poser l'opération.**

a. 9 × 10 = ...
b. 9 × 100 = ...
c. 12 × 100 = ...
d. 320 × 10 = ...
e. 80 × 1 000 = ...

f. 6 × 100 = ...
g. 7 × 1 000 = ...
h. 642 × 10 = ...
i. 642 × 1 000 = ...
j. 950 × 100 = ...

2 ∗ **Recopie et calcule sans poser l'opération.**

a. 3 × 20 = ...
b. 5 × 20 = ...
c. 12 × 200 = ...
d. 5 × 30 = ...
e. 6 × 500 = ...

f. 4 × 50 = ...
g. 8 × 500 = ...
h. 12 × 3 000 = ...
i. 25 × 4 000 = ...
j. 50 × 9 = ...

3 ∗ **Recopie et complète.**

a. 52 × .... = 5 200
b. .... × 100 = 8 100
c. 87 × .... = 87 000
d. .... × 10 = 1 300
e. .... × 72 = 7 200

f. .... × 126 = 126 000
g. .... × 100 = 32 700
h. .... × 1 810 = 181 000
i. .... × 100 = 8 300
j. .... × 42 = 4 200

4 ∗ **Recopie et complète.**

a. 8 × .... = 160
b. 3 × .... = 900
c. 6 × .... = 240
d. 9 × .... = 810
e. 7 × .... = 4 900

f. .... × 200 = 2 400
g. .... × 30 = 960
h. .... × 500 = 2 500
i. .... × 40 = 240
j. .... × 800 = 4 000

Multiplier par 10, 100, 1 000

5 ✴ **Calcule les produits suivants.**

a. $3 \times 2 \times 100 = \ldots$

b. $2 \times 7 \times 100 = \ldots$

c. $25 \times 2 \times 100 = \ldots$

d. $40 \times 5 \times 100 = \ldots$

e. $7 \times 30 \times 10 = \ldots$

f. $5 \times 4 \times 1\,000 = \ldots$

g. $12 \times 2 \times 10 = \ldots$

h. $30 \times 3 \times 10 = \ldots$

i. $60 \times 3 \times 1\,000 = \ldots$

j. $100 \times 6 \times 20 = \ldots$

6 ✴ **À l'aide du résultat de la première multiplication, déduis les produits suivants, comme dans l'exemple.**

$26 \times 37 = 962$

donc $260 \times 37 = 9\,620$ et $260 \times 370 = 96\,200$

a. $35 \times 16 = 560$

• $350 \times 160 = \ldots$
• $35 \times 1\,600 = \ldots$

b. $98 \times 46 = 4\,508$

• $98 \times 460 = \ldots$
• $980 \times 460 = \ldots$

c. $125 \times 34 = 4\,250$

• $1\,250 \times 34 = \ldots$
• $12\,500 \times 340 = \ldots$

Multiplier par 20, 30…, 200, 300…

7 ✴ **Calcule ces produits, comme dans l'exemple.**

$42 \times 50 = (40 + 2) \times 50 = (40 \times 50) + (2 \times 50)$
$= 2\,000 + 100$
$= 2\,100$

a. $43 \times 40 = \ldots$

b. $36 \times 60 = \ldots$

c. $84 \times 40 = \ldots$

d. $65 \times 50 = \ldots$

e. $72 \times 60 = \ldots$

8 ✴ **Calcule ces produits, comme dans l'exemple.**

$23 \times 20 = (23 \times 2) \times 10 = 46 \times 10 = 460$

a. $65 \times 20 = \ldots$

b. $48 \times 20 = \ldots$

c. $63 \times 300 = \ldots$

d. $42 \times 30 = \ldots$

e. $45 \times 200 = \ldots$

PROBLÈMES

9 ✴ Les 28 élèves de CM1 partent pour une semaine en classe de neige.
Le séjour pour chaque enfant coûte 400 €.
Combien le séjour coûte-t-il pour toute la classe ?

10 ✴ Antoine est engagé pour 10 mois dans une entreprise. Il gagne 1 450 € par mois.
Combien gagnera-t-il au bout des 10 mois ?

11 ✴ Une caissière compte ses billets.
Elle a :
– 12 billets de 10 € ;
– 24 billets de 20 € ;
– 15 billets de 5 € ;
– 5 billets de 100 €.
Quelle somme totale a-t-elle dans son tiroir-caisse ?

12 ✴ Amina travaille 6 heures par jour et 200 jours par an.

a. Combien d'heures travaille-t-elle par an ?

b. En 10 ans, combien d'heures travaillera-t-elle ?

c. En 30 ans ?

13 ✴ La fermière range 10 œufs par boîte. Elle remplit 36 boîtes.
Combien d'œufs a-t-elle rangés ?

GÉOGRAPHIE

14 ✴ Pour aménager un parc, la mairie a commandé :
– 30 tilleuls à 78 € pièce ;
– 40 marronniers à 12 € pièce ;
– 10 oliviers à 120 € pièce ;
– 20 peupliers à 45 € pièce.
Quelle somme la mairie a-t-elle dépensée ?

15 ✴ Dans un paquet de biscuits, il y a 20 galettes qui pèsent chacune 8 g.

a. Quel est le poids d'un paquet ?
Pour transporter les paquets de biscuits, on utilise un carton qui pèse 250 g à vide et qui peut contenir 50 paquets.

b. Quel est le poids total d'un carton plein ?

c. Pour une commande de 20 cartons, quel sera le poids total de la livraison ?

À toi de jouer

Le carré multi-magique

Le produit des nombres est toujours le même sur chaque ligne, dans chaque colonne et sur chaque diagonale.

5	….	….
….	10	….
2	….	20

Recopie et complète le tableau.

Cherchons ensemble

Le directeur du club de handball veut acheter 128 survêtements à 34 € l'un.
Combien cela va-t-il lui coûter ?

a. Calcule l'ordre de grandeur du résultat.
b. Trouve deux méthodes pour calculer le résultat.
c. Résous le problème avec la méthode de ton choix.

Je retiens

→ **Pour calculer une multiplication** d'un nombre à plusieurs chiffres, il faut **décomposer** l'un des facteurs.
On peut :

- calculer la mulplication en lignes.

Exemple : $37 \times 24 = 37 \times (20 + 4)$
$= (37 \times 20) + (37 \times 4)$
$= 740 + 148$
$= 888$

- poser la multiplication en colonnes.

Exemple : $37 \times 4\,u = 148$ ⟶
$37 \times 2\,d = 37 \times 20.\ 37 \times 20\,u = 740$ ⟶

```
        3 7
    ×   2 4
    1 4 8
    7 4 0
    8 8 8
```

→ Pour calculer un **ordre de grandeur** du résultat, on remplace les facteurs du produit par les multiples de 10, de 100 ou de 1 000 les plus proches.
Exemples : $37 \times 24 \rightarrow 40 \times 20 = 800$ $684 \times 57 \rightarrow 700 \times 60 = 42\,000$

J'applique

1 ＊ **Calcule les multiplications suivantes de deux manières différentes, comme dans l'exemple.**

$38 \times 18 = 38 \times (8 + 10)$
$= (38 \times 8) + (38 \times 10)$
$= 304 + 380 = 684$

```
        3 8
    ×   1 8
    3 0 4
    3 8 0
    6 8 4
```

a. $62 \times 45 = ...$ **d.** $87 \times 24 = ...$
b. $47 \times 56 = ...$ **e.** $38 \times 72 = ...$
c. $43 \times 82 = ...$

2 ＊ **Calcule l'ordre de grandeur de ces produits.**

a. 78×36 **d.** 61×58
b. 83×42 **e.** 98×27
c. 54×23

3 ⁑ **Pose, puis calcule ces multiplications. Vérifie tes résultats à l'aide de ta calculatrice.**

a. $63 \times 27 = ...$ **d.** $135 \times 85 = ...$
b. $48 \times 54 = ...$ **e.** $234 \times 68 = ...$
c. $79 \times 36 = ...$

4 ⁑ **Calcule le produit de chacun des couples de nombres suivants. Dispose les nombres de façon à te faciliter les calculs.**

a. 24 et 156   **d.** 57 et 136
b. 619 et 74   **e.** 453 et 93
c. 39 et 308

Je m'entraîne

Calculer une multiplication en lignes

5 ⁕ **Calcule ces produits, comme dans l'exemple.**
78 × 35 = (78 × 30) + (78 × 5)
= 2 340 + 390 = 2 730

a. 96 × 47 = ...   **d.** 67 × 32 = ...

b. 85 × 64 = ...   **e.** 38 × 29 = ...

c. 72 × 37 = ...

6 ⁑ **Calcule ces multiplications de deux manières différentes.**

a. 468 × 26 = ...   **d.** 742 × 57 = ...

b. 956 × 408 = ...   **e.** 2 563 × 57 = ...

c. 907 × 375 = ...

Poser une multiplication

7 ⁕ **Pose, puis calcule ces multiplications. Vérifie tes résultats à l'aide de la calculatrice.**

a. 435 × 253 = ...   **d.** 306 × 243 = ...

b. 415 × 92 = ...   **e.** 825 × 406 = ...

c. 86 × 49 = ...

8 ⁑ **Complète et calcule.**

a.
```
      3 4 5
  ×     4 .
    1 0 3 5
  . . . . .
  . . . . .
```

b.
```
      6 1 7
  ×     . .
    1 8 5 1
  3 . 0 2 .
  . . . . .
```

Calculer un ordre de grandeur

9 ⁕ **Calcule l'ordre de grandeur de ces produits.**

a. 284 × 57   **d.** 931 × 123

b. 614 × 98   **e.** 842 × 31

c. 197 × 78

10 ⁑ **Calcule l'ordre de grandeur de ces produits.**

a. 79 × 32   **d.** 673 × 214

b. 805 × 194   **e.** 913 × 96

c. 782 × 54

PROBLÈMES . . . .

11 ⁕ Dans un théâtre, il y a 24 rangées de 18 fauteuils.
Combien ce théâtre peut-il accueillir de spectateurs ?

12 ⁑ Le libraire propose :
– des livres sur les animaux à 14 € chacun. Il en vend 26 ;
– des livres de contes à 16 €. Il en vend 18.
Quelle somme va-t-il gagner ?

SCIENCES
13 ⁑ Chaque jour, 230 météorites de plus de 10 g tombent sur la Terre.

a. Calcule le nombre de météorites qui tombent sur notre planète en 365 jours.

b. Quelle est la masse minimale totale de ces météorites ?

14 ⁑ Une famille loue un appartement 850 € par mois. Elle paie aussi 210 € d'électricité par trimestre. Combien cette famille dépense-t-elle en tout en une année ?

15 ⁑ Titouan gagne 1 670 € par mois. Aux mois de juin et de décembre, il reçoit une prime de 430 €. Combien gagne-t-il en une année ?

16 ⁑ Un magasin de vêtements reçoit une livraison de pantalons. Celle-ci comprend :
– 32 pantalons filles à 23 € l'un ;
– 45 pantalons hommes à 35 € l'un ;
– 64 pantalons femmes à 42 € l'un.

a. Quel est le coût total de la livraison ?
Des clients ont déjà réservé 11 pantalons hommes et 12 pantalons filles.

b. Combien reste-t-il de pantalons à vendre ?

 À toi de jouer

Recopie et complète le tableau avec les nombres de 1 à 6 de manière à rendre justes les opérations horizontalement et verticalement.

....	×	....	×	....	= 36
×		×		×	
....	×	....	×	....	= 20
= 6		= 8		= 15	

20 Activités numériques : utiliser un tableur pour faire des calculs

Un **tableur*** est une feuille de calcul électronique. Il se présente sous la forme d'un tableau composé de **lignes** et de **colonnes**. Dans chaque case, ou **cellule**, on peut saisir du **texte**, un **nombre** ou une **formule mathématique**.

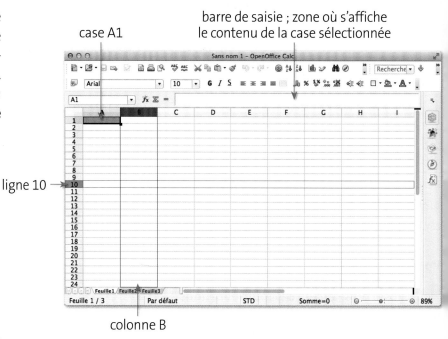

case A1

barre de saisie ; zone où s'affiche le contenu de la case sélectionnée

ligne 10 →

colonne B

Étape 1 — Saisir du texte ou des nombres

a. Ouvre une feuille dans le tableur.

b. A l'aide de la souris, sélectionne la **case A1**. Que constates-tu ?

c. Dans la **case A1**, écris la lettre X.

d. Valide en appuyant sur la touche **ENTRÉE** . Que constates-tu ?

▶ **J'applique**

Place les nombres suivants :

a. 1 dans la case A2 et dans la case B1.

b. 2 dans la case A3 et dans la case C1.

c. 3 dans la case A4 et dans la case D1.

d. 4 dans la case A5 et dans la case E1.

e. 5 dans la case A6 et dans la case F1.

Étape 2 — Centrer les nombres saisis dans chaque case

• **Méthode 1**

a. Clique sur la **case A1**.

b. Clique sur l'icône « **Centrer le texte** ». La lettre X est centrée dans la case A1.

Tu peux faire cela pour chaque case de ton tableau mais il existe une façon de faire beaucoup plus rapide.

• **Méthode 2**

a. Clique sur la **case A1** et maintient le clic de la souris enfoncé.

b. Fais glisser vers la droite jusqu'à ce que la ligne 6 et la colonne F soient entièrement colorées.

c. Relâche le clic. Ton tableau est coloré.

d. Clique sur l'icône « **Centrer le texte** ». Tous les nombres sont centrés dans toutes les cases.

Tu viens de créer le début de la table de Pythagore.

Calcul mental : Arrondir un nombre entier,
ex. 46 à 48 p. 146.

pe 3   **Saisir une formule mathématique**

Des relations peuvent être établies entre différentes cases. Ici, on veut calculer
es résultats de la table de Pythagore.

a. Sélectionne la **case E4**.

b. Clique sur *fx* juste devant la barre de saisie. Le signe = apparaît
dans la barre de saisie : cela indique que l'on va écrire une formule.

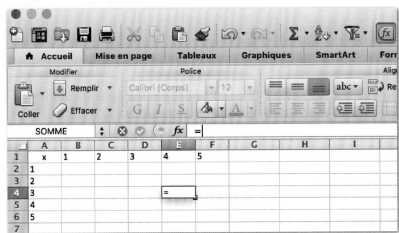

c. Sélectionne la **case A4**. « A4 » apparaît dans la barre de saisie.

d. Appuie sur le signe * qui apparaît aussi dans la barre de saisie.

e. Sélectionne la case E1. On obtient la formule « =A4*E1 ».

f. Valide en tapant sur la touche **ENTRÉE** pour voir apparaître le résultat « 12 » (3 × 4) dans la case E4.

▶ **J'applique**

En appliquant la même procédure, calcule toutes les cases de la table de Pythagore.

m'entraîne

a. Ouvre une nouvelle feuille dans le tableur.

b. Refais le même travail pour la table de Pythagore allant de 6 à 10.

* Le tableur utilisé dans cette activité est le tableur Calc de la suite bureautique Open Office™.

Calculer une addition

1 * Calcule ces opérations en ligne sans les poser.

a. 723 + 125 = ...

b. 1 035 + 344 = ...

c. 2 371 + 1 428 = ...

d. 3 604 + 2 382 = ...

e. 5 043 + 1 754 = ...

2 ‡ Calcule astucieusement chaque opération.

a. 257 + 99 = ...

b. 678 + 199 = ...

c. 2 145 + 999 = ...

d. 4 098 + 2 999 = ...

e. 3 567 + 1 999 = ...

3 ‡ Calcule l'ordre de grandeur de chaque résultat. Pose et calcule les additions.

a. 593 + 8 735 + 86 + 14 895 = ...

b. 1 976 + 587 + 12 478 = ...

c. 3 780 + 456 + 1 459 = ...

d. 1 078 + 3 895 + 454 + 2 397 = ...

e. 3 564 + 6 034 + 9 256 = ...

4 ⁑ Recopie et complète ces additions.

a.
```
    . 6 4 .
  +   . . 6
  ─────────
    4 5 7 8
```

c.
```
    . . 1 0 9
  +   6 . . .
  ───────────
    8 2 1 0 0
```

b.
```
      7 3 4 6
  +   4 . . .
  ───────────
    1 . 7 7 0
```

d.
```
    2 . 5 . 3
  +   9 . 0 .
  ───────────
    . 7 1 5 1
```

Calculer une soustraction

5 * Calcule ces opérations en ligne sans les poser.

a. 736 – 36 = ...

b. 1 045 – 40 = ...

c. 2 674 – 300 = ...

d. 4 632 – 430 = ...

e. 7 984 – 650 = ...

6 ‡ Calcule l'ordre de grandeur de chaque résultat, puis pose et calcule les soustractions.

a. 980 – 612 = ...

b. 4 653 – 2 781 = ...

c. 21 096 – 9 678 = ...

d. 204 752 – 56 936 = ...

e. 36 904 – 28 736 = ...

7 ⁑ Recopie et complète ces soustractions.

a.
```
      . . . .
  –   5 4 3 8
  ───────────
    1 9 1 9
```

c.
```
      . 1 . 4
  –   3 4 4 .
  ───────────
    5 . 9 2
```

b.
```
      6 0 3 7
  –   . . . .
  ───────────
    4 4 1 8
```

d.
```
      6 7 . .
  –   . 6 8
  ───────────
    . 7 4 7
```

Multiplier par un nombre à un chiffre

8 * Recopie et complète.

a. 6 × .... = 48

b. .... × 5 = 40

c. 8 × .... = 80

d. .... × 3 = 27

e. 7 × .... = 56

f. 9 × 6 = ...

g. 3 × .... = 24

h. 7 × 7 = ...

i. 4 × .... = 32

j. 8 × .... = 0

9 ‡ Pose et calcule ces multiplications.

a. 97 × 5

b. 126 × 9

c. 904 × 8

d. 2 753 × 6

e. 6 907 × 3

10 ⁑ Recopie et complète.

a.
```
      3 . .
  ×       6
  ─────────
    1 8 7 8
```

c.
```
      2 . 7
  ×       .
  ─────────
    1 2 3 5
```

b.
```
      . . .
  ×       8
  ─────────
    9 9 2
```

d.
```
      8 . 4
  ×       5
  ─────────
    . 1 7 .
```

Multiplier par 10, 100..., 20, 200...

11 * Recopie et complète.

a. 8 × 10 = ...

b. 12 × 10 = ...

c. 98 × 100 = ...

d. 36 × 1 000 = ...

e. 807 × 10 = ...

f. 7 × 100 = ...

g. 305 × 10 = ...

h. 32 × 1 000 = ...

i. 670 × 10 = ...

j. 7 600 × 100 = ...

12 * Recopie et complète.

a. 38 × 100 = ...

b. .... × 10 = 720

c. 87 × 10 = ...

d. .... × 7 = 700

e. 62 × .... = 620

f. 53 × .... = 5 300

g. .... × 100 = 83 000

h. .... × 96 = 9 600

13 ⁑ **Calcule ces produits, comme dans l'exemple.**

(45 × 20) = (45 × 2) × 10 = 90 × 10 = 900

a. 38 × 20 = ...   **e.** 62 × 30 = ...

b. 54 × 200 = ...   **f.** 42 × 400 = ...

c. 46 × 60 = ...   **g.** 62 × 40 = ...

d. 26 × 70 = ...   **h.** 33 × 500 = ...

Multiplier par un nombre à deux ou trois chiffres

14 ⁎ **Calcule ces multiplications.**

a. 63 × 27 = ...   **d.** 415 × 92 = ...

b. 135 × 85 = ...   **e.** 53 × 25 = ...

c. 74 × 35 = ...

15 ⁑ **Pose et calcule ces multiplications.**

a. 286 × 124 = ...   **d.** 718 × 503 = ...

b. 463 × 241 = ...   **e.** 784 × 98 = ...

c. 692 × 406 = ...

PROBLÈMES

16 ⁎ Une école se compose de 146 garçons et 178 filles.

Quel est le nombre d'élèves de cette école ?

17 ⁎ En France, on a vendu 178 900 automobiles au mois d'avril et 3 800 de plus au mois de mai. Quel a été, au mois de mai, le nombre d'automobiles vendues en France ?

18 ⁎ Le premier livre a été imprimé par Gutenberg en 1455. Le stylo à bille, lui, a été inventé en 1939 par le Hongrois Biró.

Combien d'années séparent ces deux dates ?

19 ⁎ Quel que soit le temps, mes grands-parents font 8 km de marche tous les jours. Combien de kilomètres mes grands-parents parcourent-ils en une année ?

20 ⁎ Le responsable du rayon librairie d'une grande surface commande 258 exemplaires d'une bande dessinée. Chaque exemplaire est vendu 13 €.

Si tous les exemplaires sont vendus, quelle somme leur vente rapportera-t-elle ?

21 ⁑ La différence d'âge entre Mia et son père est de 27 ans.

Quel est l'âge de Mia si son père à 53 ans ?

22 ⁑ En 1982, la ville de Montpellier comptait 197 231 habitants. En 2010, elle en comptait 257 351.

De combien d'habitants la population de Montpellier a-t-elle augmenté entre ces deux dates ?

23 ⁑ Le responsable d'un magasin de photo commande 8 appareils valant chacun 178 € et 4 appareils valant chacun 89 €.

Quel sera le montant total de sa facture ?

24 ⁑ Lors d'un match de rugby, on a enregistré 43 706 entrées, dont 38 459 payantes.

a. Quel était le nombre d'entrées gratuites ?

b. Le stade pouvant contenir 52 000 personnes, combien restait-il de places vides ?

25 ⁑ Le directeur d'une école commande les ouvrages suivants :

– 28 fichiers à 9 € chacun ;

– 25 livres de mathématiques à 15 € chacun ;

– 30 livres de géographie à 17 € chacun ;

– 75 romans pour la jeunesse à 5 € chacun.

Quelle somme totale va-t-il régler ?

26 ⁑ On décharge d'un camion 1 624 colis pesant chacun 98 kg.

Quelle est la masse totale de ces colis ?

27 ⁑ Une usine de jouets expédie 300 boîtes de Lego à 9 € l'une et 780 petites voitures à 6 € l'une. Quel est le prix total de l'ensemble ?

21 Partage et division

Compétence : Mobiliser les résultats des tables de multiplication pour résoudre une situation de partage.
Calcul mental : Arrondir un nombre entier, ex. 49 et 50 p. 146.

Cherchons ensemble

Jules, Karim, Nora et Charlotte ont participé à une chasse au trésor.

Ils doivent se partager les 36 pièces d'or et les 143 pierres précieuses qu'ils ont trouvées.

a. Comment vont-ils faire pour avoir tous la même part ?

b. Toutes les pièces seront-elles partagées ? et les pierres précieuses ?

c. Que restera-t-il ?

Je retiens

→ Pour partager un nombre en **parts égales**, on peut utiliser les **tables de multiplication**.

Exemples :

• Pour partager équitablement 20 billes entre 5 enfants, on pose la question : combien de fois 5 dans 20 ?

$20 = 5 \times 4$

Chaque enfant aura 4 billes.

• Pour partager équitablement 19 images entre 5 enfants, on en distribue 3 à chacun.

$15 = 5 \times 3$

Il reste 4 images : ce n'est pas assez pour donner encore une image à chaque enfant.

Ce partage s'écrit : $\mathbf{19 = (5 \times 3) + 4}$

| nombre d'images | nombre d'enfants | nombre d'images par enfant | nombre d'images qui restent |

À la fin, le nombre d'images qui restent doit être plus petit que le nombre d'enfants.

J'applique

1 ✳ **Recopie et complète.**

a. $32 = 4 \times \ldots$

b. $40 = 8 \times \ldots$

c. $30 = 5 \times \ldots$

d. $64 = 8 \times \ldots$

e. $28 = 7 \times \ldots$

2 ✳ **Recopie et complète.**

a. $36 = (5 \times 7) + \ldots$

b. $60 = (7 \times 8) + \ldots$

c. $42 = (8 \times 5) + \ldots$

d. $14 = (3 \times 4) + \ldots$

e. $38 = (6 \times 6) + \ldots$

f. $50 = (8 \times 6) + \ldots$

g. $24 = (3 \times 7) + \ldots$

h. $76 = (9 \times 8) + \ldots$

i. $39 = (5 \times 7) + \ldots$

j. $49 = (6 \times 8) + \ldots$

k. $22 = (4 \times 5) + \ldots$

l. $31 = (9 \times 3) + \ldots$

3 ✳ **Recopie et complète.**

a. $17 = (2 \times \ldots) + \ldots$

b. $39 = (7 \times \ldots) + \ldots$

c. $29 = (4 \times \ldots) + \ldots$

d. $60 = (8 \times \ldots) + \ldots$

e. $36 = (5 \times \ldots) + \ldots$

4 ✳ **Réponds aux questions, comme dans l'exempl**

Combien de fois 3 dans 16 ? → 5 fois, car $(3 \times 5) + 1 = 1$

a. Combien de fois 7 dans 34 ?

b. Combien de fois 4 dans 27 ?

c. Combien de fois 6 dans 41 ?

d. Combien de fois 9 dans 53 ?

e. Combien de fois 5 dans 48 ?

58

Je m'entraîne

Reconnaître une situation de partage

5 * **Retrouve parmi ces énoncés ceux qui correspondent à une situation de partage. Justifie ton choix.**

a. Une bouteille de jus de fruits contient 750 mL. On veut remplir 6 verres.
Quelle quantité de jus de fruits y aura-t-il dans chaque verre ?

b. Cléa achète 5 poupées qui coûtent 25 € chacune. Combien devra-t-elle payer en tout ?

c. Dans une bibliothèque, il y a 687 livres répartis également sur 9 étagères.
Combien y a-t-il de livres sur chaque étagère ?

d. Antoine veut distribuer son paquet de 50 bonbons à ses 4 amis.
Combien chacun de ses amis aura-t-il de bonbons ?

e. Au restaurant scolaire, les élèves sont répartis par tables de 8. Ce midi, 102 élèves déjeunent. Combien de tables faudra-t-il ?

Résoudre une situation de partage

6 * **Recopie et complète.**

a. 46 = (9 × ....) + ...   **f.** 65 = (6 × ....) + ...
b. 57 = (6 × ....) + ...   **g.** 48 = (4 × ....) + ...
c. 39 = (4 × ....) + ...   **h.** 58 = (5 × ....) + ...
d. 80 = (9 × ....) + ...   **i.** 80 = (7 × ....) + ...
e. 26 = (5 × ....) + ...   **j.** 98 = (8 × ....) + ...

7 ‡ **Indique, pour chaque partage, s'il y aura un reste.**

a. 18 partagé en 2 parts.
b. 21 partagé en 2 parts.
c. 47 partagé en 2 parts.
d. 36 partagé en 2 parts.
e. 50 partagé en 2 parts.
f. 20 partagé en 5 parts.
g. 46 partagé en 5 parts.

PROBLÈMES

8 * Caroline veut distribuer ses 26 figurines de collection entre ses 2 frères et sa sœur.
Recopie et complète l'égalité.
26 = (.... × ....) + ...

9 * Pour le pique-nique, Sandra a apporté 14 tartelettes aux fraises. 6 personnes sont présentes.
a. Combien de tartelettes chaque personne aura-t-elle ?
b. Combien en restera-t-il ?

10 ‡ Un fleuriste a 60 roses.
a. Combien de bouquets de 7 roses peut-il réaliser ?
b. Combien de bouquets de 6 roses peut-il réaliser ? de 9 roses ? de 5 roses ?

11 ‡ Soulapha a dans son porte-monnaie :

a. Combien Soulapha a-t-elle d'argent ?
b. Elle veut offrir des livres à 5 amies. Combien de livres à 5 € pourra-t-elle acheter à chacune ?

12 ‡ Sébastien fait une partie de cartes. Il distribue 5 cartes à chaque joueur.
a. Combien de joueurs peut-il servir avec un jeu de 32 cartes ?
b. Combien de joueurs peut-il servir avec un jeu de 52 cartes ?

13 ‡ Des pirates ont trouvé un trésor sur une île déserte.
Ils se partagent équitablement le trésor : chacun a 6 diamants.

a. Combien y a-t-il de pirates ?
b. Combien chaque pirate a-t-il de pièces d'or ?

🎲 **À toi de jouer**

Je suis un nombre de bonbons.

– Quand on me partage entre 6 personnes, il reste 2 bonbons.

– Quand on me partage entre 5 personnes, il reste également 2 bonbons.

– Quand on me partage entre 10 personnes, il reste toujours 2 bonbons.

Retrouve le nombre de bonbons.

22 Quotient par encadrements successifs

Compétence : Division euclidienne de deux entiers ; procéder par encadrements.
Calcul mental : Retrancher deux nombres à deux chiffres, ex. 24 à 27 p. 151.

Cherchons ensemble

Charline veut répartir 79 bracelets dans 5 paquets contenant le même nombre de bracelets.

Pour cela, elle s'aide du tableau suivant :

Nombre de paquets	Nombre de bracelets par paquet	Nombre de bracelets distribués en tout	Nombre de bracelets non distribués
5	1	5 × 1 = 5	79 − 5 = 74
5	2	5 × 2 = ….	79 − …. = ….
5	10	5 × …. = ….	79 − …. = ….
5	15	5 × …. = ….	79 − …. = ….
5	16	5 × …. = ….	79 − …. = ….

a. Reproduis ce tableau et complète-le.

b. À ton avis, pourquoi Charline est-elle passée directement à 10 bracelets par paquet ?

c. Pourquoi ne peut-on pas mettre 16 bracelets dans chaque ?

d. En t'aidant du tableau, recopie et complète l'encadrement suivant : 5 × …. < 79 < 5 × ….

Je retiens

→ Pour partager un nombre en **parts égales**, on peut procéder par **encadrements**.

Exemple : Combien de fois 6 dans 47 ?

Dans la table de 6, je sais que 6 × 7 = 42 et que 6 × 8 = 48. 42 < 47 < 48.

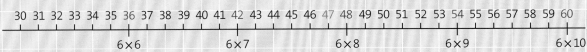

30 31 32 33 34 35 36 37 38 39 40 41 42 43 44 45 46 47 48 49 50 51 52 53 54 55 56 57 58 59 60

6×6   6×7   6×8   6×9   6×10

On peut écrire : 6 × 7 < 47 < 6 × 8.

On dit que 47 est compris entre 6 multiplié par 7 et 6 multiplié par 8.

On écrit : 47 = (6 × 7) + 5.

On écrit aussi : **47 : 6 = 7 (reste 5)**

dividende   diviseur   quotient   reste

47 divisé par 6 → 7 et il reste 5.

→ **Attention !** Le reste doit toujours être inférieur au diviseur.

J'applique

1 ✳ Recopie et complète ces multiplications et ces encadrements.

a. 7 × 4 = …. ⎫
⎬ 7 × 4 < 30 < 7 × ….
7 × 5 = …. ⎭

b. 7 × 6 = …. ⎫
⎬ 7 × …. < 46 < 7 × ….
7 × 7 = …. ⎭

2 ✳ Recopie et complète les encadrements suivants.

a. 5 × …. < 26 < 5 × ….

b. 7 × …. < 44 < 7 × ….

c. 9 × …. < 53 < 9 × ….

d. 3 × …. < 23 < 3 × ….

e. 6 × …. < 25 < 6 × ….

f. 3 × …. < 14 < 3 × ….

g. 6 × …. < 39 < 6 × ….

h. 8 × …. < 44 < 8 × ….

Je m'entraîne

Encadrer un nombre entier entre deux multiples consécutifs

3 * **Recopie les encadrements et complète avec un nombre qui convient.**

a. $4 \times 5 < .... < 4 \times 6$
b. $5 \times 7 < .... < 5 \times 8$
c. $8 \times 4 < .... < 8 \times 5$
d. $3 \times 2 < .... < 3 \times 3$
e. $7 \times 4 < .... < 7 \times 5$

f. $9 \times 6 < .... < 9 \times 7$
g. $6 \times 8 < .... < 6 \times 9$
h. $6 \times 4 < .... < 6 \times 5$
i. $3 \times 8 < .... < 3 \times 9$
j. $2 \times 7 < .... < 2 \times 8$

4 ⁂ **Écris tous les nombres compris entre les deux produits proposés.**

a. 5×4 et 5×5
b. 4×4 et 4×5
c. 9×4 et 9×5
d. 3×3 et 3×4
e. 4×7 et 4×8

f. 6×3 et 6×4
g. 2×7 et 2×8
h. 8×7 et 8×8
i. 6×7 et 6×8
j. 7×7 et 7×8

Trouver le quotient et le reste

5 * **Transforme chaque égalité, comme dans l'exemple.**

$(7 \times 8) + 5 = 61 \rightarrow 61 : 7 = 8$ (reste 5)

a. $(9 \times 5) + 4 = 49$
b. $(12 \times 7) + 6 = 90$
c. $(25 \times 14) = 350$
d. $(345 \times 9) + 8 = 3\,113$
e. $(123 \times 56) + 34 = 6\,922$

6 ⁂ **À partir des encadrements suivants, trouve le quotient et le reste. Observe l'exemple.**

$6 \times 4 < 26 < 6 \times 5 \rightarrow 26 = (6 \times 4) + 2$
Le quotient est 4 et le reste est 2.

a. $7 \times 3 < 22 < 7 \times 4$
b. $8 \times 5 < 43 < 8 \times 6$
c. $4 \times 8 < 34 < 4 \times 9$

d. $5 \times 7 < 39 < 5 \times 8$
e. $9 \times 6 < 59 < 9 \times 7$

7 ⁂ **Encadre 61 avec deux multiples de 9, puis complète les égalités suivantes.**

$61 = (9 \times ....) + ...$
$61 : .... = ...$ (reste ....)

8 ⁂ **Encadre 49 avec deux multiples de 6, puis complète les égalités suivantes.**

$49 = (6 \times ....) + ...$
$49 : .... = ...$ (reste ....)

PROBLÈMES

9 * Léa distribue 42 cartes équitablement à 5 joueurs. Combien chaque joueur reçoit-il de cartes ? Justifie ta réponse en réalisant un encadrement.

10 * Sarah veut partager 50 billes équitablement entre 6 enfants.
Combien chacun aura-t-il de billes ?
Justifie ta réponse en réalisant un encadrement.

11 ⁂ Trois enfants veulent se partager équitablement un paquet de 20 gâteaux.
Combien chacun en aura-t-il ?
a. La solution proposée par Mélina n'est pas satisfaisante. Explique pourquoi.

> 20 partagé en 3, le quotient est 5 et il reste 5.

b. Donne la solution qui convient.

12 ⁂ Une fermière veut expédier 83 œufs dans des boîtes de 6.
Combien doit-elle prévoir de boîtes ?

13 ⁂ Mattéo collectionne les timbres. Il en a 98. Il va acheter un classeur dans lequel il peut coller 8 timbres par page. Quel nombre minimum de pages doit avoir son classeur ?

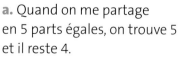

À toi de jouer

a. Quand on me partage en 5 parts égales, on trouve 5 et il reste 4.
Qui suis-je ?

b. Je suis le reste du partage de 59 en 9 parts égales.
Qui suis-je ?

23 Division par un nombre à un chiffre

Compétence : Division euclidienne de deux entiers.
Calcul mental : Diviser par 2, 3... 9 (quotient entier), ex. 48 à 51 p. 156.

Cherchons ensemble

Thomas et Léa veulent partager équitablement leurs 89 billes et les ranger dans 6 sacs.
Observe leurs calculs et réponds aux questions.

Thomas a procédé par encadrements.

$6 \times 10 < 89 < 6 \times 20$
$60 < 89 < 120$
$89 - 60 = 29$
J'ai rempli 6 sacs avec 10 billes ;
il en reste 29 à partager.
$6 \times 4 < 29 < 6 \times 5$
$24 < 29 < 30$
$29 - 24 = 5$
J'ai complété les 6 sacs avec 4 billes ; il en reste 5.
Finalement, j'ai fait 6 sacs de 14 billes (10 + 4)
et il en reste 5.
Je peux écrire :
$89 = (6 \times 14) + 5$ *ou bien* $89 : 6 = 14$ *(reste 5)*

a. Pourquoi Thomas a-t-il choisi ces encadrements-là ?
b. Explique sa méthode.

Léa utilise une autre technique : la division posée.

Je commence par les dizaines.
Dans 8, combien de fois 6 ? 1 fois. $1 \times 6 = 6$.
Je note 1 au quotient.
$8 - 6 = 2.$
J'abaisse le 9 des unités.
Dans 29, combien de fois 6 ? ....

```
  8 9 │ 6
–   6 ↓│ 1 ....
    2 9 │
–   2 4 │
    ....  │
```

c. Recopie et termine la division de Léa.
d. Recherche les ressemblances avec la méthode de Thomas.

Je retiens

→ **La division est l'opération qui permet de partager un nombre en parts égales.**

→ Avant de poser une division, on cherche le **nombre de chiffres du quotient**.
Il faut réaliser un encadrement avec des calculs multiplicatifs simples.
Exemple : 694 divisé par 8 ou 694 : 8 $8 \times 10 < 694 < 8 \times 100$ $80 < 694 < 800$
Le quotient sera compris entre 10 et 100 ; il aura donc deux chiffres.

→ Pour effectuer le **calcul posé d'une division** :
• On commence par les centaines. 6 est plus petit que 8 : on prend donc 69 dizaines.
En 69, combien de fois 8 ? 8 fois. $8 \times 8 = 64$.
J'écris 8 au quotient ; $69 - 64 = 5$.
• Puis j'abaisse l'unité → 4.
Dans 54, combien de fois 8 ? 6 fois. $6 \times 8 = 48$.
J'écris 6 au quotient ; $54 - 48 = 6$.

```
          dividende   diviseur
               ↓          ↓
       6 9 4 │ 8
–    6 4 ↓ │ 8 6
         5 4 ↑ │
–      4 8 │ quotient
reste → 6 │
```

J'applique

1 * Pour chaque division, recherche le nombre de chiffres du quotient.

a. 6 908 : 6   **c.** 190 : 5   **e.** 6 073 : 9

b. 1 237 : 2   **d.** 47 : 7

2 Pose et calcule ces divisions en t'aidant de l rubrique « Je retiens ».

a. 82 : 6 = ...   **c.** 96 : 2 = ...   **e.** 700 : 5 = ...

b. 98 : 8 = ...   **d.** 402 : 4 = ...

Je m'entraîne

Trouver le nombre de chiffres du quotient

3 ✳ **Pour chaque division, recherche le nombre de chiffres du quotient, comme dans l'exemple.**

$157 : 7 \rightarrow 7 \times 10 < 157 < 7 \times 100$

Le quotient sera compris entre 10 et 100 : il aura donc deux chiffres.

a. 56 : 6   **c.** 1 674 : 9   **e.** 1 078 : 10

b. 359 : 8   **d.** 145 : 8

4 ✳ **Pour chaque division, retrouve le seul quotient possible. Justifie ton choix.**

a. 67 : 3 → | 22 | 220 | 2 200 |

b. 174 : 4 → | 430 | 43 | 4 |

c. 654 : 6 → | 78 | 109 | 300 |

d. 809 : 5 → | 161 | 98 | 201 |

e. 790 : 7 → | 92 | 112 | 152 |

5 ✳ Tom a divisé 4 440 par 7, il a trouvé 63.
La division est-elle juste ?
Réponds sans poser la division.

Poser la division

6 ✳ **Recopie et complète.**

a.
```
  5 0 9 | 6
- 4 8   | 8
```

b.
```
  1 4 0 9 | 4
-   1 2   | 3
```

7 ✳ **Recopie et calcule.**

a.
```
9 0 0 0 | 6
```

c.
```
8 4 3 2 | 5
```

b.
```
1 9 4 1 | 8
```

d.
```
5 4 9 0 | 9
```

8 ✳ **Pose et calcule les divisions suivantes.**

a. 456 : 4 = ...   **c.** 124 : 7 = ...   **e.** 3 460 : 5 = ...

b. 879 : 5 = ...   **d.** 308 : 8 = ...

PROBLÈMES..........................

9 ✳ Sofiane partage une ficelle de 96 cm en morceaux de 7 cm.
Combien peut-il faire de morceaux ?

10 ✳ Louisa veut partager équitablement 65 bonbons entre ses 3 sœurs et ses 2 frères.
Combien de bonbons auront-ils chacun ?

11 ✳ 270 enfants participent à la fête de fin d'année de l'école. Les CM1 doivent s'occuper des boissons. Avec une bouteille de jus de fruits, on peut servir 8 verres.
Combien devront-ils prévoir de bouteilles pour que chaque enfant ait un verre de jus de fruits ?

GÉOGRAPHIE

12 ✳ Lors des cinq dernières années, 390 000 hectares de terres agricoles ont disparu en France.
Combien de terres agricoles ont disparu chaque année ?

13 ✳ Le centre aéré dispose de 2 500 € pour acheter des peluches qui coûtent 9 € pièce.
Combien de peluches le centre aéré pourra-t-il acheter ?

14 ✳ La famille Moutte est composée des deux parents et de deux enfants.
Elle a payé 3 098 € pour une semaine de vacances aux Canaries.
Quel est le prix pour une personne ?

🎲 À toi de jouer

Le chien se situe à 152 cm de la puce.
Combien de sauts de 8 cm doit-elle faire pour arriver jusqu'au chien ?

Division par un nombre à deux chiffres

Compétence : Division euclidienne de deux entiers.
Calcul mental : Ajouter 18, 28...
Ajouter 19, 29..., ex. 24 à 27 p. 148.

Cherchons ensemble

Un club de supporters composé de 1 458 personnes souhaite aller encourager son équipe. Pour cela, il loue des cars de 65 places.

a. Avant de poser l'opération, trouve le nombre de chiffres du quotient.

b. Combien de cars complets ce club de supporters devra-t-il louer ?

c. Combien de supporters y aura-t-il dans le dernier car ?

d. Finalement, ils ne trouvent que des cars de 54 places. Combien le club devra-t-il louer de cars ?

Je retiens

→ Avant de poser une division, on cherche le **nombre de chiffres du quotient**.
Il faut réaliser un encadrement avec des calculs multiplicatifs simples.
Exemple : 5 806 : 23   23 × 100 < 5 806 < 23 × 1 000   2 300 < 5 806 < 23 000
Le quotient sera compris entre 100 et 1 000 ; il aura donc trois chiffres.

→ Pour **effectuer le calcul posé** de cette division :
• On commence par les centaines. En 58, combien de fois 23 ? 2 fois. 2 × 23 = 46.
On écrit 2 au quotient ; 58 − 46 = 12.
• Puis on abaisse la dizaine → 0.
On continue avec les dizaines. En 120, combien de fois 23 ? 5 fois. 5 × 23 = 115.
On écrit 5 au quotient ; 120 − 115 = 5.
• Puis on abaisse l'unité → 6.
On termine avec les unités. En 56, combien de fois 23 ? 2 fois. 2 × 23 = 46.
On écrit 2 au quotient ; 56 − 46 = 10.
• On regarde ce qui reste : le reste est inférieur au diviseur, la division est terminée.
Pour vérifier, on calcule (252 × 23) + 10.

	5	8	0	6	2	3
−	4	6	↓		2	5	2
	1	2	0			
−	1	1	5	↓		
	0	0	5	6		
		−	4	6		
			1	0		

→ Quand les deux premiers chiffres du dividende sont **inférieurs au diviseur**, on prend les trois premiers chiffres.

J'applique

1 * **Trouve le nombre de chiffres du quotient de chaque division, comme dans l'exemple.**

2 629 : 18
18 × 100 < 2 629 < 18 × 1 000
1 800 < 2 629 < 18 000
Le quotient aura trois chiffres.

a. 99 : 13

b. 723 : 54

c. 2 714 : 35

d. 654 : 41

e. 10 967 : 52

2 * **Recopie et complète.**

a.

	1	5	4	1	2
−	1	2		1	.
		.	.		

b.

	8	7	0	2	5
−	.	.		3	.
		.	.		

3 ‡ **Pose et calcule.**

a. 109 : 24   **c.** 5 218 : 45   **e.** 1 074 : 35

b. 2 367 : 19   **d.** 907 : 51

Je m'entraîne

Trouver le nombre de chiffres du quotient

4 ✳ **Pour chaque division, recherche le nombre de chiffres du quotient, comme dans l'exemple.**

283 : 15

15 × 10 < 283 < 15 × 100

Le quotient sera compris entre 10 et 100,
il aura donc deux chiffres.

a. 39 : 24   **d.** 209 : 46

b. 3 987 : 18   **e.** 6 021 : 13

c. 12 674 : 39

5 ✱ **Pour chaque division, retrouve le seul quotient possible. Justifie ton choix.**

a. 625 : 14 → | 44 | 440 | 4 400 |

b. 2 637 : 19 → | 101 | 138 | 199 |

c. 987 : 12 → | 820 | 82 | 8 |

d. 9 604 : 33 → | 98 | 210 | 291 |

e. 4 856 : 68 → | 71 | 110 | 150 |

Poser la division

6 ✳ **Recopie et complète.**

a.
```
  6 3 7 | 1 6
 – . .  | 3 .
   . . .
 – . . .
     . .
```

b.
```
  3 4 0 8 | 2 5
 – . .    | 1 . .
    . .
  – . . .
      . . .
    – . . .
        .
```

7 ✳ **Pose et calcule.**

a. 98 : 25 = …   **d.** 958 : 42 = …

b. 326 : 14 = …   **e.** 742 : 67 = …

c. 1 236 : 11 = …

8 ✱ **Pose et calcule.**

a. 856 : 34 = …   **d.** 24 058 : 37 = …

b. 9 413 : 46 = …   **e.** 1 203 : 89 = …

c. 2 713 : 48 = …

9 ✱ **Pose et calcule.**

a. 306 : 52 = …   **d.** 24 058 : 37 = …

b. 3 954 : 65 = …   **e.** 4 970 : 59 = …

c. 2 713 : 48 = …

PROBLÈMES..........................

10 ✳ Il faut 25 prunes pour faire 1 kg. Combien ce producteur de fruits pourra-t-il faire de sacs de 1 kg avec ses 8 763 prunes ?

SCIENCES
11 ✳ Une baleine consomme en moyenne 62 tonnes de krill et de plancton par mois. Quelle quantité cela représente-t-il par jour ?

12 ✱ Le restaurant d'une entreprise reçoit les crèmes desserts emballées par paquets de 16. Combien faudra-t-il de paquets pour que les 1 256 employés puissent manger chacun une crème dessert ?

13 ✱ Le chat de Léane mange 95 g de croquettes tous les jours.
Avec ce sac, combien de jours Léane pourra-t-elle nourrir son chat ?

14 ✱ La maîtresse décide de renouveler les livres de mathématiques et les livres de sciences de ses 30 élèves. Elle paie en tout 780 €. Sachant qu'un livre de mathématiques coûte 11 €, quel est le prix d'un livre de sciences ?

À toi de jouer

Pose et calcule cette opération.

9 936 : 12 = …

Le quotient te donnera la hauteur de la plus grande tour du monde qui se trouve à Dubaï.

Je prépare l'évaluation

Résoudre une situation de partage

1 * **Réponds aux questions, comme dans l'exemple.**

Combien de fois 5 dans 16 ?
→ 3 fois, car $(5 \times 3) + 1 = 16$

a. Combien de fois 4 dans 34 ?

b. Combien de fois 6 dans 27 ?

c. Combien de fois 9 dans 41 ?

d. Combien de fois 8 dans 53 ?

e. Combien de fois 7 dans 48 ?

2 ‡ **Recopie et complète.**

a. $53 = (9 \times \dots) + \dots$

b. $70 = (9 \times \dots) + \dots$

c. $37 = (4 \times \dots) + \dots$

d. $35 = (4 \times \dots) + \dots$

e. $59 = (8 \times \dots) + \dots$

3 ‡ **Indique, pour chaque partage, s'il y aura un reste.**

a. 26 partagé en 4 parts.

b. 21 partagé en 7 parts.

c. 34 partagé en 5 parts.

d. 49 partagé en 6 parts.

e. 48 partagé en 8 parts.

Encadrer un nombre entier entre deux multiples consécutifs

4 * **Recopie et complète.**

a. $3 \times \dots < 17 < 3 \times \dots$

b. $7 \times \dots < 34 < 7 \times \dots$

c. $6 \times \dots < 38 < 6 \times \dots$

d. $2 \times \dots < 15 < 2 \times \dots$

e. $9 \times \dots < 42 < 9 \times \dots$

f. $5 \times \dots < 39 < 5 \times \dots$

g. $8 \times \dots < 53 < 8 \times \dots$

h. $6 \times \dots < 58 < 6 \times \dots$

i. $5 \times \dots < 37 < 5 \times \dots$

j. $4 \times \dots < 33 < 4 \times \dots$

5 ‡ **Écris tous les nombres compris entre les deux produits proposés.**

a. 6×4 et 6×5

b. 8×3 et 9×3

c. 2×6 et 2×7

d. 5×3 et 5×4

e. 6×7 et 6×8

f. 6×3 et 6×4

g. 3×7 et 3×8

h. 9×7 et 9×8

Trouver le quotient et le reste

6 ‡ **Écris chaque égalité sous forme de division, comme dans l'exemple.**

$(6 \times 7) + 5 = 47 \ \rightarrow \ 47 : 6 = 7$ (reste 5)

a. $(8 \times 4) + 3 = 35$

b. $(14 \times 5) + 4 = 74$

c. $(15 \times 6) + 14 = 104$

d. $(254 \times 9) + 77 = 2\,363$

e. $(14 \times 8) + 6 = 118$

7 ‡ **À partir des encadrements suivants, trouve le quotient et le reste, comme dans l'exemple.**

$7 \times 4 < 30 < 7 \times 5 \rightarrow 30 = (7 \times 4) + 2$
Le quotient est 4 et le reste est 2.

a. $5 \times 3 < 18 < 5 \times 4$

b. $7 \times 5 < 40 < 7 \times 6$

c. $2 \times 8 < 17 < 2 \times 9$

d. $6 \times 7 < 45 < 6 \times 8$

e. $8 \times 8 < 71 < 8 \times 9$

Rechercher le nombre de chiffres du quotient

8 * **Trouve le nombre de chiffres du quotient de chaque division, comme dans l'exemple.**

$629 : 8$
$8 \times 10 < 629 < 8 \times 100$
$80 < 629 < 800$
Le quotient aura deux chiffres.

a. $69 : 4$

b. $3\,704 : 6$

c. $523 : 5$

d. $1\,456 : 3$

e. $278 : 7$

9 * **Trouve le nombre de chiffres du quotient de chaque division, comme dans l'exemple.**

$4\,629 : 24$
$24 \times 100 < 4\,629 < 24 \times 1\,000$
$2\,400 < 4\,629 < 24\,000$
Le quotient aura trois chiffres.

a. $109 : 15$

b. $4\,718 : 58$

c. $1\,723 : 36$

d. $6\,406 : 21$

e. $3\,452 : 78$

Diviser par un nombre à un chiffre

10 * **Pose et calcule.**

a. $52 : 6 = \dots$

b. $108 : 8 = \dots$

c. $96 : 3 = \dots$

d. $302 : 6 = \dots$

e. $100 : 4 = \dots$

f. $75 : 3 = \dots$

g. $124 : 9 = \dots$

h. $351 : 7 = \dots$

i. $639 : 5 = \dots$

j. $804 : 2 = \dots$

11 ⚹ **Pose et calcule.**

a. 952 : 8 = ...

b. 108 : 2 = ...

c. 1 964 : 3 = ...

d. 902 : 5 = ...

e. 1 800 : 7 = ...

12 ⚹ **Pose et calcule.**

a. 415 : 7 = ...

b. 2 415 : 6 = ...

c. 1 078 : 3 = ...

d. 780 : 4 = ...

e. 6 708 : 9 = ...

Diviser par un nombre à deux chiffres

13 ⚹ **Pose et calcule.**

a. 78 : 15 = ...

b. 1 836 : 17 = ...

c. 526 : 24 = ...

d. 759 : 32 = ...

e. 201 : 18 = ...

14 ⚹ **Pose et calcule.**

a. 956 : 25 = ...

b. 3 098 : 57 = ...

c. 8 309 : 16 = ...

d. 83 206 : 35 = ...

e. 5 673 : 76 = ...

15 ⚹ **Pose et calcule.**

a. 416 : 74 = ...

b. 3 709 : 51 = ...

c. 1 983 : 25 = ...

d. 37 031 : 43 = ...

e. 89 342 : 36 = ...

PROBLÈMES........................

16 ⚹ Le professeur de tennis demande de ranger 76 balles dans 8 seaux, pour qu'il y en ait le même nombre dans chaque seau.

a. Combien y aura-t-il de balles dans chaque seau ?

b. Restera-t-il des balles ? Si oui, combien ?

17 ⚹ Un jardinier place des petits pots d'œillets d'Inde dans des bacs qui peuvent en contenir 12. Il dispose de 400 pots d'œillets.

a. Combien de bacs pourra-t-il compléter ?

b. Lui restera-t-il des pots ? Si oui, combien ?

18 ⚹ Un séjour de 4 jours à Prague est proposé au prix de 438 €.

À combien revient une journée ?

19 ⚹ Une école dispose de 967 € pour acheter des BD. Combien cette école pourra-t-elle acheter de BD ?

20 ⚹ Avec leur camping-car, M. et Mme Dupont ont parcouru 1 878 km en 12 jours.

Combien de kilomètres ont-ils parcourus chaque jour ?

21 ⚹ Un livreur de journaux doit distribuer ses 610 exemplaires du jour dans 6 points de vente de la ville. Chaque point de vente doit recevoir le même nombre de journaux.

Combien de journaux recevra chaque point de vente ?

22 ⚹ Pour réaliser une haie, des jardiniers doivent planter trois arbustes par mètre.

Combien devront-ils commander d'arbustes pour réaliser 678 mètres de haie autour du terrain d'athlétisme ?

23 ⚹ Pour payer 5 places de cinéma, Ismaël a donné 60 € et le caissier lui a rendu 5 €.

Quel est le prix d'une place ?

24 ⚹ La maîtresse a commandé 9 paquets de 200 feuilles de classeur. La classe compte 24 élèves. Combien de feuilles chaque élève aura-t-il ?

25 ⚹ Combien de personnes de 65 kg peuvent prendre place dans cet ascenseur ?

CHARGE MAX. AUTORISÉE: 1300 KG

26 ⚹ Pour acheter une machine à laver d'une valeur de 1 295 €, Michal paie 250 € à la commande et le reste en quatre fois.

Combien devra-t-il payer à chaque fois ?

27 ⚹ Les 267 élèves d'une école de Limoges partent au bord de la mer pour un voyage de fin d'année.

a. Combien de cars, d'une capacité de 54 places chacun, l'école devra-t-elle réserver ?

b. Combien y aura-t-il de personnes dans le dernier car ?

Compétence : Effectuer un calcul posé : l'addition des nombres décimaux.
Calcul mental : Multiplier par 9 – Multiplier par 11, ex. 31 à 34 p. 154-155.

Cherchons ensemble

Quentin achète une raquette de tennis à 59,95 €, des balles pour 9,35 € et un sac de sport à 19,85 €.
a. Combien cela va-t-il lui coûter au total ?
b. Il décide d'acheter aussi un T-shirt de sport à 10,6 €. Combien va-t-il payer en tout ?

Je retiens

→ Pour **additionner des nombres décimaux**, il faut aligner
- les centaines sous les centaines,
- les dizaines sous les dizaines,
- les unités sous les unités,
- les dixièmes sous les dixièmes,
- les centièmes sous les centièmes.

Il est donc nécessaire de bien **aligner les virgules**.
Une fois l'addition posée, il faut la compléter avec les zéros nécessaires.

$$\begin{array}{r} {}^1 7\ 6,2\ 7 \\ +\ 2\ 5,6\ 0 \\ \hline 1\ 0\ 1,8\ 7 \end{array} \qquad \begin{array}{r} {}^1 2\ {}^1 4\ 5,0 \\ +\quad\ 5\ 7,8 \\ \hline 3\ 0\ 2,8 \end{array}$$

Exemples : 76,27 + 25,6   245 + 57,8
Dans le nombre 25,6, il n'y a pas de chiffre des centièmes : il faut le remplacer par un zéro.
Dans le nombre 245, il n'y a pas de chiffre des dizièmes : il faut le remplacer par un zéro.

→ **Attention !** Il ne faut pas oublier de placer la **virgule du résultat** sous les autres virgules !

→ Avant d'effectuer une addition, il faut calculer l'**ordre de grandeur du résultat**.
Exemples : 76,27 + 25,6 → 76 + 25 = 101   245 + 57,8 → 240 + 60 = 300

J'applique

1 ＊ **Recopie et calcule ces additions. Complète si nécessaire par les zéros manquants de la partie décimale.**

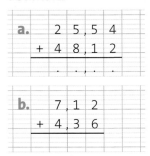

a.
$$\begin{array}{r} 2\ 5,5\ 4 \\ +\ 4\ 8,1\ 2 \\ \hline \end{array}$$

c.
$$\begin{array}{r} 6\ 8,0\ 4 \\ +\ 2\ 0,4 \\ \hline \end{array}$$

b.
$$\begin{array}{r} 7,1\ 2 \\ +\ 4,3\ 6 \\ \hline \end{array}$$

d.
$$\begin{array}{r} 4\ 3\ 2,7 \\ +\quad 6\ 3,3\ 5 \\ \hline \end{array}$$

2 ＊ **Pose et calcule.**
a. 328,4 + 97,7 = ...
b. 124,42 + 45,3 = ...
c. 1 300,2 + 913,14 = ...
d. 643,25 + 9,4 = ...
e. 9 367,02 + 124, 4 = ...

3 ⁑ **Recopie et calcule sans poser l'opération.**
a. 24,2 + 6,7 = ...
b. 12,8 + 3 = ...
c. 13,24 + 24,6 = ...
d. 42,35 + 7,4 = ...
e. 18,25 + 3,46 = ...
f. 12,5 + 6,07 = ...
g. 0,13 + 1,2 = ...
h. 39,4 + 25,74 = ...
i. 27,09 + 13,7 = ...
j. 58,34 + 29,97 = ...

4 ⁑ **Recopie et complète ces suites.**

a.	14,5	15	15,5	....	....	....	....	....	....	....
b.	1,76	1,78	1,80	....	....	....	....	....	....	....
c.	38,45	39,60	40,75	....	....	....	....	....	....	....
d.	0,4	0,6	0,8	....	....	....	....	....	....	....
e.	9	9,25	9,5	....	....	....	....	....	....	....

Je m'entraîne

Calculer une addition en ligne

5 * Calcule en ligne.

a. 9,4 + 6,3 = ...
b. 56,1 + 23,8 = ...
c. 3,5 + 1,5 = ...
d. 12,7 + 0,3 = ...
e. 8,2 + 5,8 = ...

6 ‡ Recopie et complète.

a. 0,5 + ... = 1
b. 0,25 + ... = 1
c. 0,2 + ... = 1
d. 9,4 + ... = 10
e. 90,4 + ... = 100

7 ‡ Calcule les sommes suivantes en regroupant astucieusement leurs termes, comme dans l'exemple.

17,45 + 0,15 + 2,55 +1,85

= (17,45 + 2,55) + (0,15 + 1,85)
= 20 + 2 = 22

a. 0,6 + 3,4 + 1,5 + 2,5 = ...
b. 0,9 + 0,2 + 2,1 + 3,8 = ...
c. 2,5 + 9,5 + 3,3 + 2,7 = ...
d. 0,65 + 1,25 + 2,35 + 3,75 + 3 = ...
e. 4,38 + 2,56 + 1,44 + 3,62 = ...

Poser une addition

8 * Pose et calcule.

a. 4,52 + 1,24 = ...
b. 6,8 + 2,15 = ...
c. 10,78 + 3,22 = ...
d. 9,13 + 1,9 = ...
e. 4,46 + 5,54 = ...

9 ‡ Recopie et complète.

```
a.    6 2 . , . 4
   +  . 4 9 , 2
      9 . 2 , 8 .
```

```
c.    3 7 2 , . 4
          . 9 , 1
     +    6 . , 2
        . 6 5 , 6 .
```

```
b.    4 2 . , 3 .
   +  . . 3 , . 4
      6 7 1 , 6 0
```

```
d.      6 , . 4
          . , 9
   +  . 2 , 5 3
      2 4 , 4 .
```

Calculer l'ordre de grandeur d'une somme

10 * Trouve l'ordre de grandeur pour chaque somme. Aide-toi de l'exemple.

13,6 + 9,56 → 14 + 10 → 24

a. 48,2 + 7,9
b. 8,4 + 3,82
c. 97,6 + 51,12
d. 29,02 + 20,7
e. 50,7 + 4,98

11 ‡ Donne un ordre de grandeur du résultat, puis pose et calcule ces opérations.

a. 22,58 + 7,12 = ...
b. 45, 09 + 4,07 = ...
c. 118,12 + 28,42 = ...
d. 97,68 + 1,97 = ...
e. 59 + 25,9 = ...

PROBLÈMES

12 * Un chemisier qui coûtait 42,75 € augmente de 3,25 €. Quel est son nouveau prix ?

13 * Samira a fait les courses chez le marchand de légumes. Quelle somme devra-t-elle payer ?

Pommes	2,43 €
Poires	2,65 €
Tomates	1,59 €
Poireaux	0,59 €
Carottes	1,10 €
Salades	0,95 €

GÉOGRAPHIE
14 ‡ En France, on produit 97,72 milliers de tonnes d'huîtres, 83,04 milliers de tonnes de moules et 5,53 milliers de tonnes d'autres coquillages.
Quelle est la production totale de coquillages en France ?

15 ‡ Trois enfants comptent l'argent qu'ils ont dans leur tirelire pour offrir un cadeau à leur mère. Étienne compte 24,36 €, Émilie compte 42,50 € et Emma 17,25 €.

a. Combien ont-ils d'argent en tout ?
b. Peuvent-ils acheter un chemisier à leur mère au prix de 63,20 € ?

À toi de jouer

Recopie et complète le carré magique.

2,5	....	....
....	5,5	3,5
....	....	8,5

Compétence : Effectuer un calcul posé : la soustraction des nombres décimaux.
Calcul mental : Décomposer une somme, ex. 31 à 33 p. 149.

Cherchons ensemble

M. Paul achète un ordinateur à 898,90 €.
Il fait un premier versement de 237,25 € à la commande.
Il doit payer le reste au moment de la livraison.

a. Combien lui reste-t-il à payer ?

b. Le vendeur lui accorde une réduction de 5,5 €.
Combien paiera-t-il au final ?

Je retiens

→ Pour **soustraire des nombres décimaux**, il faut aligner
- les centaines sous les centaines,
- les dizaines sous les dizaines,
- les unités sous les unités,
- les dixièmes sous les dixièmes,
- les centièmes sous les centièmes.

Il est donc nécessaire de bien **aligner les virgules**.

	1	5	8	7
−		3	4	0
	1	2	4	7

	2	6	4	0
−		8	3	7
	1	8	0	3

Une fois la soustraction posée, il faut la complèter avec les zéros nécessaires.
Exemples : 15,87 − 3,4   264 − 83,7

Dans le nombre 3,4, il n'y a pas de chiffre des centièmes : il faut le remplacer par un zéro.
Dans le nombre 264, il n'y a pas de chiffre des dizièmes : il faut le remplacer par un zéro.

→ **Attention !** il ne faut pas oublier de placer la **virgule du résultat** sous les autres virgules.

→ Avant d'effectuer une soustraction, il faut calculer l'**ordre de grandeur du résultat**.
Exemples : 15,87 − 3,4 → 16 − 3 = 13   264 − 83,7 → 260 − 80 = 180

J'applique

1 ＊ **Donne un ordre de grandeur du résultat, puis recopie et effectue ces soustractions. Complète si nécessaire par les zéros manquants de la partie décimale.**

a.		4	7	,	9	8
	−	2	4	,	3	6

c.		3	2	5	,	4
	−		9	2	,	2	8

b.		3	8	,	9	2
	−	1	6			

d.		6	0	4
	−		3	7	,	4	8

2 ＊ **Pose et calcule.**

a. 138,42 − 66,21 = ...

b. 967,4 − 325,12 = ...

c. 1 100,45 − 865,6 = ...

d. 927,82 − 637,14 = ...

e. 900 − 632,45 = ...

3 ＊ **Recopie et complète.**

a. 1 − 0,9 = ...

b. 1 − 0,99 = ...

c. 1 − 0,1 = ...

d. 1 − 0,01 = ...

e. 2 − 0,5 = ...

f. 12 − 3,6 = ...

g. 3 − 0,25 = ...

h. 45 − 10,3 = ...

i. 4 − 0,75 = ...

j. 103 − 25,7 = ...

Calculer une soustraction en ligne

4 * **Recopie et calcule en ligne, sans poser l'opération.**

a. $1 - 0,2 = ...$
b. $1 - 0,5 = ...$
c. $1 - 0,25 = ...$
d. $20 - 0,65 = ...$
e. $10 - 0,4 = ...$

f. $8 - 0,8 = ...$
g. $10 - 0,25 = ...$
h. $10 - 4,5 = ...$
i. $1 - 0,60 = ...$
j. $10 - 7,50 = ...$

5 ⁚ **Recopie et calcule en ligne, sans poser l'opération. Aide-toi du résultat de cette soustraction :**
$328,85 - 204,43 = 124,42$

a. $328,85 - 304,43 = ...$
c. $328,85 - 104,43 = ...$
b. $528,85 - 204,43 = ...$

Poser une soustraction

6 * **Pose et calcule ces opérations.**

a. $325,28 - 204,17 = ...$
d. $78 - 14,26 = ...$
b. $96,46 - 24,82 = ...$
e. $56,9 - 24,75 = ...$
c. $124,2 - 68,46 = ...$

7 ⁚ **Recopie et complète.**

a.
```
    9 8 , . 4
  -  . . , 1 .
    6 6 , 1 1
```

b.
```
    1 2 8 , . 4
  -    . . , 1 .
      8 0 , 0 8
```

Calculer l'ordre de grandeur d'une différence

8 * **Trouve l'ordre de grandeur pour chaque différence. Observe l'exemple.**

$23,2 - 9,8 \rightarrow 23 - 10 \rightarrow 13$

a. $7,56 - 2,13$
b. $10,01 - 7,98$
c. $49,09 - 21,2$

d. $99,5 - 32,78$
e. $120,4 - 59,57$

9 ⁚ **Trouve le calcul correspondant à l'ordre de grandeur donné.**

a. ordre de grandeur : 5

| $10,5 - 7,6$ | $6,02 - 0,9$ | $12,4 - 9,7$ |

b. ordre de grandeur : 20

| $102,3 - 74,1$ | $23,8 - 9,23$ | $39,78 - 20,02$ |

c. ordre de grandeur : 38

| $123,9 - 75,86$ | $79,05 - 41,6$ | $99,45 - 72,4$ |

PROBLÈMES..........................

10 * Camille a une planche de 43 cm de longueur. Elle la coupe à 39,5 cm de longueur. Quelle est la taille du morceau restant ?

SCIENCES
11 * Un manchot empereur du zoo de Beauval pèse 18,75 kg. Une autruche pèse 146,50 kg. Quelle est leur différence de poids ?

12 * Jérôme fait une randonnée de 28,54 km. Il a déjà marché 5,39 km.
Quelle distance lui reste-t-il à parcourir ?

13 ⁚ **Recopie et complète le ticket de caisse en euros.**

cahier	3,45
stylo	+ 2,5
règle	+ 4,15
carnet	+ 2,63
4 surligneurs	+ 5,20
gomme	+ ......
	20,08

14 ⁚ Dans un magasin de vêtements, Mme Estienne achète une robe pour sa fille à 35,90 €, un pantalon pour son fils à 26,30 € et un chemisier pour elle à 43,95 €. Le vendeur fait une réduction sur le prix total, et Mme Estienne ne paie que 95 €. Quelle est le montant de la réduction ?

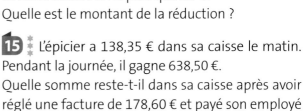

15 ⁚ L'épicier a 138,35 € dans sa caisse le matin. Pendant la journée, il gagne 638,50 €.
Quelle somme reste-t-il dans sa caisse après avoir réglé une facture de 178,60 € et payé son employé 150 € ?

 À toi de jouer

L'arbre le plus haut du monde s'appelle Hypérion. C'est un séquoia du parc national de Redwood en Californie. Utilise ces deux nombres pour réaliser une soustraction dont le résultat te donnera, en mètres, la hauteur de cet arbre.

| 98,68 | 214,23 |

Compétence : Utiliser un tableau dans des situations de proportionnalité.
Calcul mental : Décomposer une différence, ex. 36 à 40 p. 152.

Cherchons ensemble

Solène achète 4 tee-shirts qu'elle paie 40 €.
Michal en achète 2. Combien va-t-il payer ?
Coralie en achète 6. Combien va-t-elle payer ?
Antoine en achète 12. Combien va-t-il payer ?

a. Recopie et complète les phrases suivantes :

• Michal a acheté .... fois moins de tee-shirts que Solène (4 : 2 = 2),
il va donc payer .... fois moins qu'elle (40 : .... = 20).

• Coralie a acheté autant de tee-shirts que Solène et .... réunis (4 + ... = 6),
elle va donc payer autant que Solène et .... réunis (.... + ... = ...).

• Antoine a acheté .... fois plus de tee-shirts que Coralie (6 × .... = 12),
il paiera donc .... fois plus cher (.... × .... = ...).

b. Reproduis et complète ce tableau en reprenant tes réponses précédentes (**a.**).

c. Trouve d'autres façons de calculer le prix que doit payer Antoine.

Nombre de tee-shirts	4	2	6	12
Prix en €	40	....	....	....

Je retiens

→ Deux quantités sont **proportionnelles** si elles **augmentent de la même manière** par la multiplication ou par la division.
Exemple : Si 1 kg de pommes coûte 3 €, alors 2 kg de pommes coûteront 6 € et 3 kg coûteront 9 €.

→ Les situations de proportionnalité sont très présentes dans la **vie courante** : les prix, les quantités d'une recette de cuisine...

→ Pour résoudre une situation de proportionnalité, on peut utiliser un **tableau**.
Exemple : 5 croissants coûtent 6 €.
Combien coûtent 10 croissants ? 15 croissants ?
30 croissants ?

Nombre de croissants	5	10	15	30
Prix en €	6	12	18	36

• On peut calculer en additionnant deux cases : 5 + 10 = 15, donc 6 + 12 = 18.
• On peut calculer en multipliant par un même nombre (le **facteur de proportionnalité**) :
15 × 2 = 30, donc 18 × 2 = 36.
• On dit que le coût des croissants est proportionnel à leur nombre.
C'est une situation de proportionnalité.

J'applique

1 ＊ **Recopie et complète ce tableau de proportionnalité en utilisant l'addition.**

Masse en kg	2	6	8
Nombre d'oranges	12	36	....

2 ＊ **Recopie et complète ce tableau de proportionnalité en utilisant la multiplication.**

Masse en kg	4	8	24
Nombre de pommes	15	30	....

Reconnaître les situations de proportionnalité

3 * **Parmi ces énoncés, lesquels ne sont pas des situations de proportionnalité ? Justifie tes réponses.**

a. La courbe de croissance d'un enfant est proportionnelle à son âge.

b. Pour l'essence, le prix à payer est proportionnel à la quantité achetée.

c. On perd environ 300 cheveux par jour.

d. Il faut tripler la quantité des ingrédients pour réaliser 3 gâteaux identiques.

e. La quantité de pluie qu'il tombe par jour.

4 * **Parmi ces énoncés, lesquels sont des situations de proportionnalité ? Justifie tes réponses.**

a. 1 kg de fraises coûte 6 € ; 2 kg coûtent 11 €.

b. On peut échanger 1 € contre 1,20 dollars. On changera 10 € contre 12 dollars.

c. Lors du premier arrêt, il monte 15 personnes dans le bus ; lors du second arrêt, il en descend 5.

d. Amel a 12 ans ; son grand frère est 2 fois plus âgé.

e. Le mille marin est utilisé en navigation et est équivalent de 1 852 mètres.

Résoudre des situations de proportionnalité

5 * **Recopie et complète ce tableau de proportionnalité en utilisant l'addition.**

Nombre d'objets	5	4	9
Masse en kg	15	12	....

6 * **Recopie et complète ce tableau de proportionnalité en utilisant la multiplication.**

Nombre d'objets	2	6	18
Masse en kg	6	18	....

7 ⁑ La fleuriste a affiché le prix des bouquets de violettes.

Recopie et complète ce tableau.

Nombre de bouquets	2	4	6	8	10	20
Prix en €	10	20	30	....	....	....

8 ⁑ Une association achète des petits jouets pour organiser sa fête de fin d'année.

Recopie et complète ce tableau pour connaître le prix à payer en fonction du nombre de jouets.

Nombre de jouets	2	4	10	14	40	50	100
Prix en €	8	16	40	....	....	....	....

Pour résoudre les problèmes suivants, organise les informations dans un tableau de proportionnalité, puis fais les calculs.

9 * Arthur a acheté 2 brioches et payé 2 euros. Combien aurait-il payé pour l'achat de 4 brioches ? 6 brioches ? 8 brioches ?

10 ⁑ L'école de La Montade compte 5 classes pour un total de 130 élèves. L'école Malraux, composée de 15 classes a proportionnellement le même nombre d'élèves par classe.

Combien y a-t-il d'élèves à l'école Malraux ?

11 ⁑ À vélo, Cindy parcourt 25 kilomètres en une heure. Si elle roule toujours à la même vitesse, quelle distance parcourt-elle en une demi-heure ? en 2 heures ? en une heure et demie ?

12 ⁑ Cookie, le chien de Samir, mange 280 g de croquettes en 2 jours.

Quelle quantité de croquettes mange-t-il en 10 jours ? en 5 jours ? en 20 jours ? en 30 jours ?

13 ⁑ Un carreleur pose 123 carreaux en 3 heures.

a. Combien de carreaux peut-il poser en 6 heures ?

b. Combien de temps lui faut-il pour poser 369 carreaux ?

14 ⁑ Pour faire une ratatouille, le chef cuisinier utilise les proportions suivantes pour 4 personnes :

– 150 g d'aubergines ;
– 200 g de courgettes ;
– 120 g de poivrons ;
– 50 g d'oignons.

Quelle quantité de chaque légume faut-il pour 8 personnes ? 12 personnes ? 6 personnes ? 10 personnes ?

Je prépare l'évaluation

Additionner des nombres décimaux

1 * **Recopie et calcule en ligne.**

a. 6,5 + 3,4 = ...   **d.** 10,7 + 2,3 = ...

b. 23,6 + 14,2 = ...   **e.** 35,1 + 4,9 = ...

c. 7,6 + 2,4 = ...

2 * **Associe ces étiquettes deux à deux et additionne-les pour trouver un nombre entier.**

3,7   2,25   6,04   5,3   4,45   2,90

4,75   1,1   13,55   3,96

3 * **Calcule l'ordre de grandeur du résultat, puis pose et calcule ces additions.**

a. 21,32 + 654,78 = ...

b. 356,21 + 7,34 = ...

c. 545 + 56,2 = ...

d. 94,3 + 7,35 + 12,6 = ...

e. 3,78 + 0,9 + 2,09 = ...

4 * **Recopie et calcule.**

```
a.     5 6,9          c.     0,7 8
   + 1 3,8 9            + 1,9
   +     1,8            + 3,7 2
                        + 5,1
```

```
b.   1 2 0,8          d.     1 0,8 7
   +     8 7,4 5        +     4,6
   +       9,0 7        +     3,4
                        + 2 0,0 3
```

5 ⁑ **Pose et calcule.**

a. 12,6 + 143,98 + 9,76 = ...

b. 1 980,7 + 564,97 + 349,67 = ...

c. 8,56 + 0,78 + 10 + 7,09 = ...

d. 23,6 + 14,98 + 9,02 + 34 = ...

e. 25,7 + 7,08 + 6 + 4,57 = ...

6 ⁑ **Pose et calcule.**

a. 309,8 + 67,97 + 10,1 + 56 = ...

b. 137,9 + 89,45 + 243,83 = ...

c. 12,01 + 7,87 + 3,9 + 0,7 = ...

d. 24,14 + 9,56 + 5,6 + 9,03 = ...

e. 57,3 + 9,96 + 20,02 + 0,6 = ...

Soustraire des nombres décimaux

7 * **Recopie et calcule en ligne, sans poser l'opération.**

a. 1 – 0,3 = ...   **f.** 4 – 1,2 = ...

b. 1 – 0,9 = ...   **g.** 10 – 5,5 = ...

c. 1 – 0,75 = ...   **h.** 10 – 8,2 = ...

d. 10 – 3,5 = ...   **i.** 1 – 0,30 = ...

e. 10 – 0,6 = ...   **j.** 10 – 1,25 = ...

8 * **Calcule l'ordre de grandeur du résultat, puis pose et calcule ces soustractions.**

a. 521,5 – 63,34 = ...

b. 85,15 – 78,7 = ...

c. 265,47 – 179 = ...

d. 651,32 – 12,68 = ...

e. 39,56 – 10,89 = ...

9 * **Recopie et calcule.**

```
a.   1 0,8 9        c.   1 0 5 3,1 7
   –     3,6          –     4 2 9,2
```

```
b.   1 8 3,0 7      d.   1 0 2,3
   –     5 3,8        –   1 8,2 4
```

10 ⁑ **Pose et calcule.**

a. 7,9 – 0,45 = ...   **d.** 904,6 – 590,78 = ...

b. 145,09 – 49,8 = ...   **e.** 1 010,8 – 624,37 = ...

c. 2 067 – 1 865,17 = ...

11 ⁑ **Pose et calcule.**

a. 9,8 – 0,98 = ...   **d.** 841,07 – 95,36 = ...

b. 560,8 – 298,62 = ...   **e.** 370,9 – 97,18 = ...

c. 7 806 – 1,67 = ...

La proportionnalité

12 * **Recopie et complète ces tableaux de proportionnalité en utilisant l'addition.**

Nombre de boîtes	5	4	9
Nombre de bonbons	20	16	....

Kilos de prunes	4	3	7
Prix en €	6,40	4,80	....

3 ✳ **Recopie et complète ces tableaux de proportionnalité en utilisant la multiplication.**

Nombre de bouteilles	6	18	36
Volume en L	9	27	….

Prix en €	5	15	45
Nombre de stylos	7	21	….

4 ✲ **Recopie et complète ces tableaux de proportionnalité.**

Kilos de pommes	7,5	6,5	14
Prix en €	12	10,4	….

Nombre de boîtes	2	8	24
Nombre de gâteaux	24	96	….

5 ✲ **Recopie et complète ces tableaux de proportionnalité.**

Nombre de pochettes	3	6	9	15	30	54
Nombre de stylos	12	….	….	….	….	….

Nombre de bouquets	4	12	6	24	36	50
Nombre de fleurs	28	….	….	….	….	….

Nombre de places	2	10	5	7	12	17
Prix en €	12	….	….	….	….	….

Nombre d'euros	5	8	13	20	46	100
Nombre de dollars	6	9,60	….	….	….	….

PROBLÈMES ....

6 ✲ Louisa achète es légumes. Elle les èse sur la balance. uel poids total de gumes a-t-elle cheté ?

7 ✳ Éva et Énaël partent en vacances. La distance parcourir est de 197,3 km, mais Éva trouve un ccourci qui réduit la distance de 9,6 km.
uelle distance parcourront-ils finalement ?

18 ✳ 4 personnes cueillent en moyenne 120 kg de mirabelles par jour.
Quelle sera la masse de mirabelles récoltées chaque jour par une équipe de 24 personnes ?

19 ✳ Un livre qui valait 28,05 € a vu son prix augmenter de 3,96 €.
Quel est le nouveau prix de ce livre ?

20 ✳ La voiture du père de Tom consomme 6 L d'essence aux 100 km.
Combien consommera-t-elle d'essence pour parcourir 300 km ? 50 km ? 350 km ?

21 ✳ Pour l'anniversaire de ses jumeaux, Monsieur Laurent dépense la même somme d'argent. Il a dépensé 93,15 € pour Thomas et 46,99 € pour Juliette.
Quelle somme Monsieur Laurent peut-il encore dépenser pour sa fille Juliette ?

22 ✲ Calcule pour chacun de ces trois joueurs le nombre de points qui leur manque pour égaler le record de ce jeu vidéo.

Lou	7 478 points
Mahé	6 176,90 points
Phan	8 968,37 points

RECORD!
9 804,53

23 ✲ Le grand-père de Léanne a acheté un ordinateur à 698,99 €, un lecteur de CD à 49 € et une imprimante. Il a payé en tout 907,36 €.
Quel est le prix de l'imprimante ?

24 ✲ Une douzaine d'œufs coûte 3 €.

a. Combien coûtent 6 œufs ? 18 œufs ? 36 œufs ?
b. Combien d'œufs a-t-on pour 7,50 € ? pour 10,50 € ? pour 18 € ?

25 ✲ Madame Loup a récolté 4 500 kg de citrons.
100 kg de citrons donnent 40 L de jus.
Quelle sera la quantité de jus de citron obtenue ?

26 ⁝ Un agriculteur a un tracteur qui fonctionne avec du fuel pour labourer ses champs.

La première semaine de novembre, le tracteur consomme 158,45 litres de fuel.

La deuxième semaine, il consomme encore 138,24 litres.

La troisième semaine, il en consomme autant que les deux autres semaines réunies.

Combien de litres de fuel le tracteur a-t-il consommés au cours de ces trois semaines ?

27 ⁝ Pour l'anniversaire de sa grand-mère, Manon voudrait lui offrir une écharpe et des gants. Manon a 25 € dans sa tirelire.

16,24 €

8,72 €

a. Aura-t-elle assez d'argent ?

b. Combien lui restera-t-il ?

28 ⁝ Gabriel réalise un collage à partir d'objets de récupération. Il veut coller bout à bout sur une feuille de papier :

– un rouleau en carton de 12,75 cm ;

– une barquette en plastique de 15 cm ;

– un morceau de tissu de 9,85 cm.

Quelle devra être la longueur minimum de la feuille ?

29 ⁝ Louis achète les objets suivants.

249€   139,99€   15,85€

Le vendeur fait une réduction de 38,75 €.
Combien Louis paie-t-il ?

30 ⁝ **Observe ce tableau, puis réponds aux questions.**

Évolution de la population sur trois continents en millions

	2010	2013
Afrique	1 031,1	1 110,6
Asie	4 165,4	4 298,7
Europe	740,3	742,5

a. De combien de millions d'habitants la population d'Afrique a-t-elle augmentée entre 2010 et 2013 ?

b. De combien de millions d'habitants la population d'Europe a-t-elle augmentée entre 2010 et 2013 ?

c. Quelle est la différence de population entre l'Asie et l'Europe en 2013 ?

31 ⁝ Jean part de chez lui avec 23,50 €. Il achète un journal à 2,50 € et un pain à 0,90 €. Il fait ensuite des courses au supermarché, puis rentre chez lui après s'être arrêté à la pharmacie où il a dépensé 5,60 € en médicaments. Il lui reste 6,75 €.

Combien a-t-il dépensé au supermarché ?

32 ⁝ Un commerçant relève chaque soir le contenu de sa caisse.

Mardi	1 098,20 €
Mercredi	1 687 €
Jeudi	965,79 €
Vendredi	1 899,36 €
Samedi	4 087,90 €
Dimanche	2 492,35 €

Il déclare que la recette de la semaine a baissé de 197 € par rapport à la semaine précédente.

a. Quel était le montant de la recette de la semaine précédente ?

b. Quelle est la recette cumulée sur les deux semaines ?

33 ⁝ Charlotte, Thibault, Shanda et Maxence ont cueilli du muguet et l'ont vendu.

Charlotte a gagné 78,35 €. Thibault a gagné autant que Charlotte, et Shanda autant que Charlotte et Maxence réunis. Maxence a gagné 63,25 €.

Combien la vente du muguet a-t-elle rapporté au total ?

34 ⁝ **a.** Antonin a 48,60 €. Calcule les sommes dont disposent Corentin, Marion et Axelle.

b. De combien disposent-ils à eux tous ?

J'ai 9,85 € de plus que Marion, 3 € de plus que Corentin, et 4,89 € de moins qu'Axelle

GRANDEURS ET MESURES

1 Unités de mesure de longueurs : m, dm, cm, mm

Compétences : Connaître et utiliser les unités du système métrique pour les longueurs et leurs relations.

Calcul mental : Donner le nombre de dizaines, de centaines, de milliers, ex. 6 à 10 p. 144..

Cherchons ensemble

Un peintre veut mettre un cadre autour de son tableau « Portrait d'une demoiselle ».

Il veut calculer la longueur totale de baguette dont il aura besoin pour encadrer ce tableau.

a. Quelle opération va-t-il faire ?

b. Que doit-il faire avant de calculer l'opération ?

c. Calcule la longueur totale de baguette nécessaire pour encadrer le tableau.

480 mm

81 cm

Je retiens

→ **L'unité de mesure de longueurs est le mètre (m).**

→ Ses **sous-multiples** sont : le décimètre (dm), le centimètre (cm) et le millimètre (mm).

1 m = 10 dm = 100 cm = 1 000 mm   1 dm = 10 cm = 100 mm   1 cm = 10 mm

mètre	décimètre	centimètre	millimètre
m	dm	cm	mm
1	3	4	0

Exemple : 1 m 3 dm 4 cm = 1 m 34 cm = 1 m 340 mm = 1 340 mm

→ **Pour effectuer des opérations** (additions ou soustractions) avec des mesures de longueurs ou les comparer, il faut d'abord les **convertir dans la même unité**.

J'applique

1 * **Recopie et complète avec l'unité qui convient.**

a. La longueur d'un terrain de football : 110 ....

b. La longueur d'une table : 180 ....

c. La longueur d'un crayon : 18 ....

d. La hauteur d'une maison : 8 ....

e. La hauteur de la tour Eiffel : 324 ....

f. L'épaisseur d'un livre : 15 ....

g. L'épaisseur d'une couche de neige : 60 ....

2 * **Recopie et complète.**

a. 12 dm = ... mm

b. 128 cm = ... mm

c. 3 m = ... mm

d. 31 cm = ... mm

e. 16 dm = ... mm

3 * **Recopie et complète.**

a. 32 m = ... cm

b. 3 240 mm = ... cm

c. 120 mm = ... cm

d. 4 m = ... cm

e. 16 m = ... cm

4 ⁑ **Décompose chaque mesure, comme dan l'exemple.**

3 542 mm = 3 m 5 dm 4 cm 2 mm

a. 612 cm = ...

b. 35 dm = ...

c. 4 351 mm = ...

d. 190 cm = ...

e. 9 085 mm = ...

Je m'entraîne

Convertir des mesures de longueurs

5 ✻ **Recopie et convertis en mm.**

a. 2 m 3 dm = ...

b. 2 m 4 cm = ...

c. 4 m 8 mm = ...

d. 12 dm 3 cm = ...

e. 3 dm 5 mm = ...

6 ⁑ **Recopie et complète.**

a. 320 mm = ... cm

b. 748 cm = ... mm

c. 3 m 4 cm = ... cm

d. 12 m 3 dm = ... cm

e. 2 m 14 mm = ... mm

7 ⁑ **Recopie et complète avec l'unité qui convient.**

a. 600 cm = 60 ....

b. 12 400 mm = 124 ....

c. 3 200 cm = 32 ....

d. 184 500 mm = 1 845 ....

e. 9 m 4 cm = 9040 ....

8 ⁑ **Recopie et complète.**

a. 3 825 mm = ... dm .... mm

b. 12 328 mm = ... m .... cm .... mm

c. 307 cm = ... m .... cm

d. 74 288 cm = ... dm .... mm

e. 7 080 mm = ... m .... cm

9 ⁑ **Recopie et convertis en mm.**

a. 1 m 13 dm = ...

b. 6 dm 128 mm = ...

c. 5 m 3 dm 16 cm = ...

d. 45 dm 13 cm 14 mm = ...

e. 6 m 9 cm = ...

Comparer des mesures de longueurs

10 ⁑ **Range ces mesures dans l'ordre décroissant.**

00 mm − 42 cm − 142 dm − 172 cm − 2 dm − 8 mm

11 ⁑ **Range ces mesures dans l'ordre croissant.**

3 dm − 1 dm − 13 mm − 14 mm − 13 cm 2 mm − m 2 dm 1 236 mm − 12 cm

Calculer avec des mesures de longueurs

12 ⁑ **Recopie et calcule ces opérations.**

a. 2 dm 3 cm + 124 mm = ...

b. 2 m 13 cm + 3 dm 4 cm = ...

c. 12 dm 13 mm + 148 cm = ...

d. 14 m 8 cm + 15 dm = ...

e. 14 700 mm + 136 dm 3 cm = ...

PROBLÈMES

13 ✻ Noa mesure 1,40 m. Maëlis mesure 45 cm de moins que Noa et Nans 13 cm de plus que Maëlis. Quelles sont les tailles de Maëlis et Nans ?

14 ⁑ Le long du mur de la chambre de Baptiste, on doit installer un lit de 1 m 60 cm de large et 2 chevets de 60 cm de large. Quelle sera la longueur de mur non utilisée ?

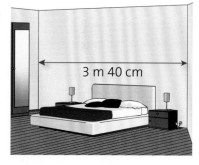

3 m 40 cm

15 ⁑ Sophie emballe 12 cadeaux pour Noël. Elle a besoin de 40 cm de ruban pour chaque cadeau. Elle dispose de 5 m de ruban.

a. Cette longueur est-elle suffisante ?

b. Si oui, combien reste-t-il de ruban ?

SCIENCES
16 ⁑ Emma est la plus grande de toutes les filles de sa classe. Elle mesure 1 m 49 cm. Elle mesure 5 cm de plus qu'Éva. Éva mesure 4 cm de plus que Louise et 3 cm de moins que Samia. Quelle est la taille de chacune d'elles ?

À toi de jouer

Cassandra mesure 4 pieds et 6 pouces.
Sachant que :
1 pied = 12 pouces ;
1 pouce = 27 mm ;
quelle est la taille de Cassandra ?

2 Unités de mesure de longueurs : dam, hm, km

Compétences : Connaître et utiliser les unités du système métrique pour les longueurs et leurs relations.
Calcul mental : Ajouter un nombre à un chiffre à un nombre à deux ou trois chiffres (sans retenue), ex. 6 à 8 p. 147.

Cherchons ensemble

Max et Zoé participent à une compétition de triathlon.
Ils enchaînent trois épreuves d'endurance : ils nagent 15 hm, puis ils font 40 km à vélo et pour finir ils courent 1 000 dam.

Quelle distance totale ont-ils parcourue ?

Je retiens

→ **Les multiples du mètre sont : le décamètre (dam), l'hectomètre (hm) et le kilomètre (km).**

1 km = 10 hm = 100 dam = 1 000 m   1 hm = 10 dam = 100 m   1 dam = 10 m

Multiples du mètre			mètre	Sous-multiples du mètre		
kilomètre	hectomètre	décamètre		décimètre	centimètre	millimètre
km	hm	dam	m	dm	cm	mm
9	0	0	0			
3	0	5	0			

Exemples : 9 km = 90 hm = 9 000 m   3 km 50 m = 3 050 m

→ Les unités de mesure de longueurs les plus utilisées sont le **kilomètre**, le **mètre**, le **centimètre** et le **millimètre**.

→ **Pour effectuer des opérations** (additions ou soustractions) avec des mesures de longueurs ou les comparer, il faut d'abord les **convertir dans la même unité.**

J'applique

1 * **Pour chaque mesure, indique l'unité qui convient.**

a. La distance Paris-Marseille : 770 ....

b. La longueur d'une voiture : 4 ....

c. La longueur du cross des écoles : 4 ....

d. L'altitude du mont Blanc : 4 808 ....

e. La largeur du bureau : 60 ....

f. La largeur d'une feuille de classeur : 21 ....

g. La longueur d'une fourmi : 3 ....

2 * **Recopie et complète.**

a. 6 km = ... m

b. 32 hm = ... dam

c. 72 km = ... hm

d. 135 dam = ... m

e. 62 hm = ... m

3 ‡ **Pour chaque mesure, effectue des décompositions, comme dans l'exemple.**

6 328 m = 6 km 3 hm 2 dam 8 m

a. 689 m

b. 7 098 m

c. 2 008 m

d. 12 620 m

e. 9 703 m

Je m'entraîne

onnaître les équivalences de mesures e longueurs

4 * **Recopie et complète.**

. 280 dam = ... hm **d.** 8 000 m = ... km

. 6 700 m = ... dam **e.** 31 000 dm = ... hm

. 72 300 m = ... hm

5 ⁑ **Recopie et complète.**

. 65 hm 17 m = ... m

. 7 km 32 dam = ... cm

. 33 dam 45 m = ... dm

. 7 km 73 dam 54 dm = ... cm

. 161 dam 230 dm = ... m

6 ⁑ **Recopie et complète avec l'unité qui** onvient.

. 17 000 m = 170 ....

. 32 hm = 3 200 ....

. 6 km 3 dam = 60 300 ....

. 72 dam 15 m = 7 350 ....

. 31 hm 51 dm = 3 105 100 ....

omparer des mesures de longueurs

7 * **Range ces longueurs dans l'ordre croissant.**

00 hm – 3 km – 1 800 m – 37 dam – 3 km 12 dam
· 7 hm 28 m

8 ⁑ **Range ces longueurs dans l'ordre décroissant.**

km – 307 m – 31 dam – 32 hm – 3 054 m – 3 km
0 dam

alculer avec des mesures de longueurs

9 * **Recopie et complète.**

. 25 m + 3 hm = ... m + ... m = ... m

. 3 km + 7 dam = ... dam + ... dam = ... dam

. 5 hm – 4 dam = ... m – .... m = ... m

. 6 km – 12 dam = ... m – .... m = ... m

. 13 km – 9 m = ... m – .... m = ... m

10 ⁑ **Recopie et calcule. Donne le résultat dans** 'unité qui convient le mieux.

. 73 hm 32 m + 4 km 25 dam = ...

. 413 m 12 dm + 63 dam 18 m = ...

. 9 km 153 m + 31 dam 510 cm = ...

. 6 hm 8 m + 7 dam 36 dm = ...

PROBLÈMES

11 * Gaétan et Thomas font du saut en hauteur. Gaétan a sauté 1 m 36 cm. Il a devancé Thomas de 25 cm. Quelle hauteur Thomas est-il parvenu à sauter ?

12 * Une étape de rallye voiture de 235 km comporte 158 km de montée, 680 hm de descente. Quelle est la longueur du tronçon de route plat ?

13 ⁑ Le mille marin est l'unité internationale utilisée par les marins et les pilotes d'avion.
1 mille marin = 1 852 m

e. Quelle distance en mètres parcourt un bateau qui navigue sur 500 milles ?

f. La distance Marseille-Ajaccio est de 196 milles. Quelle est la distance en mètres ?

14 ⁑ Sur le quai du port de Morgiou, qui mesure 150 m, les pêcheurs amarrent leurs bateaux côte à côte.
Il faut respecter un espace de 50 cm entre chaque bateau.
Combien de bateaux de 2 m de large peut-on mettre le long de ce quai ?

À toi de jouer

Un représentant de commerce habitant Vitrolles doit se rendre dans quatre villes différentes avant de revenir chez lui.

Quel trajet doit-il effectuer pour faire le moins de kilomètres possible ?

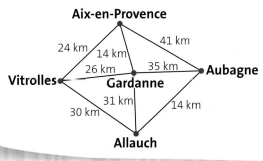

Aix-en-Provence
24 km · 14 km · 41 km
26 km · 35 km
Vitrolles · Gardanne · Aubagne
31 km · 14 km
30 km
Allauch

3 Périmètre d'un polygone

Compétences : Mesurer des périmètres en reportant des unités.
Comparer des périmètres avec ou sans recours à la mesure.
Calcul mental : Retrancher deux multiples de 10, ex. 5 à 8 p. 150.

Cherchons ensemble

Paul veut coller un ruban doré sur le tour de son cerf-volant. De quelle longueur de ruban a-t-il besoin ?

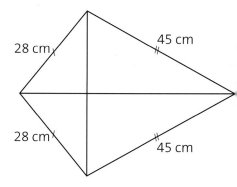

28 cm 45 cm

28 cm 45 cm

Je retiens

→ **Le périmètre d'un polygone est la somme des longueurs de ses côtés.**

→ Le périmètre d'une figure est la mesure de la longueur des **contours** de la figure.

Exemple : Le périmètre de ce polygone est (en mm) :
15 + 25 + 50 + 5 + 20 = 115 mm

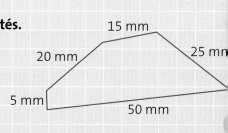

15 mm
20 mm 25 mm
5 mm 50 mm

J'applique

1 ✴ **Trouve le périmètre de ce quadrilatère.**

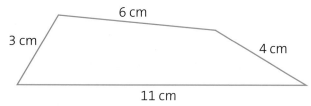

6 cm
3 cm 4 cm
11 cm

2 ✴ **Trouve le périmètre de ces carrés.**

3 cm 7 cm

3 ✦ **a. Calcule le périmètre du rectangle.**

b. Calcule le périmètre des deux triangles.

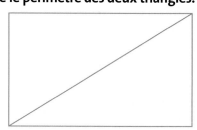

4 ✦ **Reporte les mesures de ces figures sur une droite pour indiquer celle qui a le périmètre le plus long.**

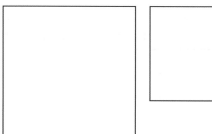

alculer le périmètre d'une figure

5 * Calcule le périmètre de cette figure.

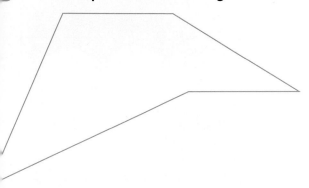

6 * Reporte les mesures de cette figure sur une roite pour trouver son périmètre.

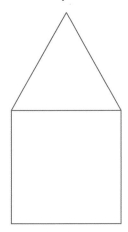

7 * Calcule le périmètre d'un hexagone régulier ont un côté mesure 3 cm.

8 * Calcule le périmètre e cette figure, mposée d'un carré t de deux triangles quilatéraux.

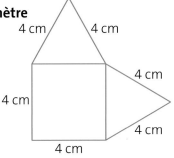

4 cm 4 cm

4 cm

4 cm

4 cm

4 cm

9 ⁑ Calcule le périmètre de cette figure, compo-ée d'un rectangle et d'un carré.

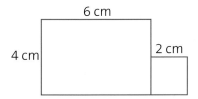

6 cm

4 cm

2 cm

PROBLÈMES ....

EPS 10 * Pour débuter leur entraînement, les joueurs de l'équipe de handball s'échauffent en faisant 2 tours du terrain.

20m

40m

Sur quelle distance courent-ils ?

11 ⁑ Une brodeuse achète de la dentelle pour entourer ses napperons. Ses napperons sont 3 rectangles de longueur 25 cm et de largeur 18 cm et 6 carrés de 22 cm de côté.
Quelle longueur de dentelle lui faut-il ?

12 ⁑ Aide le jardinier à prévoir la longueur de bordure qu'il devra acheter pour entourer son massif de fleurs.

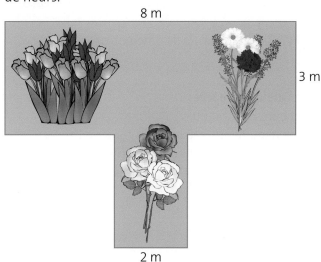

8 m

3 m

2 m

🎲 À toi de jouer

Calcule la longueur
de ruban nécessaire
pour ficeler
ce paquet.
Pour faire le nœud,
il faut 30 cm.

8 cm

18 cm   12 cm

4 Lecture de l'heure

Compétence : Lire l'heure sur une montre à aiguilles.
Calcul mental : Arrondir un nombre entier, ex. 34 à 37 p. 145

Cherchons ensemble

Mattéo veut aller à la bibliothèque. Voici ce qu'indique la pancarte sur la porte.

a. À quelle heure la bibliothèque ouvre-t-elle le matin ?

b. À quelle heure la bibliothèque ferme-t-elle le matin ? Indique cet horaire de deux manières différentes.

c. À quelle heure la bibliothèque ouvre-t-elle l'après-midi ?

d. À quelle heure la bibliothèque ferme-t-elle l'après-midi ? Indique cet horaire de deux manières différentes.

e. Les employés doivent être présents un quart d'heure avant l'heure d'ouverture. À quelle heure doivent-ils être présents le matin et l'après-midi ? Dessine les deux horloges.

Je retiens

→ **On peut lire l'heure sur une montre à aiguilles ou sur un cadran digital.**

Exemple :

→ Sur une montre à aiguilles, la grande aiguille indique les **minutes** et la petite aiguille indique les **heures**.

→ On peut lire l'heure de différentes façons.

Exemples :

→ **Quelques repères :**
1 heure = 60 minutes
une demi-heure = 30 minutes
un quart d'heure = 15 minutes
trois quarts d'heure = 45 minutes

8 h 40   6 h 30 le matin
9 h moins 20   18 h 30 le soir (+ 12 h)

J'applique

1 * **Associe chaque heure à l'horloge correspondante.**

a. 6 h 15 min   **c.** 15 h 40 min

b. 22 h 30 min   **d.** 8 h 10 min

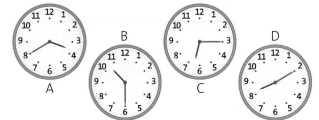

2 ⁂ **Écris les heures du matin et celles du so[ir] pour chaque horloge.**

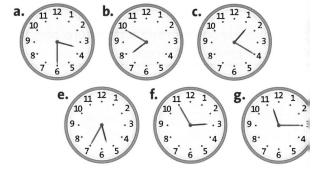

Je m'entraîne

ire l'heure sur une montre à aiguilles

 * Reproduis cinq fois cette horloge sur ton ca-
er, puis trace les aiguilles (rouge pour les heures,
eue pour les minutes).

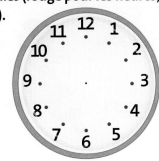

. 19 h 45

. 7 h 10

. 2 h 50

. 18 h 30

. 13 h 55

 Pour chaque heure, indique sur quel nombre
e trouve la petite aiguille.

. 17 h   **c.** 15 h   **e.** 23 h

. 20 h   **d.** 13 h

5 Pour chaque heure, indique sur quel nombre
e trouve la grande aiguille.

. 15 h 15   **c.** 9 h 55   **e.** 6 h 20

. 3 h 40   **d.** 12 h 25

6 Donne ces heures d'une autre manière,
omme dans l'exemple.

h 40 → 7 h moins 20

. 18 h 50   **c.** 7 h 35   **e.** 13 h 40

. 3 h 45   **d.** 23 h 55

7 Recopie et complète.

. 20 h 50 min + ... = 21 h

. 1 h 30 min + ... = 2 h

. 15 h 45 min + ... = 16 h

. 7 h 10 min + ... = 8 h

. 17 h 05 min + ... = 18 h

. 6 h 15 min + ... = 7 h

. 22 h 20 min + ... = 23 h

8 Recopie et complète.

. 9 h 03 min + ... = 10 h

. 6 h 32 min + ... = 7 h

. 10 h 28 min + ... = 11 h

. 1 h 54 min + ... = 2 h

. 18 h 37 min + ... = 19 h

. 4 h 23 min + ... = 5 h

. 20 h 14 min + ... = 21 h

9 Pour chaque horloge, exprime l'heure du
matin de deux façons différentes.

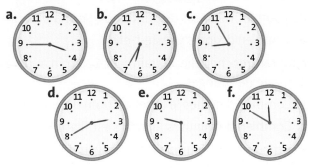

a.   b.   c.

d.   e.   f.

PROBLÈMES

10 * L'horloge de la classe indique 10 h mais elle
a 10 min de retard. Quelle heure est-il en réalité ?

11 Cette horloge a un quart d'heure
d'avance.
Quelle heure est-il réellement ?

12 Le match de hockey
doit commencer à 18 h
15 min.
a. Quelle heure est-il ?
b. Dans combien
de temps le match
débutera-t-il ?

13 Léon et Samia doivent se retrouver à la piscine à 10 h 05.
Léon aura 5 min de retard et Samia aura 10 min
d'avance.
a. Dessine les horloges indiquant les heures d'arrivée de Léon et de Samia.
b. Combien de temps Samia devra-t-elle attendre
Léon ?

À toi de jouer

J'ai
une demi-heure
de retard !

À quelle heure avait-il rendez-vous ?

5 **Mesures de durées**

Compétences : Utiliser les unités de mesure des durées et leurs relations.
Calcul mental : Ajouter un multiple de 10, ex. 12 à 14 p. 147.

Cherchons ensemble

Pendant les vacances de printemps, Emma part une semaine chez sa grand-mère.

a. Combien de jours y reste-t-elle ?

Pour rentrer chez elle, le train met 120 min après s'être arrêté 300 s à la gare de Limoges.

b. Combien d'heures le trajet en train dure-t-il ?

c. Combien de minutes le train s'est-il arrêté en gare de Limoges ?

La grand-mère d'Emma viendra la voir dans un trimestre.

d. Dans combien de mois viendra-t-elle ?

Je retiens

→ **La durée est le temps qui s'écoule entre deux instants précis.**

Les durées peuvent s'exprimer de différentes manières. Voici quelques équivalences :

- 1 min = 60 s
- 1 h = 60 min = 3 600 s
- 1 j = 24 h
- 1 année = 365 j (366 les années bissextiles)

- 1 semestre = 6 mois
- 1 trimestre = 3 mois
- 1 siècle = 100 ans
- 1 millénaire = 1 000 ans

→ **Pour effectuer des opérations** (additions ou soustractions) avec des mesures de durées ou les comparer, il faut d'abord les **convertir dans la même unité**.

Exemples :   **1.** Convertir 3 min en secondes   **2.** Convertir 156 minutes en heures
1 minute = 60 secondes   On sait que 2 h = 120 min et 3 h = 180 min donc 2 h < 156 min < 3
3 minutes = 3 × 60 s = 180 s   On va alors procéder par soustraction.
                                156 − 120 = 36, donc 156 min = 2 h 36 min

J'applique

1 * **Indique la durée qui convient.**

a. Pour aller en train de Paris à Marseille, je mets :
- 3 mois ?   • 3 heures ?   • 3 secondes ?

b. La petite sœur de Manon est en CP, elle a :
- 7 ans ?   • 7 semaines ?   • 7 minutes ?

c. Pour aller à l'école, Tom met :
- 15 semaines ?   • 15 ans ?   • 15 minutes ?

d. La Révolution française a duré :
- 1000 ans ?   • 100 ans ?   • 10 ans ?

2 ⁑ **Recopie et associe les durées identiques.**

120 min •	• 3 600 s
4 h •	• 2 h
60 s •	• 240 min
1 h •	• 1 440 min
24 h •	• 1 min

3 * **Convertis ces durées en secondes.**

a. 2 min = ...   **f.** 1 j = ...

b. 5 h = ...   **g.** 6 min = ...

c. 59 min = ...   **h.** 2 h 33 min = ...

d. 28 min = ...   **i.** 1 h = ...

e. 4 h 45 min = ...   **j.** 6 h 12 min = ...

4 ⁑ **Recopie et complète.**

a. 2 ans = ... mois = ... jours

b. 21 jours = ... semaines

c. 3 trimestres = ... mois

d. 3 siècles = ... ans = ... mois

e. 4 000 ans = ... millénaires

f. 4 h = ... min = ... s

g. 76 min = ... h

onnaître les équivalences de durées

5 * Convertis ces durées en secondes.

5 min = ...

d. 1 h 10 min = ...

30 min = ...

e. 12 min = ...

26 min = ...

6 ‡ Convertis ces durées en minutes et secondes.

89 s = ...

d. 233 s = ...

325 s = ...

e. 1 098 s = ...

654 s = ...

alculer avec des durées

7 * Recopie les deux premières durées et conti-
ue la suite (ajoute cinq durées).

3 h 15 min – 3 h 30 min – ....

8 h 45 min – 9 h 15 min – ....

10 h 52 min – 11 h 12 min – ....

8 ‡ Recopie les deux premières durées et conti-
ue la suite (ajoute cinq durées).

4 h 30 min – 4 h – ....

5 h 30 min – 5 h 10 min – ....

10 h 19 min – 10 h 09 min – ....

omparer des mesures de durées

9 * Range ces durées dans l'ordre croissant.

h 10 min – 98 s – 1 min 37 s – 3 h 25 min 36 s –
2 335 s

10 * Range ces durées dans l'ordre décroissant.

60 s – 1 h 05 min – 59 min – 781 min – 3 h 05 min –
440 min

ROBLÈMES ....

1 * Kenza va à son cours d'équitation tous les
amedis de 14 h à 16 h. Sachant que le premier
amedi du mois tombe le 3, quelles seront les
utres dates des samedis du mois de janvier ?

2 * Carla et son équipe jouent un match de hand-
all. Il y a deux mi-temps de 18 min chacune avec
ne pause de 10 min entre les deux.
ombien de temps dure le match ?

3 ‡ Quelle est la durée en siècles et années de la
ériode du Moyen Âge (476-1492) ?

14 ‡ La célèbre course des « 24 Heures du Mans »
se déroule chaque année au mois de juin sur un
circuit routier et dure effectivement 24 h.

a. Pendant combien de minutes les voitures vont-
elles tourner sur le circuit ?

b. Combien de secondes la course dure-t-elle ?

15 ‡ Pour se rendre à son travail, M. Levoisin prend
sa voiture pendant 15 min, puis le tramway pendant 26 min, et enfin il marche pendant 8 min.
Il fait ce trajet matin et soir, 5 jours par semaine.

a. Quelle est la durée totale de ses trajets pour une
journée ?

b. Quelle est la durée totale de ses trajets en 4 semaines ?

16 ‡ Observe ce tableau relatant quelques exploits
de l'aviation.

Aviateur	Exploit	Année	Durée
Louis Blériot	Traversée de la Manche	1909	27 min
Charles Lindbergh	Traversée de l'Atlantique sans escale	1927	33 h 30 min
Steve Fossett	Premier tour du monde en avion sans escale	2005	67 h 2 min

a. Quelle est la durée en secondes de la traversée
de Louis Blériot ?

b. Quelle est la durée en minutes de la traversée de
Charles Lindbergh ?

c. Quelle est la durée en jours, heures et minutes
du tour du monde ?

À toi de jouer

L'horloge de ma grand-mère
sonne toutes les heures.

À midi, elle sonne 12 coups ;
à 13 h, elle sonne 1 coup ;
à 14 h, 2 coups...
Combien de fois sonne-t-elle
dans une journée entière ?

Compétences : Calculer une durée. Calculer un instant (initial ou final), connaissant l'autre et la durée.
Calcul mental : Produire une suite orale en ajoutant 10, ex. 15 et 16 p. 147.

Cherchons ensemble

Rachida part en classe de découverte en Bretagne du 25 avril au 6 mai.

a. Quand la classe de découverte débute-t-elle ?

b. Quand la classe de découverte se termine-t-elle ?

c. Reproduis ce schéma. Replace ces données sur le schéma et trouve la durée de sa classe de découverte.

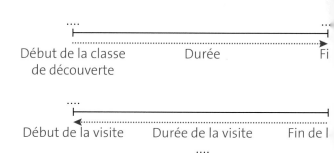

Pendant sa classe de découverte, Rachida va visiter l'aquarium géant de Brest. Le musée ferme à 18 h. La maîtresse de Rachida prévoit une visite de 4 h.

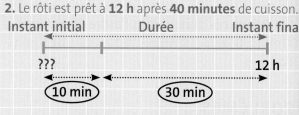

d. À quelle heure doit-elle commencer sa visite du musée pour sortir à 18 h ?

Rachida commence les cours à 8 h 30. Pendant 2 h, elle prépare un exposé sur les dauphins, puis, pendant 1 h, elle regarde un documentaire sur les élevages en milieu marin.

e. Réalise un schéma pour trouver à quelle heure elle aura terminé son travail.

Je retiens

→ **Pour calculer une durée**, il faut connaître l'instant initial (le début) et l'instant final (la fin).

Exemple : Début du règne de Louis XIII : **1610** (instant initial)
Fin de son règne : **1643** (instant final)
Louis XIII a régné **33 ans**.

```
        (+30)  Durée  (+3)
  1610        1640        1643
Instant initial      Instant final
```

→ **Pour trouver un instant**, il faut connaître la durée (le début) et l'un des deux instants (initial ou final).

Exemples :

1. Le film débute à **13 h 30** et dure **2 h**.

```
Instant initial              Instant final
Début du film      Durée
  13 h 30      14 h 30      ???
       (1 h)        (1 h)
```

Le film se termine à **15 h 30** (instant final).

2. Le rôti est prêt à **12 h** après **40 minutes** de cuisson.

```
Instant initial    Durée    Instant final
  ???                       12 h
 (10 min)     (30 min)
```

Il faut mettre le rôti au four à **11 h 20** (instant initial).

J'applique

1 ✳ **Reproduis ces schémas et complète pour trouver la donnée manquante.**

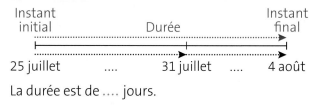

```
Instant           Instant
 initial   Durée    final
25 juillet  ....  31 juillet .... 4 août
```
La durée est de .... jours.

```
  ....          ....              ....
1657          ....        1700 .... 1712
```
La durée est de .... ans.

Je m'entraîne

Calculer une durée

2 * Reproduis et complète ce schéma pour retrouver le nombre de jours de vacances de Léo.

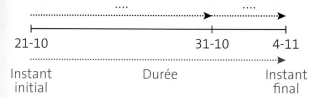

....

21-10   31-10   4-11

Instant   Durée   Instant
initial   final

3 ⁝ Anton et Yami sont partis à 9 h du matin et sont arrivés à 3 h de l'après-midi.
Trouve la durée de leur voyage en faisant un schéma.

Calculer un instant

4 * Reproduis et complète ce schéma pour retrouver la date de naissance de Molière sachant qu'il est mort en 1673 à l'âge de 51 ans.

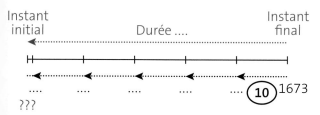

Instant   Instant
initial   Durée ....   final

.... ⑩ 1673
???

5 * Reproduis et complète ce schéma qui te permettra de trouver l'heure d'arrivée du bateau sachant qu'il est parti à 19 h et qu'il a mis exactement 9 h pour arriver à bon port.

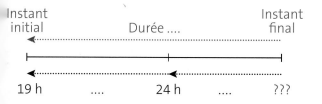

Instant   Instant
initial   Durée ....   final

19 h   ....   24 h   ....   ???

6 ⁝ Un jeu de survie sur une île déserte a débuté le 25 mars et a duré 42 jours pour les deux finalistes.
Trouve la date de fin du jeu en faisant un schéma.

7 ⁝ La Nuit de la publicité s'est terminée à 2 h 30 du matin et a eu une durée de 6 h.
Trouve l'heure du début de cette manifestation en faisant un schéma.

PROBLÈMES

8 * La famille Touvavite part en vacances en Normandie le 16 juillet et revient le 3 août.
Combien de temps la famille Touvavite part-elle ?

9 * Ce soir, à la télévision, le film commence à 20 h 50 et se termine à 22 h 50.
Combien de temps dure le film ?

10 * Léanne doit prendre un traitement contre le rhume des foins. Elle démarre son traitement à la semaine n° 9 pendant une durée de 24 semaines.
Quand Léanne arrêtera-t-elle son traitement ?

11 ⁝ L'avion qui transporte les passagers de Los Angeles à destination de Londres arrive à 9 h du matin après 11 h de vol.
À quelle heure l'avion a-t-il décollé de Los Angeles ?

FRANÇAIS
12 ⁝ Jean de La Fontaine est né en 1621 et est mort en 1695. Ses célèbres fables sont publiées à l'âge de 47 ans.
a. Combien de temps a vécu La Fontaine ?
b. En quelle année ont été publiées les fables de La Fontaine ?

À toi de jouer

Je me suis couché à 22 h et j'ai dormi 9 h d'affilée.
Moi, je me suis levé tôt ce matin à 7 h et j'ai également dormi pendant 9 h.
Que constates tu ?

Activités numériques : L'horloge numérique

Calcul mental : retrancher 9, retrancher 11 ex. 17 et 18 page 151.

L'horloge numérique* permet un affichage juste et une manipulation plus précise que le matériel en carton.

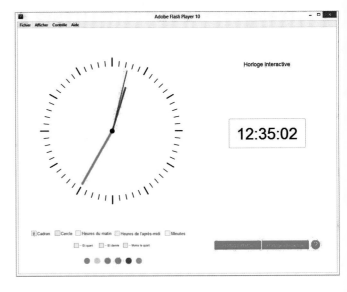

Étape 1   Comprendre le fonctionnement de l'horloge et la paramétrer

a. Ouvre l'application « Horloge interactive pour apprendre l'heure ».

b. Clique sur le bouton « Horloge interactive », puis clique (ou double-clique) sur toutes les cases $\boxed{V}$ pour désactiver les aiguilles et le cadran à l'écran.

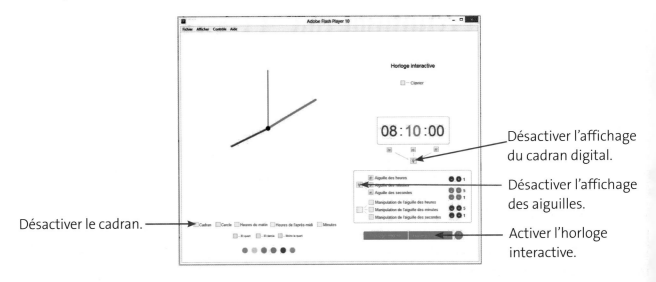

Désactiver l'affichage du cadran digital.

Désactiver l'affichage des aiguilles.

Désactiver le cadran.

Activer l'horloge interactive.

c. Clique sur les cases « Cercles », « Heures de matin » sur la gauche de l'écran.

d. Tu obtiens cet écran.

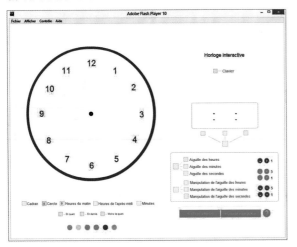

e. Clique sur « Manipulation de l'aiguille des heures ». Une aiguille bleue apparaît.

f. Clique sur « Manipulation de l'aiguille des minutes ». Une aiguille verte apparaît.

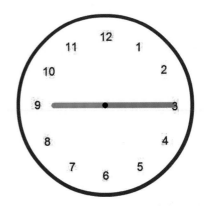

ape 2 **Indiquer l'heure du matin sur l'horloge avec les aiguilles**

Tu cherches à indiquer 10h10 sur l'horloge numérique.

a. Pour faire bouger l'aiguille des heures, clique dessus et, sans relâcher le bouton de ta souris, fais tourner l'aiguille bleue.

b. Pour faire bouger l'aiguille des minutes, clique dessus et, sans relâcher le bouton de ta souris, fais tourner l'aiguille verte.

c. Pour vérifier que tu as bien placé les aiguilles, tape, l'heure dans le cadran et clique sur les cases « Aiguilles des heures », puis « Aiguilles des minutes ». Des aiguilles apparaissent et se superposent aux tiennes.

d. Clique à nouveau sur ces cases pour les décocher et faire disparaître cette vérification.

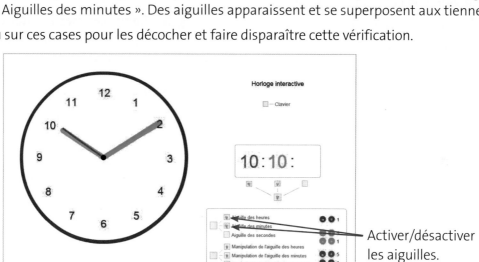

Activer/désactiver les aiguilles.

ape 3 **Indiquer l'heure de l'après-midi sur l'horloge avec les aiguilles**

Tu cherches à indiquer 16 h sur l'horloge numérique.

a. Déplace l'aiguille des minutes sur le 12.

b. Déplace l'aiguille des heures pour indiquer 16 h.

c. Pour vérifier que tu as bien placé ton aiguille des heures, tu peux cliquer sur la case « Heures de l'après-midi ». Ton aiguille doit pointer sur le nombre « 16 ».

d. Clique à nouveau sur cette case « Heure de l'après-midi » pour faire disparaître cette vérification.

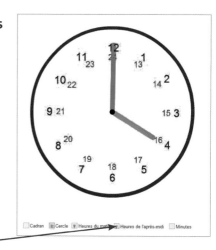

Activer/désactiver les heures de l'après-midi

m'entraîne

Déplace les aiguilles pour indiquer : 7 h 30 ; 11 h 15 ; 13 h 50 ; 17 h 45.

L'application, développée par Patrick Finot, est téléchargeable à l'adresse : http://www.informatique-enseignant.com/horloge-interactive

Je prépare l'évaluation

Connaître et utiliser les unités de mesures de longueurs

1 * Recopie et complète avec l'unité qui convient.
a. La longueur d'une coccinelle : 6 ....
b. La longueur d'un tournevis : 2 ....
c. La longueur d'un camion : 12 ....
d. L'épaisseur d'un dictionnaire : 4 ....
e. La longueur d'un pont sur une rivière : 4 ....
f. La longueur d'un sucre : 26 ....
g. La hauteur d'une table : 7 ....

2 * Recopie et convertis chaque mesure en mm.
a. 5 dm = ...   f. 30 cm = ...
b. 65 cm = ...   g. 2 m et 6 cm = ...
c. 3 m = ...   h. 7 m et 4 mm = ...
d. 4 cm et 2 mm = ... i. 970 cm = ...
e. 9 dm et 4 cm = ... j. 8 dm et 5 mm = ...

3 * Recopie et convertis dans l'unité demandée.
a. 5 km = ... m
b. 2 800 m = ... hm
c. 3 hm = ... m
d. 6 km et 400 m = ... m
e. 5 km et 3 hm = ... m

4 * Recopie et convertis dans l'unité demandée.
a. 560 mm = ... cm
b. 4 m et 5 cm = ... cm
c. 12 m et 50 cm = ... dm
d. 8 dm et 12 mm = ... mm
e. 27 m = ... cm

5 ⁝ Recopie et complète avec l'unité manquante.
a. 48 km = 480 ....
b. 7 600 m = 7 .... et 600 ....
c. 8 008 cm = 8 .... et 8 ....
d. 352 hm = 35 .... et 2 ....
e. 3 dm et 9 cm = 390 ....
f. 6 m = 600 ....
g. 9 m et 3 cm = 9 030 ....
h. 6 m et 25 cm = 625 ....
i. 7 dam et 8 dm = 7 080 ....
j. 3 hm et 90 m = 390 ....

6 ⁝ Recopie et complète avec l'unité manquante.
a. 3 000 mm = 30 ....   d. 9 m et 3 cm = 9 030 ....
b. 2 m et 20 cm = 220 .... e. 3 dm et 9 m = 930 ....
c. 4 m et 2 dm = 420 .... f. 3 dm 6 mm = 306 ....

7 ⁝ Range ces mesures dans l'ordre croissant.
115 dm − 863 cm − 4 050 mm − 9 m − 12 dm − 75 mm − 70 dm

8 ⁝ Range ces mesures dans l'ordre décroissant.
4 km − 3 095 m − 26 hm − 29 000 m − 9 900 cm − 98 dam − 206 dam

9 ⁝ Effectue ces opérations.
a. 2 m 4 cm + 9 dm 5 cm = ...
b. 7 m 500 mm − 2 m 30 cm = ...
c. 5 800 mm + 9 dm + 4 m = ...
d. 270 m + 6 dm 40 mm + 1 m = ...
e. 13 km + 29 dam + 13 hm = ...

Calculer le périmètre d'un polygone

10 * Calcule le périmètre de chacun de ces polygones.
a.

b.
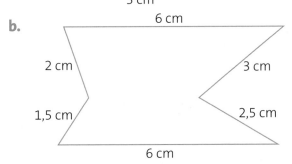

11 * Reporte les mesures de ces figures sur une droite. Indique celle qui a le périmètre le plus long

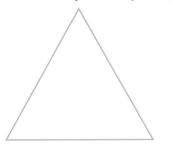

92

Lire l'heure sur une montre à aiguilles

12 ∗ Associe chaque horloge à l'étiquette qui correspond.

| 6 h 40 | 11 h 30 | 16 h 40 | 21 h 50 |

13 ⁞ Écris les heures du matin et celles de l'après-midi.

Connaître et utiliser les équivalences de durées

14 ∗ Recopie et relie les durées identiques.

| 3 h | 4 min | 2 j | 120 min | 60 s |

| 240 s | 2 h | 180 min | 1 min | 48 h |

15 ∗ Recopie et complète.

a. 1 h 30 min + ... min = 2 h

b. 5 min 40 s + ... s = 6 min

c. 45 min + ... min = 1 h

d. 2 h 20 + ... min = 3 h

e. 10 min 15 s + ... s = 11 min

f. 3 h 10 + ... min = 5 h

16 ⁞ Recopie et complète.

a. 70 min = ... h + ... min

b. 200 min = ... h + ... min

c. 30 h = ... jour + ... h

d. 125 min = ... h + ... min

e. 290 min = ... h + ... min

f. 95 min = ... h + ... min

17 ⁞ Range ces durées dans l'ordre croissant.

1 h 26 min − 4 500 s − 85 min − 1 h 28 min − 79 min − 5 040 s

18 ⁞ Range ces durées dans l'ordre décroissant.

7 200 s − 1 h 59 min − 6 900 s − 118 min − 2 h 05 min − 123 min

PROBLÈMES

19 ∗ Calcule la longueur totale de ce parcours de VTT.

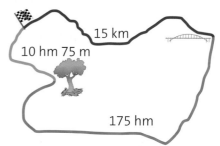

15 km

10 hm 75 m

175 hm

20 ⁞ Ma montre qui avance de dix minutes indique sept heures moins le quart.

Quelle heure est-il ?

21 ⁞ La séance de cinéma commence à 16 h 30. Le film commence 15 min après le début de la séance et dure 120 minutes.

a. À quelle heure démarre le film ?

b. À quelle heure se termine le film ?

22 ⁞ Sylvia achète une baguette de bois afin de fabriquer un cadre pour une aquarelle. L'aquarelle a la forme d'un rectangle de 47 cm de longueur et 32 cm de largeur.

Quelle longueur de baguette Sylvia doit-elle prévoir ?

23 ⁞ Tom veut poser une frise en haut des murs de sa chambre. Cette pièce rectangulaire mesure 4,5 m de long et 340 cm de large. Quelle longueur de frise doit-il prévoir ? Donne ta réponse en mètres, puis en centimètres.

24 ⁞ Afin de couvrir des livres, Émilien découpe des bandes de 35 cm de largeur dans une feuille de plastique d'une longueur totale de 5 m. Il a déjà découpé 14 bandes.

Peut-il en découper encore au moins une ?

8 Mesures de masses

Compétences : Connaître et utiliser les unités du système métrique pour les masses, et leurs relations.
Calcul mental : Compléter à 100, ex. 28 à 30 p. 151.

Cherchons ensemble

Germain est pâtissier. Il veut faire 10 tartes aux fraises.
Voici la liste des ingrédients dont il a besoin :
– un sac de farine de 2 500 g ;
– une motte de beurre de 1 kg 250 g ;
– un paquet de sucre de 80 dag ;
– un plateau de fraises de 75 hg 50 g.

a. Calcule le poids total des ingrédients. Que dois-tu faire avant de pouvoir effectuer l'opération ?

b. Recherche la quantité de chaque ingrédient pour réaliser une seule tarte.

Je retiens

→ **L'unité de mesure de masses est le gramme (g).**

Multiples du gramme			gramme	Sous-multiples du gramme		
kilogramme	hectogramme	décagramme		décigramme	centigramme	milligramme
kg	hg	dag	g	dg	cg	mg
5	0	8	0			
			4	0	0	0

1 kg = 10 hg = 100 dag = 1 000 g
Exemples : 5 kg et 80 g = 5 080 g

1 g = 10 dg = 100 cg = 1 000 mg
4 g = 40 dg = 400 cg = 4 000 mg

→ Il existe d'autres mesures de masses : la tonne (t) = 1 000 kg ; le quintal (q) = 100 kg.

→ **Pour effectuer des opérations** (additions ou soustractions) avec des mesures de masses ou les comparer, il faut d'abord les **convertir dans la même unité**.

J'applique

1 * **Quelle unité de mesure de masses utiliseras-tu pour indiquer la masse :**

a. d'une feuille de papier ?

b. d'un gros dictionnaire ?

c. d'un chien ?

d. d'un stylo ?

e. d'un camion ?

f. d'une pêche ?

g. d'une mouche ?

h. d'un médicament ?

2 * **Choisis à chaque fois la bonne mesure.**

a. La masse d'un ballon :
65 hg ou 650 g ?

b. La masse d'une fille de 9 ans :
300 hg ou 3 000 g ?

c. La masse d'un dromadaire :
800 hg ou 800 kg ?

d. La masse d'une balle de ping-pong :
270 g ou 27 dg ?

e. La masse d'une boîte de conserve pleine :
800 g ou 800 cg ?

Convertir les unités de masses

3 ∗ **Recopie et complète**

a. 10 g = ... dg
d. .... g = 1 kg

b. 100 hg = ... kg
e. 10 dag = ... dg

c. 1 g = ... mg

4 ⁝ **Recopie et complète.**

a. 5 kg = ... g
d. 2 kg 8 dag = ... g

b. 57 g 3 dg = ... mg
e. 3 200 mg = ... dg

c. 3 hg 2 dag 7 g = ... g

5 ⁝ **Convertis ces mesures dans l'unité demandée.**

a. En cg : 27 dg – 36 g – 2 g 8 cg – 450 mg
b. En g : 5 kg – 1 kg 190 g – 3 kg 76 g – 12 kg 5 g – 10 kg – 3 kg 20 g
c. En kg : 6 t – 2 q 90 kg – 8 000 g – 2 500 g – 25 000 g – 650 hg

Comparer et ranger des mesures de masses

6 ∗ **Recopie et mets le signe qui convient (<, > ou =).**

a. 500 mg .... 5 dg
d. 237 dg .... 23 g

b. 27 dag .... 2 600 g
e. 2 kg .... 300 dag

c. 600 cg .... 8 g

7 ⁝ **Range ces mesures dans l'ordre croissant.**

300 g – 3 t – 3 kg – 3 000 hg – 3 000 dag

8 ⁝ **Range ces mesures dans l'ordre décroissant.**

36 g – 29 g 7 dg – 270 dg – 280 cg – 3 g – 3 900 mg

Calculer avec des mesures de masses

9 ∗ **Recopie et calcule ces opérations.**

a. 3 kg + 6 hg + 4 dag = ...

b. 7 g + 3 cg = ...

c. 80 g + 25 mg = ...

d. 29 mg + 7 cg = ...

e. 360 g + 56 dag = ...

10 ⁝ **Quelle masse faut-il ajouter...**

a. à 3,2 kg pour obtenir 10 kg ?

b. à 12 cg pour obtenir 1 g ?

c. à 580 mg pour obtenir 2 g ?

d. à 34 dag pour obtenir 1 kg ?

e. à 250 mg pour obtenir 1 g ?

11 ⁝ **Donne le prix d'un kilogramme de chaque produit.**

PROBLÈMES

12 ∗ Un paquet de gâteaux pèse 30 dag. Le paquet vide pèse 14 g.
Quelle est la masse des gâteaux ?

SCIENCES
13 ∗ Voici quelques nutriments nécessaires à une bonne croissance.

Nutriment	Quantité par jour
Calcium	12 dg
Vitamine D	5 mg
Fer	12 mg
Magnésium	35 cg

Quelle est la quantité totale de nutriments, en mg, par jour ?

14 ⁝ Éloïse fait un gâteau au chocolat. Elle mélange les ingrédients suivants :
– 4 hg de crème fouettée ;
– 25 dag de lait ;
– 1 250 dg de chocolat blanc ;
– 125 g de chocolat noir ;
– 8 000 cg de sucre ;
– 20 g de farine ;
– 2 jaunes d'œufs.
Sachant que la pâte à gâteau doit peser en tout 1 kg et 20 g, quelle est la masse des jaunes d'œufs ?

À toi de jouer

Voici deux records mondiaux du plus gros fruit jamais obtenu.
Quel est le fruit le plus lourd ?

351dag

3210g

9 Mesures de contenances

Compétences : Connaître et utiliser les unités du système métrique pour les contenances et leurs relations.
Calcul mental : Ajouter deux grands nombres multiples de 10, ex. 28 à 30 p. 148.

Cherchons ensemble

Raphaël fabrique de l'huile d'olive. Il la vend dans ces différents contenants.
Aujourd'hui, il a fabriqué 100 L d'huile d'olive.
Il veut mettre cette quantité d'huile dans un seul type de contenant. Combien lui faudra-t-il :

a. de bidons de 3L ?

b. de bouteilles de 1L ?

c. de bouteilles de 50 cL ?

d. de mignonnettes de 5 cL ?

3 L   1 L   50 cL   5 cL

Je retiens

→ **L'unité de mesure de contenances est le litre (L).**

litre	Sous-multiples du litre		
	décilitre	centilitre	millilitre
L	dL	cL	mL
9	0	2	5

1 L = 10 dL = 100 cL = 1 000 mL

Exemple : 9 L et 25 mL = 9 025 mL

→ **Pour effectuer des opérations** (additions ou soustractions) avec des mesures de contenances, ou les comparer, il faut d'abord les **convertir dans la même unité**.

J'applique

1 ＊ **Recopie et complète avec l'unité qui convient.**

a. Une bouteille d'huile : 75 ....

b. Une tasse : 5 ....

c. Le réservoir de la voiture : 55 ....

d. Un verre : 10 ....

e. Un bidon : 5 ....

f. Un arrosoir : 8 ....

2 ＊ **Recopie et complète.**

a. 50 dL = 500 ....

b. 100 mL = 1 ....

c. 7 cL = 70 ....

d. 29 dL = 2 900 ....

e. 600 cL = 6 ....

3 ＊ **Recopie et complète avec le signe qu[i] convient (>, < ou =).**

a. 300 mL .... 3 dL

b. 29 L .... 2 800 cL

c. 700 cL .... 5 L

d. 209 dL .... 20 L

e. 12 L .... 1 200 cL

4 ＊ **Quelle quantité faut-il ajouter...**

a. à 3 dL pour obtenir 1 L ?

b. à 500 mL pour obtenir 1 L ?

c. à 25 cL pour obtenir 1 L ?

d. à 90 dL pour obtenir 100 L ?

e. à 30 mL pour obtenir 10 cL ?

Je m'entraîne

Connaître et utiliser les unités de contenance

5 ✴ **Recopie et convertis en centilitres.**
a. 7 L = ...
b. 14 dL = ...
c. 2 000 mL = ...
d. 930 dL = ...
e. 56 L = ...

6 ⁝ **Recopie et complète.**
a. 2 900 cL = ... L
b. 13 L = ... cL
c. 10 L = ... mL
d. 27 L = ... dL
e. 49 L = ... mL

Comparer et ranger des mesures de contenance

7 ⁝ **Range ces récipients dans l'ordre croissant de contenance.**

8 ⁝ **Recopie et complète avec le signe qui convient (>, < ou =).**
a. 250 dL .... 23 L
b. 3 L .... 300 cL
c. 800 cL .... 3 L
d. 100 mL .... 1 dL
e. 12 dL .... 1 000 mL

Calculer avec des mesures de contenance

9 ✴ **Recopie et complète.**
a. 300 mL + ... mL = 1 L
b. 80 cL + ... cL = 1 L
c. 4 dL + ... dL = 1 L
d. 1/4 L + ... L = 1 L
e. 1/2 L + ... cL = 1 L

10 ⁝ **Recopie et complète.**
a. 45 cL + ... mL = 1 L
b. 2 dL + ... cL = 1 L
c. 500 mL + ... dL = 1 L
d. .... mL + 73 cL = 1 L
e. .... cL + 7 dL = 1 L

PROBLÈMES

11 ✴ Pour un jeu télévisé, les participants sont isolés sur une île déserte pendant 18 jours. Les aventuriers disposent chacun de 200 cL d'eau par jour. De combien de litres d'eau disposent-ils chacun pour la durée du jeu ?

12 ✴ Louisa boit 1 L et demi d'eau par jour. Quelle quantité d'eau boira-t-elle pendant une semaine ?

13 ⁝ Aurélien prépare de la purée. Il lit les conseils écrits sur la boîte. Quelle quantité totale de liquide, en mL, faut-il pour un sachet de purée ?

POUR UN SACHET DE PURÉE, PORTER À ÉBULITION 35 cL D'EAU ET 4 dL DE LAIT

GÉOGRAPHIE
14 ⁝ Dans un centre de vacances, on utilise chaque jour 70 L d'eau pour la cuisine et 190 L d'eau pour le nettoyage. Calcule, en litres, la quantité d'eau utilisée pour une année.

15 ⁝ Ryan prépare un cocktail avec 3 L de jus d'orange, 1 000 mL de jus d'ananas, 5 dL de jus de framboise. Il mélange bien et ajoute 20 dL de limonade.
a. Quelle quantité de cocktail obtient-il ?
b. Il sert ses invités avec des verres de 20 cL. Combien de verres peut-il servir ?
c. Reste-t-il du cocktail ? Si oui, quelle quantité ?

 À toi de jouer

En avion, il est interdit de prendre avec soi des récipients qui dépassent 100 mL. Quels objets Emma pourra-t-elle prendre avec elle ?

10 Mesures et nombres décimaux

Compétence : Utiliser les nombres décimaux dans un contexte de mesure.
Calcul mental : Diviser par 10, ex. 52 à 54 p. 156.

Cherchons ensemble

Héloïse et Pierre ont trouvé un livre qui s'appelle « Les plus grands... ».

Dans le chapitre sur l'architecture, Héloïse a lu l'article suivant :
« Le viaduc de Millau est le plus grand pont de France. Il mesure 2,460 km de long. »

a. Recopie et complète l'égalité suivante. 2,460 km = 2 km 460 m = ... m

Dans le chapitre sur la nature, Pierre a lu l'article suivant :
« La plus grosse carotte du monde pèse 8 510 g. »

b. Recopie et complète l'égalité suivante. 8 510 g = ... kg .... g = ... kg

Je retiens

→ **Les nombres décimaux permettent d'exprimer des mesures avec une seule unité.**

Exemple : une moto de 2 m et 15 cm

→ 2 unités et 15 centièmes

→ 2,15 m

mètre	dixième	centième
m	dm	cm
2 ,	1	5

→ Une mesure sous la forme d'un nombre décimal peut s'écrire sous la forme d'un nombre entier en changeant d'unité.

Exemple : 6,27 kg = 6 kg et 270 g = 6 270 g

J'applique

1 * **Recopie et complète avec des nombres entiers.**

a. 9,45 m = ... m .... dm .... cm

b. 14,7 g = ... dag .... g .... dg

c. 134,8 cm = ... m .... dm .... cm .... mm

d. 7,95 kg = ... kg .... hg .... dag

e. 12,7 cL = ... cL .... mL

2 * **Recopie et complète avec des nombres décimaux.**

a. 6 dg 9 mg = ... cg

b. 7 m 8 dm = ... m

c. 2 km 1 dam = ... km

d. 8 hg 50 g = ... kg

e. 5 L 9 cL = ... L

3 * **Recopie et complète avec des nombre[s] entiers.**

a. 12 L 5 cL = ... mL

b. 49,05 L = ... dL cL

c. 100,8 cg = ... g .... mg

d. 3 kg 20 g = ... dag

e. 4,02 km = ... hm .... m

4 * **Recopie et complète avec des nombre[s] décimaux.**

a. 12 L 5 mL = ... dL

b. 3 dm 5 cm = ... m

c. 5 g 7 dg = ... dag

d. 3 hg 25 g = ... dag

e. 5 L 9 cL = ... L

Je m'entraîne

Convertir des mesures en utilisant des nombres décimaux

5 * **Décompose chaque mesure, comme dans l'exemple.**

25,4 m = 2 dam 5 m 4 dm
      = 2,54 dam
      = 254 dm
      = 2 540 cm

a. 7,36 g   **c.** 10,3 dm   **e.** 37,25 g
b. 0,57 hm   **d.** 9,65 L   **f.** 15,6 cL

6 ‡ **Décompose chaque mesure, comme dans l'exemple.**

1 370 mm = 1 m 3 dm 7 cm
        = 1,37 m
        = 13,7 dm
        = 137 cm

e. 1 090 g   **a.** 307 cm   **c.** 952 mg
d. 3 600 m   **b.** 164 cL   **d.** 65 dL

7 ‡ **Recopie les valeurs égales à 21,70 m.**

2,17 dam – 2,170 hm – 217 dm – 21 700 mm – 2 170 cm – 2,17 hm – 217 cm

8 ‡ **Recopie en effectuant les conversions.**

a. 2 364 cm = ... m   **f.** 347 cg = ... g
b. 743 g = ... hg   **g.** 3 212 m = ... hm
c. 360 mm = ... m   **h.** 57 cg = ... g
d. 845 g = ... hg   **i.** 3 dam = ... km
e. 1 360 m = ... km   **j.** 1 009 dg = ... dag

9 ‡ **Recopie en effectuant les conversions.**

a. 76,4 dg = ... mg   **f.** 12,7 g = ... cg
b. 4,72 km = ... m   **g.** 2,39 g = ... cg
c. 3,8 g = ... cg   **h.** 6,07 dm = ... mm
d. 15,25 m = ... cm   **i.** 6,1 hg = ... g
e. 1,75 km = ... hm   **j.** 0,74 m = ... cm

Convertir et comparer des mesures en utilisant des nombres décimaux

10 * **Range ces mesures dans l'ordre croissant.**

5,22 kg – 7 098 g – 62,4 hg – 542,4 dg – 8 600 cg

11 ‡ **Range ces mesures dans l'ordre décroissant.**

3 700 cm – 3,23 hm – 3,5 km – 397,5 dm – 304,8 m – 0,397 km – 378 m

PROBLÈMES

12 * Un camion pèse à vide 4 tonnes et 500 kg. Lorsqu'il est entièrement chargé, il pèse 8,35 tonnes. Quelle est la masse de ce qu'il transporte ?

13 ‡ La course Marseille-Cassis est une course sur route longue de 20 km.
Lorsqu'un coureur a parcouru 7,58 km, quelle distance lui reste-t-il encore à effectuer ?

14 ‡ Range ces paquets du plus lourd au moins lourd.

15 ‡ Sandrine doit distribuer 15 colis pesant chacun 3,17 kg et 27 colis pesant chacun 2 650 g. Calcule, en g puis en kg, la masse totale que Sandrine devra transporter.

16 ‡ Voici le poids des cartables de 5 enfants.
a. Range ces cartables du plus léger au plus lourd.
b. Calcule la masse totale des cinq cartables.
c. Calcule la différence de poids entre le cartable de Chloé et celui de Yann.

À toi de jouer

Deux haltérophiles font une compétition.
Qui a gagné ?

Compétences : Comparer les angles d'une figure en utilisant un gabarit. Estimer et vérifier, en utilisant l'équerre, qu'un angle est droit, aigu ou obtus.
Calcul mental : Déterminer l'ordre de grandeur d'une somme, ex. 34 à 37 p. 149.

Cherchons ensemble

Juliette veut tracer des cercles à l'aide de son compas.
Voici six écartements de compas différents.

a. À ton avis, avec quel compas pourra-t-elle faire le plus grand cercle ?
b. Quelle ouverture de compas correspond à l'angle droit ?

Décalque l'angle droit sur du papier calque, puis réponds aux questions suivantes.

c. Quelles sont les ouvertures de compas plus petites que l'angle droit ?
d. Quelles sont les ouvertures de compas plus grandes que l'angle droit ?
e. Range ces compas de la plus grande à la plus petite ouverture.

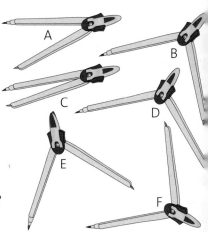

Je retiens

→ **Deux demi-droites issues d'un même point forment un angle.**

O est le sommet de l'angle $\hat{A}$.
Les deux demi-droites sont les côtés de l'angle $\hat{A}$.

O est le sommet de l'angle $\hat{B}$.
Les deux demi-droites sont les côtés de l'angle $\hat{B}$.

→ La **grandeur d'un angle** ne dépend pas de la longueur de ses côtés mais de leur **écartement**.
Le plus grand est celui qui a le plus grand écartement.

→ **Pour comparer des angles**, on peut : les découper et les superposer ; utiliser un gabarit ; utiliser l'équerre.

Un angle dont les côtés sont perpendiculaires est un **angle droit**.

→ Un angle plus petit qu'un angle droit est un **angle aigu**.

→ Un angle plus grand qu'un angle droit est un **angle obtus**.

J'applique

1 * **Parmi ces angles, lequel est le plus grand ? le plus petit ?**

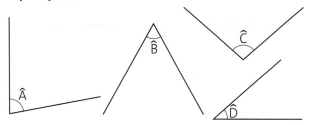

2 ⁑ **Utilise ton équerre et indique, parmi ce angles, lesquels sont...**

a. aigus ?   **b.** droits ?   **c.** obtus ?

Je m'entraîne

Comparer des angles en utilisant un gabarit

3 * Recherche les angles plus grands que l'angle Â. Pour cela, tu peux réaliser un gabarit de l'angle Â avec du papier calque.

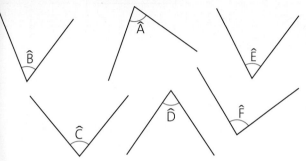

4 * Recherche les angles plus petits que l'angle Ĝ. Pour cela, tu peux réaliser un gabarit de l'angle Ĝ avec du papier calque.

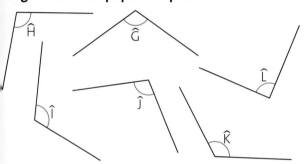

5 Décalque les angles suivants et découpe-les. Que constates-tu ?

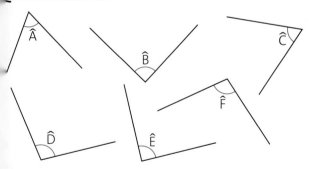

6 Range les angles de cette figure du plus petit au plus grand.

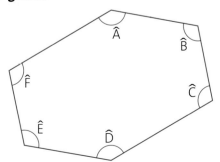

Identifier et tracer des angles en utilisant l'équerre

7 * Indique si les angles de ce triangle sont aigus, droits ou obtus.

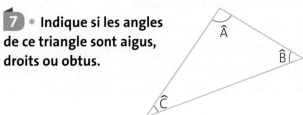

8 * Trace les angles suivants à l'aide d'une règle et d'une équerre.

a. Un angle droit.

b. Un angle obtus.

c. Un angle aigu.

9 Observe cette figure.

a. Quels sont les angles aigus ?

b. Quels sont les angles obtus ?

c. Quels sont les angles droits ?

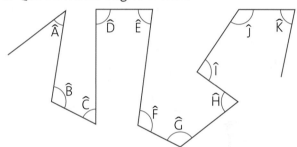

10 Trace les figures suivantes.

a. Un polygone ayant deux angles droits.

b. Un polygone ayant un angle droit, deux angles obtus et un angle aigu.

c. Un polygone ayant deux angles aigus et deux angles obtus.

À toi de jouer

Quels sont les angles que peut avaler Croq'angle ?

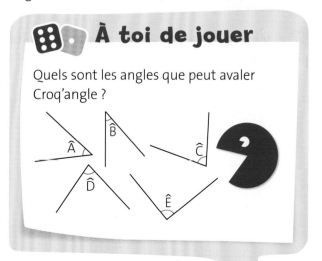

Compétences : Mesurer ou estimer l'aire d'une surface.
Classer et ranger des surfaces selon leur aire.
Calcul mental : Déterminer l'ordre de grandeur d'une différence, ex. 44 à 46 p. 152.

Cherchons ensemble

Lou a dessiné plusieurs figures sur son cahier.

a. À l'aide de l'unité **u**, regroupe les figures qui occupent la même surface.

b. Classe-les des plus petites aux plus grandes.

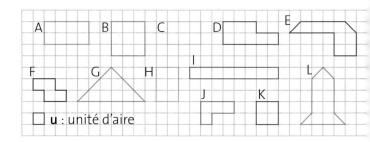

□ **u** : unité d'aire

Je retiens

→ **L'aire d'une figure est la mesure de sa surface.**

→ On peut exprimer l'aire à l'aide **d'une unité d'aire (u).**

Exemple :

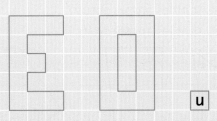

u

L'unité **u** correspond à 1 carreau. Pour connaître l'aire de la figure, on cherche combien d'unités contient la figure. Ici, la lettre E contient 10 carreaux et la lettre O contient 12 carreaux.

On écrit donc : L'aire de la lettre E est égale à 10 **u**. L'aire de la lettre O est égale à 12 **u**.

→ On peut également exprimer l'aire en réalisant **un encadrement**.

Exemple :

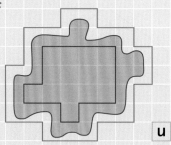

u

La figure contient entre 14 et 40 unités.
On écrit : 14 **u** < aire du dessin < 40 **u**.

J'applique

1 * Mesure l'aire de ces surfaces avec l'unité proposée.

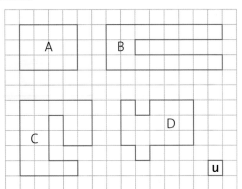

u

2 ‡ Mesure l'aire de ces surfaces avec l'unité proposée.

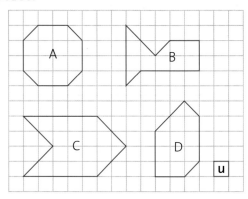

u

Mesurer l'aire d'une surface grâce à une unité d'aire

3 ＊ Trouve l'aire de ces deux figures. Que constates-tu ?

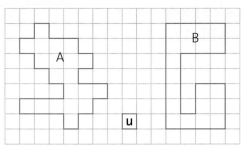

4 ＊ Indique l'aire de chaque figure.

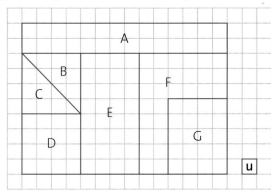

5 ＊ Donne l'aire de cette figure en réalisant un encadrement et en prenant le carreau comme unité.

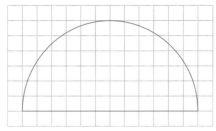

Comparer et ranger des surfaces selon leur aire

6 ＊ Donne l'aire de chaque figure en nombre de carreaux, puis classe-les de la plus petite à la plus grande.

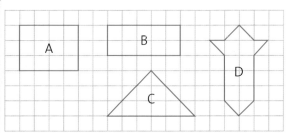

7 ＊ Donne l'aire de ces deux figures en réalisant un encadrement.

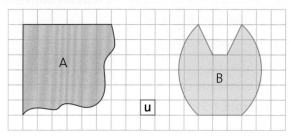

8 ＊ Pour chaque unité d'aire proposée, retrouve les aires des figures A et B. Que constates-tu ?

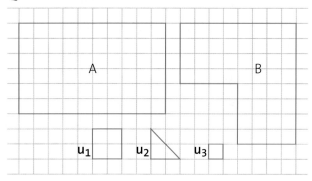

9 ＊ Range ces figures selon leur aire, de la plus petite à la plus grande.

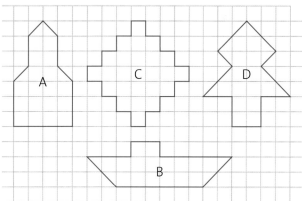

À toi de jouer

Sur ton cahier, construis deux figures différentes, mais qui ont la même aire.

Je prépare l'évaluation

Connaître et utiliser les mesures de masses

1 * **Quelle unité de mesure de masses utiliseras-tu pour indiquer la masse...**

a. d'un médicament ?

b. d'un chat ?

c. d'un crayon de couleur ?

d. d'un train ?

e. d'une pomme ?

f. de ton livre de mathématiques ?

2 * **Recopie et convertis en cg.**

a. 20 dg = ...

b. 34 g = ...

c. 1 dg 8 cg = ...

d. 250 mg = ...

e. 1 g 250 mg = ...

3 * **Recopie et complète.**

a. 3 t = ... kg

b. 5 000 g = ... kg

c. 5 000 kg = ... t

d. 2 kg = ... g

e. 7 g = ... mg

4 ⁝ **Recopie et complète.**

a. 450 mg = ... cg

b. 12 kg et 50 g = ... g

c. 4 hg et 5 g = ... dg

d. 9 dg et 25 mg = ... mg

e. 17 dag = ... g

5 ⁝ **Recopie et complète avec l'unité qui convient.**

a. 24 kg = 240 ....

b. 2 300 g = 2 .... et 300 ....

c. 4 009 dg = 4 .... et 9 ....

d. 629 dg = 62 .... et 9 ....

e. 3 dag et 9 g = 390 ....

6 ⁝ **Recopie et mets le signe qui convient (<, > ou =)**

a. 6 hg .... 600 g

b. 87 g .... 850 dg

c. 80 mg .... 9 cg

d. 1 000 g .... 2 hg

e. 120 g .... 13 dag

7 ⁝ **Range ces mesures dans l'ordre croissant.**

100 g – 1 dg – 10 mg – 1 000 cg – 1 kg

8 ⁝ **Range ces mesures dans l'ordre décroissant.**

6 25 dag – 6 025 g – 6 kg 52 g – 65 hg 2 dag – 65 hg 2 g – 6 kg 205 g

9 ⁝ **Recopie et calcule.**

a. 6 g 4 cg + 3 dg 5 cg = ...

b. 5 kg + 30 dag + 5 hg = ...

c. 4 500 mg + 9 cg + 7 dg = ...

d. 3 dag + 5 g 6 dg + 90 cg = ...

e. 15 g + 70 cg = ...

10 ⁝ **Quelle masse faut-il ajouter....**

a. à 3,2 dg pour obtenir 1 g ?

b. à 6 dg pour obtenir 2 g ?

c. à 4,8 dg pour obtenir 85 cg ?

d. à 12 mg pour obtenir 2 dg ?

e. à 75 dag pour obtenir 1 kg ?

Connaître et utiliser les mesures de contenance

11 * **Convertis en litres.**

a. 7 dL

b. 60 dL

c. 500 cL

d. 2 000 mL

e. 90 dL

f. 120 dL

g. 800 cL

h. 100 cL

12 ⁝ **Recopie et complète.**

a. 6 L et 75 cL = ... cL

b. 8 dL et 9 mL = ... mL

c. 8 L et 5 dL = ... dL

d. 10 L et 50 cL = ... cL

e. 9 daL et 80 dL = ... L

13 ⁝ **Recopie et complète avec le signe qu convient (>, < ou =).**

a. 120 dL .... 12 L

b. 13 L .... 120 dL

c. 600 cL .... 4 L

d. 700 mL .... 7 dL

e. 15 L .... 1 400 mL

14 ⁝ **Range ces mesures dans l'ordre croissant.**

32 L – 230 dL – 30 L 2 dL – 3 002 cL – 20 L 30 cL – 200 dL 3 cL

15 ⁝ **Range ces récipients dans l'ordre décroissan de contenance.**

16 Recopie et complète.

a. 3 dL + ... cL = 1 L

b. .... mL + 60 cL = 1 L

c. 500 mL + ... dL = 1 L

d. 5 cL + ... mL = 1 L

e. .... cL + 4 dL = 1 L

Utiliser les nombres décimaux dans un contexte de mesure

17 Recopie et complète.

a. 876 cm = ... m

b. 56 cg = ... dg

c. 652 dag = ... kg

d. 134 mm = ... cm

e. 780 m = ... km

f. 320 cL = ... L

g. 67 cm = ... m

h. 905 dg = ... dag

i. 12 cL = ... dL

j. 320 cm = ... m

18 Recopie et complète.

a. 67,9 g = ... cg

b. 12,4 m = ... dm

c. 7,8 km = ... m

d. 8,950 L = ... cL

e. 90,7 hm = ... dam

f. 0,78 m = ... cm

g. 5,89 g = ... mg

h. 12,5 dL = ... mL

i. 5,89 g = ... mg

j. 14,6 cL = ... mL

19 Range ces mesures dans l'ordre croissant.

10,22 kg – 9 098 g – 82,4 hg – 867,4 dg – 8 500 cg – 892,8 g

20 Range ces mesures dans l'ordre décroissant.

6 500 cm – 6,53 hm – 6,6 km – 668,5 dm – 609,8 m – 0,672 km – 680 m

Identifier et comparer les angles d'une figure

21 Recherche les angles plus grands que l'angle Â. Pour cela, tu peux réaliser un gabarit de l'angle Â avec du papier calque.

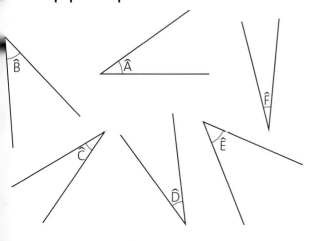

22 Indique si les angles de cette figure sont aigus, droits ou obtus.

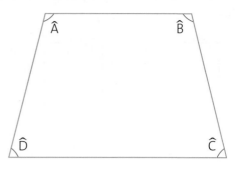

23 Range les angles de cette figure du plus petit au plus grand.

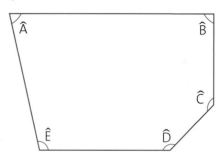

Mesurer, comparer et ranger des surfaces

24 Retrouve l'aire de ces deux figures.

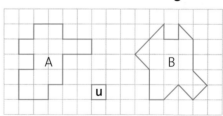

25 Trouve les aires des différentes figures.

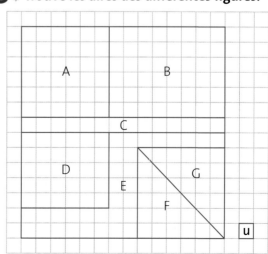

26 ⁑ **Calcule l'aire de chaque figure en nombre de carreaux, puis range-les de la plus petite à la plus grande.**

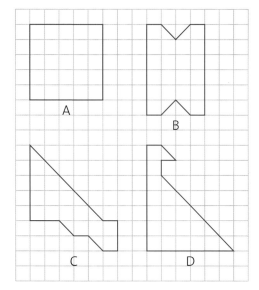

PROBLÈMES

27 ⁎ Un magazine pèse 179 g.
Il est tiré à 25 000 exemplaires.
Quelle est la masse de papier nécessaire ?

28 ⁎ Sabine achète une boîte de vitamines à la pharmacie. Les comprimés de vitamines sont vendus en plaquettes de 12. Une boîte contient 3 plaquettes et chaque comprimé pèse 3 g.
Quelle est la masse de comprimés contenus dans la boîte ?

29 ⁎ Trace une figure différente de celle-ci, mais ayant la même aire.

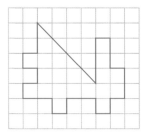

30 ⁑ M. Jean achète une côte de bœuf de 2,57 kg dont l'os pèse 3,9 hg. À la cuisson, la viande perd 205 g.
Quelle est la masse de viande avant cuisson ?
Quelle est la masse de viande après cuisson ?

31 ⁑ Dans un carton de bouteilles d'eau minérale, il y a 12 bouteilles. Chaque bouteille a un volume de 1,5 L.
Quel est le volume d'eau contenu dans un carton de bouteilles ?

32 ⁑ Lequel de ces deux champs a la plus grande aire ?

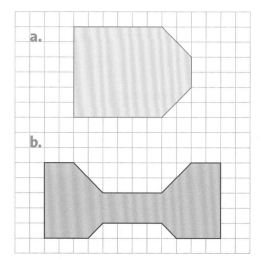

a.

b.

33 ⁑ Les organisateurs du triathlon de Nice ont prévu trois parcours :
  – un parcours de natation de 1,5 km ;
  – un parcours cycliste de 400 hm ;
  – un parcours de course à pied de 10 000 m.
Calcule la distance totale que chaque concurrent devra réaliser.

34 ⁑ Simon range côte à côte sur une étagère 28 livres de mathématiques épais chacun de 29 mm. Sachant que l'étagère mesure 80 cm de large, pourra-t-il ranger tous les livres sur l'étagère ?

35 ⁑ Samia et Florent font de la course à pied tous les matins. Samia fait trois fois un parcours de 1 745 m.
Florent préfère faire un seul tour d'un circuit qui mesure 5,3 km.
k. Qui parcourt la plus grande distance tous les matins ?
l. Quelle est la différence, en dam, entre les deux distances effectuées par les deux coureurs ?

ESPACE ET GÉOMÉTRIE

Vocabulaire de la géométrie

Compétence : Utiliser en situation le vocabulaire géométrique : point, segment, droite...

Calcul mental : Écrire le nombre entier précédent, le nombre entier suivant, ex. 24 à 27 p. 145.

Cherchons ensemble

Marc observe les étoiles dans le ciel.
Il veut reproduire la constellation de la Grande Ourse sur une feuille blanche.

a. Comment sont représentées les étoiles ?

b. À l'aide de papier calque, reproduis la Grande Ourse et relie les étoiles entre elles.
Qu'as-tu tracé ?

c. Sur une autre feuille, reproduis seulement les quatre étoiles D, E, F et G.
À partir de ces quatre points, trace toutes les droites possibles passant par deux points.

Je retiens

→ **Le point** est l'élément le plus simple de la géométrie.
C'est l'intersection de deux droites. Il est représenté par une croix.
On le nomme grâce à une lettre majuscule.
Exemple : le point A

Exemples :
le point A   × A

→ **La droite** est un ensemble infini de points. Elle est **illimitée**.
On la trace à l'aide d'une règle. On la nomme de différentes façons.
Exemples : la droite (d), la droite (xy)

(d)   la droite (d)

x   la droite (xy)   y

Attention ! Par deux points A et B, il ne passe qu'une seule droite.
On la nomme la droite (AB).

A   B   la droite (AB)

→ **Le segment de droite**
Sur une droite (xy), deux points A et B déterminent un segment de droite. On le nomme [AB].
La **longueur** du segment [AB] se note AB = 4 cm.
Si M est le milieu du segment [AB], AM = MB = 2 cm.

x   A   M   B   y
le segment [AB]

J'applique

1 * **a.** Place deux points A et B sur une feuille blanche.
b. Trace la droite (AB).
N'oublie pas de nommer les points et la droite.

2 * **a.** Trace deux droites (d_1) et (d_2) qui se coupent en A.
b. Trace une droite (d_3) qui passe par le point A.

3 * **a.** Trace un segment de 6 cm de longueur. Nomme-le [MN].
b. Trouve le milieu du segment [MN]. Nomme-le I.
c. Complète : MI = ... = ... cm.

4 ‡ **a.** Dessine quatre points A, B, C et D non alignés
b. Trace le plus grand nombre possible de droites passant par deux de ces points.

Je m'entraîne

Utiliser le vocabulaire de la géométrie

5 * **Pour chaque affirmation, réponds par vrai ou faux.**

a. Par deux points, il ne passe qu'une seule droite.

b. Trois points situés sur une même droite sont alignés.

c. Un segment est limité par un point.

d. Si le point M est le milieu du segment [AB], on obtient alors trois segments.

e. Avec trois points non alignés, on peut tracer quatre droites.

6 * **Observe cette figure.**

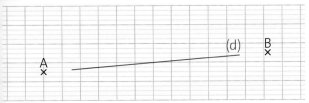

Les points A et B appartiennent-ils à la droite (d) ?

7 * **Reproduis la figure suivante.**
Nomme tous les segments de la droite (xy).

8 * **Observe cette figure.**

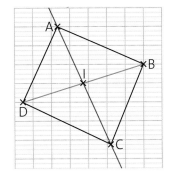

a. Que représente le tracé rouge ?

b. Que représente le tracé bleu ?

c. Que peux-tu dire du point I ?

Réaliser des tracés

9 * **a.** Trace une droite (xy).

b. Marque un point A sur cette droite (xy) et un point B extérieur à la droite.

c. Trace la droite (AB).

d. Marque un point C de façon à ce que les points A, B et C soient alignés.

10 * **Observe cette figure.**

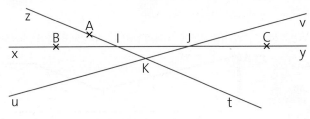

Réponds aux questions.

a. Quel est le point d'intersection des droites (xy) et (zt) ?

b. Quel est le point d'intersection des droites (uv) et (xy) ?

c. Quel est le point d'intersection des droites (uv) et (zt) ?

d. Que peux-tu dire du point I ?

e. Le point C appartient-il à la droite (xy) ?

f. Le point C appartient-il à la droite (IJ) ?

g. Le point C appartient-il au segment [IJ] ?

11 * **Observe les tracés suivants.**

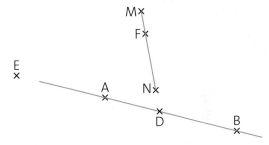

Réponds aux questions par oui ou non.

a. Le point D appartient-il à la droite (AB) ?

b. Le point D appartient-il au segment [MN] ?

c. Le point D appartient-il à la droite (MN) ?

d. Le point E appartient-il à la droite (AB) ?

e. Le point F appartient-il au segment [MN] ?

f. Le point F appartient-il à la droite (MN) ?

À toi de jouer

Combien de droites peux-tu faire passer par un point O ?

2 | Tracer, reporter des longueurs

Compétence : Tracer des longueurs.
Reporter des longueurs.
Calcul mental : Ajouter deux
multiples de 10, ex. 3 à 5 p. 147.

Cherchons ensemble

Voici les chemins parcourus par trois escargots lors du championnat de France.

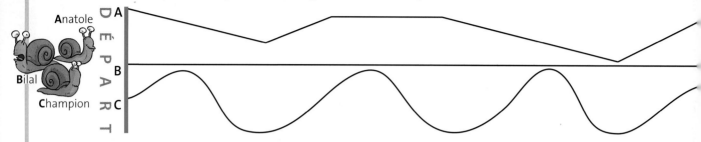

a. À l'aide de ta règle, mesure la longueur de chaque segment du parcours d'Anatole, puis reporte-les à la suite les unes des autres sur une droite.

b. Refais le même travail en remplaçant la règle par le compas.

c. Mesure ces deux droites. Que dois-tu obtenir ? Pourquoi ?

d. Quel instrument pourrais-tu utiliser pour reporter la longueur du trajet de Champion ?

e. Quel est l'escargot qui a parcouru la plus petite distance ?

Je retiens

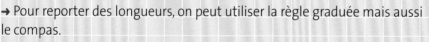

→ Pour tracer des longueurs, il faut se servir d'une règle graduée en veillant bien à démarrer au zéro.

Exemple : Pour tracer un segment de 5 cm, on démarre au zéro et on trace jusqu'à 5 cm.

5 cm

→ Pour reporter des longueurs, on peut utiliser la règle graduée mais aussi le compas.

Exemple : Pour reporter cette longueur, on met la pointe sur une des extrémités de la longueur et le crayon (ou la mine) sur l'autre extrémité. On conserve bien l'écartement du compas. On marque, sur une droite, le début de la longueur pour y planter la pointe du compas, puis on trace avec le crayon un petit trait qui coupe la droite. On marque enfin le point obtenu.

→ On peut aussi utiliser une ficelle lorsque les longueurs à reporter sont des lignes courbes. Pour cela, bien marquer le point de départ.

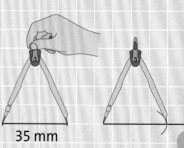

35 mm

J'applique

1 * **À l'aide de ta règle, mesure et reporte ces différents segments.**

A   B   C   D E   F

G   H I   J K   L

2 * **À l'aide du compas, reporte ces longueurs dans ton cahier.**

A   B   C   D E   F

G   H I   J

Je m'entraîne

Tracer des longueurs

3 * Dans ton cahier, trace les segments suivants.

a. AB = 2 cm

b. CD = 4 cm 7 mm

c. EF = 6 cm

d. GH = 5 cm 1 mm

e. IJ = 9 cm 4 mm

f. KL = 7 cm 8 mm

4 * Mesure ces segments et trace-les dans ton cahier à l'aide de ta règle.

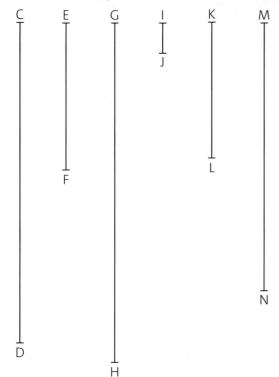

5 ⁑ Dans ton cahier, trace un carré de 56 mm de côté.

6 ⁑ Dans ton cahier, trace un rectangle qui a 7 cm de longueur et 53 mm de largeur.

Reporter des longueurs

7 ⁑ Quelle est la longueur du tour de ce cercle ?

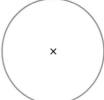

8 ⁑ Reporte les mesures de ces figures sur une droite pour indiquer celle qui a le tour le plus long.

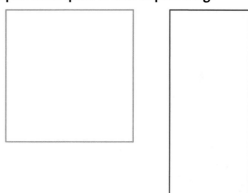

9 * a. Reporte ces différentes longueurs sur une droite.

b. Quelle est la longueur la plus longue ?

⚄ À toi de jouer

Quel est le chemin le plus long ?

Compétence : Reconnaître des droites perpendiculaires et des droites parallèles. Tracer des droites perpendiculaires.

Calcul mental : Retrancher un multiple de 10 d'un nombre à deux chiffres, ex. 9 à 12 p. 150.

Cherchons ensemble

Armand et Chloé jouent au Mikado. Voici comment leurs baguettes sont tombées. Cherche avec eux celles qui se croisent en formant un angle droit.

a. Peux-tu les trouver simplement en les regardant ?

b. Comment peux-tu vérifier ?

c. À l'aide de papier calque, reproduis les baguettes d_3 et d_4.
Prolonge-les en leurs 2 extrémités. Que constates-tu ?

d. Recherche d'autres baguettes qui présentent les mêmes caractéristiques.

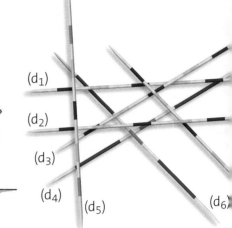

Je retiens

→ Deux droites **perpendiculaires** sont deux droites qui se coupent en formant un **angle droit**.

Exemple : Les droites (d_1) et (d_2) sont perpendiculaires. On note $(d_1) \perp (d_2)$.
$\hat{A}$ est un angle droit.

→ **Pour tracer** deux droites perpendiculaires, on utilise l'équerre.

1. Je trace à la règle une droite (d).	**3.** Je trace la droite (d_1) en utilisant le second côté de l'angle droit de l'équerre.
2. Je place l'un des côtés de l'angle droit de l'équerre sur la droite (d).	**4.** Je prolonge à la règle la droite (d_1).

→ Des droites **parallèles** sont des droites qui **ne se rencontrent jamais**, même si on les prolonge.
L'**écartement** entre les deux droites est toujours le même.

2 cm   2 cm

J'applique

1 * **Nomme les droites qui sont perpendiculaires.**

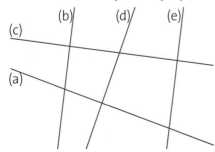

2 * **Recherche les droites parallèles dans cette figure.**

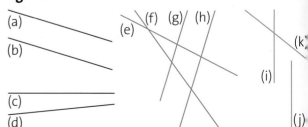

Je m'entraîne

Reconnaître des droites perpendiculaires et des droites parallèles

3 *Observe les droites ci-dessous.*

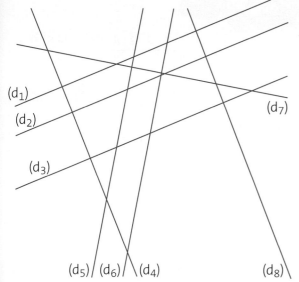

Recopie et complète ce tableau en utilisant les symboles ⊥ et // quand cela est possible.

	(d_1)	(d_2)	(d_3)	(d_4)	(d_5)	(d_6)	(d_7)	(d_8)
(d_1)								
(d_2)								
(d_3)								
(d_4)								
(d_5)								
(d_6)								
(d_7)								
(d_8)								

Tracer des droites perpendiculaires

4 * **Trace une droite (d) sur ton cahier.**

a. Marque un point A comme sur la figure ci-dessous.

b. Trace la perpendiculaire (p) à la droite (d) passant par le point A.

5 * **Trace une droite (d_1) sur ton cahier.**

a. Marque un point B comme sur la figure ci-dessous.

b. Trace la perpendiculaire (p_1) à la droite (d_1) passant par le point B.

6 * **Reproduis la figure ci-dessous. Trace :**
- **une droite (d) ;**
- **un point A sur la droite (d) ;**
- **deux points B et C extérieurs à la droite (d).**

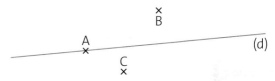

a. Trace la perpendiculaire (f) à la droite (d) passant par A.

b. Trace la perpendiculaire (f_1) à la droite (d) passant par B.

c. Trace la perpendiculaire (f_2) à la droite (d) passant par C.

d. Trace la perpendiculaire (f_3) à la droite (f_2) passant par le point C.

À toi de jouer

Combien y a-t-il d'angles droits dans cette figure ?

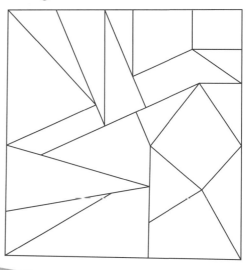

4 Repérages

Compétences : Se repérer sur un quadrillage ou sur un réseau de lignes.
Calcul mental : Arrondir un nombre entier, ex. 41 à 45 p. 145-146.

Cherchons ensemble

Malik et Chloé jouent à la bataille navale. Les croix rouges représentent les coups qui ont été joués par Malik. Le plus petit bateau est situé dans la case qui a les coordonnées (I ; 8).

a. Donne les coordonnées des cases correspondant aux bateaux touchés (coups gagnants).

b. Donne les coordonnées des cases correspondant aux coups dans l'eau (coups manqués).

c. Donne les coordonnées des cases pour couler le porte-avions (le plus gros bateau).

d. Reproduis la grille dans ton cahier et places-y le bateau de 3 cases correspondant aux coordonnées (F ; 7) – (F ; 8) – (F ; 9).

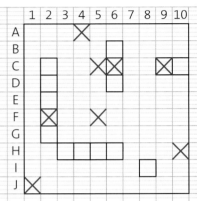

Je retiens

→ **Pour repérer une case dans un quadrillage**, il faut repérer la **ligne** et la **colonne** correspondantes. Au point d'intersection se situe la case recherchée que l'on pourra coder à l'aide du nom de la ligne et du nom de la colonne (des chiffres et des lettres, par exemple).
Exemple : Le carré se trouve dans la case (B ; 5) et le triangle dans la case (D ; 3).

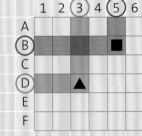

→ **Pour repérer des nœuds sur un réseau de lignes**, on procédera de la même façon en suivant les **lignes verticales** et les **lignes horizontales**. Au point d'intersection se situe le nœud recherché que l'on pourra coder à l'aide des noms des lignes correspondantes (des chiffres et des lettres par exemple).
Exemple : Le point rouge se trouve à l'intersection de la ligne C et de la ligne 2. On peut coder ce point (C ; 2). Le point bleu est codé (E ; 6).

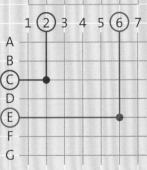

J'applique

1 ✳ **Indique les coordonnées des différents objets.**

2 ✳ **a. Reproduis cette grille dans ton cahier.**
b. Place les objets dans les bonnes cases.

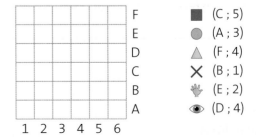

F	■ (C ; 5)
E	● (A ; 3)
D	△ (F ; 4)
C	✕ (B ; 1)
B	✤ (E ; 2)
A	◉ (D ; 4)

Coder/décoder des cases

3 * **a.** Indique les coordonnées des cases colorées.

b. Reproduis ce quadrillage sur ton cahier et colorie les cases de la même couleur.

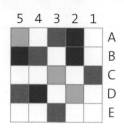

4 ⁞ **Observe le plan de cette petite ville.**

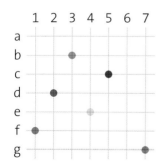

a. Dans quelles cases trouve-t-on l'église, la mairie, l'école ?

b. Quelles sont les cases empruntées par la route qui va de l'école à la mairie ?

c. Dans quelles cases trouve-t-on des arbres ?

d. Que trouve-t-on dans la case (F ; 2) ?

Coder/décoder des nœuds

5 * **a.** Indique les coordonnées des points de couleur.

b. Reproduis le quadrillage sur ton cahier et place les points suivants.

vert en (E ; 6) – rouge en (G ; 3) – bleu en (C ; 2) – jaune en (D ; 7) – violet en (A ; 6) – orange en (F ; 2)

Reproduire des figures sur quadrillage

6 * **Reproduis ces figures sur ton cahier.**

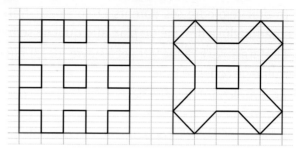

7 ⁞ **Reproduis ces figures sur ton cahier.**

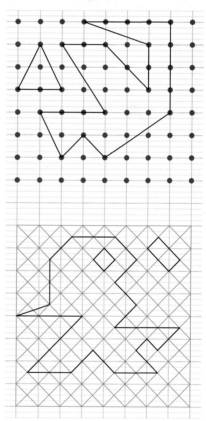

À toi de jouer

Reproduis cette frise et prolonge-la.

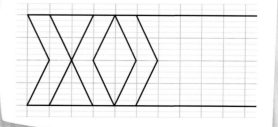

Compétence : Exécuter des déplacements sur un quadrillage ou sur un réseau de lignes.
Calcul mental : Retrancher 9, ex. 13 et 14 p. 150.

Cherchons ensemble

Tom doit rejoindre ses parents et son petit frère au cirque. Sa maman lui a dessiné un plan afin qu'il ne se perde pas.

a. Elle lui a aussi indiqué le trajet à suivre : (B ; 3) − (B ; 4) − (C ; 4)... Termine de coder ce trajet.

b. En employant les flèches [↑][↓][→][←], code le même chemin.

c. À l'aide de flèches, code un chemin possible pour que Tom mange une glace.

d. Où va se retrouver Tom s'il effectue les déplacements suivants ? [→][↑][→][→][→][↑][→][→][→][→][↓][→][→][↓][↓][↓]

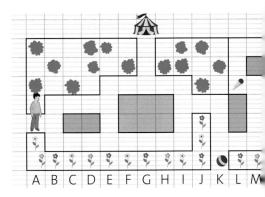

A B C D E F G H I J K L M

Je retiens

→ Pour se déplacer sur un quadrillage, on peut utiliser les coordonnées des différentes cases ou bien utiliser des flèches de direction ↑, ↓, →, ←.

Exemple : Pour aller de la case (D ; 2) à la case (A ; 5), on peut citer chaque case traversée (D ; 3) − (C ; 3) − (B ; 3) − (B ; 4) − (B ; 5) et (A ; 5) ou bien coder le déplacement ainsi [→][↑][↑][→][→][↑].

→ On peut également se déplacer en suivant un réseau de lignes verticales et horizontales.

Exemple : Pour aller du point rouge (B ; 4) au point bleu (E ; 2), on peut coder le déplacement ainsi [↓][←][↓][↓][←] ou bien citer chaque nœud traversé (C ; 4) − (C ; 3) − (D ; 3) − (E ; 3) et (E ; 2).

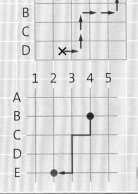

J'applique

1 * **Code le trajet du pirate pour qu'il retrouve le trésor.**

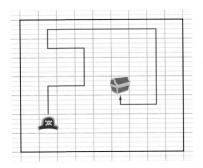

2 **Reproduis ce quadrillage puis trace les deux chemins de couleur qui partent du point A.**

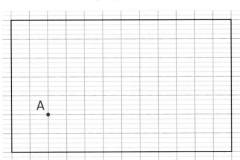

a. Pour aller au point B
[↑][↑][↑][→][→][↓][↓][→][→][→][↓][←][↓][→][→]

b. Pour aller au point C
[→][→][→][→][↑][↑][→][→][↑][↑][←][←][←][←][↓][↓]

Je m'entraîne

Se déplacer sur un quadrillage

3 * En partant de la lettre L, suis le chemin proposé pour trouver le message caché.

R	U	E	O	S	E	N	G	F
Y	A	D	E	U	T	U	I	M
H	S	I	A	X	E	S	W	A
E	O	U	T	F	A	E	Z	T
I	**L**	M	S	R	E	R	O	N
A	E	N	P	R	I	A	Y	L

↑	→	↑	←	↑	→	→	→	↓	↓	↓	→	→
↑	↑	←	↑	→	↑	←	←	←	←	←	←	

4 * **a.** Code le déplacement du point rouge au point vert.
b. Code le déplacement du point vert au point rouge.

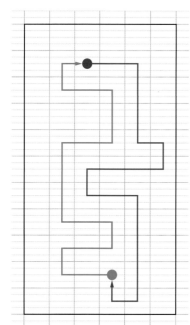

a.

b.

Se déplacer sur un réseau de lignes

5 * **a.** Place un point A dans ton cahier à l'intersection de deux grosses lignes.
b. En partant du point A, trace les déplacements suivants.

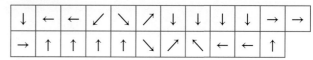

↓	←	←	↙	↘	↗	↓	↓	↓	↓	→	→
→	↑	↑	↑	↑	↘	↗	↖	←	←	↑	

6 ** **a.** Reproduis ce réseau pointé dans ton cahier.
b. Trace le chemin en partant du point vert.

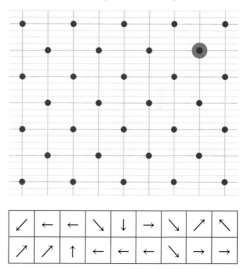

↙	←	←	↘	↓	→	↘	↗	↖
↗	↗	↑	←	←	←	↘	→	→

À toi de jouer

a. Reproduis cette grille avec les points de couleur.
b. Relie les 2 points d'une même couleur sans qu'aucun chemin se croise.

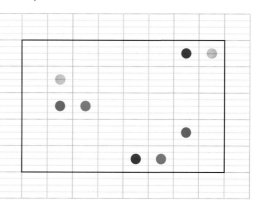

6 Activités numériques : les déplacements

Calcul mental : Écrire un nombre décimal à partir de sa décomposition, ex. 15 et 16 p. 150 p. 156.

Le logiciel **Géotortue*** permet de réaliser des déplacements numériques.

Boutons de déplacement

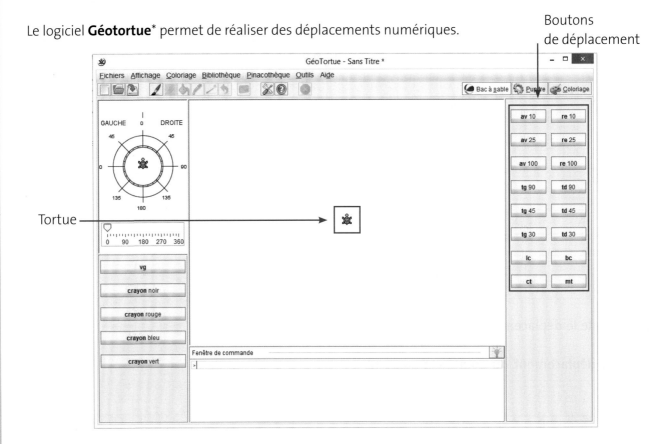

Tortue

Étape 1 | Comprendre les fonctions du logiciel

a. Ouvre le logiciel Géotortue.
À droite de la fenêtre, plusieurs boutons s'affichent.

b. Clique sur le bouton « av 10 ». Que constates-tu ?

c. Clique sur le bouton « av 25 ». Que constates-tu ?
Que peux-tu en déduire sur la signification de « av » ?

d. Clique sur le bouton « re 100 ».
Que constates-tu ?
Que peux-tu en déduire sur
la signification de « re » ?

e. Clique sur les boutons « tg 90 »
et « td 90 ».
Que constates-tu ? Que peux-tu
en déduire sur la signification de
« tg » et « td » ?

ape 2 — Effectuer un déplacement à partir des indications données

a. Ouvre une nouvelle fenêtre en cliquant sur « Fichiers »,
« Nouvelle Figure ».

b. Clique sur l'écran et effectue ce déplacement :
« av 100 » ; « av 100 » ; « td 90 » ; « av 100 ; av 100 ».
Ta tortue doit avoir effectué, sur l'écran, ce
déplacement :

▶ J'applique

Effectue le déplacement correspondant aux indications suivantes :
« tg 90 » ; « re 100 » ; « tg 90 » ; « re 100 » ; « re 100 »

ape 3 — Reproduire un déplacement

a. Ouvre un nouvelle fenêtre en cliquant sur « Fichiers »,
« Nouvelle Figure ».

b. Reproduis le déplacement, en utilisant uniquement les boutons suivants :

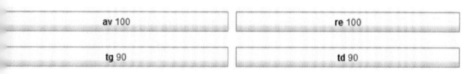

av 100	re 100
tg 90	td 90

▶ J'applique

Reproduis le déplacement suivant :

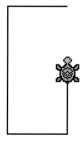

Le logiciel Géotortue est en accès libre et gratuit, il est téléchargeable sur le site : http://geotortue.free.fr/

Je prépare l'évaluation

Utiliser le vocabulaire de la géométrie

1 ✳ **Observe cette figure et réponds aux questions.**

a. Quel est le point d'intersection des droites (t) et (y) ?

b. Que peux-tu dire du point D ?

c. Nomme les trois segments présents sur la droite (x).

d. Que peux-tu dire du point E par rapport au segment [AB] ?

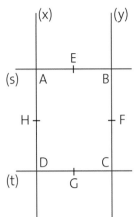

2 ✳ **Dessine cinq points A, B, C, D et E non alignés.** Quel est le maximum de droites passant par deux points que tu peux tracer à partir de ces cinq points ?

Reconnaître des droites perpendiculaires et des droites parallèles

3 ✳ **Recherche les angles droits de ces polygones en utilisant ton équerre. Nomme-les.**

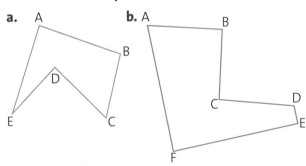

4 ✳ **Observe ces figures et nomme les droites parallèles.**

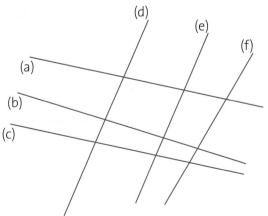

Tracer des droites perpendiculaires

5 ✳ **a.** Trace une droite (d).

b. Place un point A sur cette droite.

c. Trace la perpendiculaire (p) à la droite (d) passant par le point A.

Tracer et reporter des longueurs

6 ✳ **Mesure ces segments et trace-les dans ton cahier à l'aide de ta règle.**

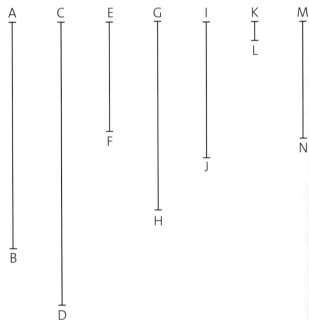

7 ✳ **a.** Reporte les différentes longueurs du chemin AB sur une droite.

b. Reporte les différentes longueurs du chemin CD sur une droite.

c. Quel est le chemin le plus long ?

8 ✳ **Dans ton cahier, trace un carré de 35 mm de côté.**

Coder et décoder des cases

9 ✳ **Indique les coordonnées des différents dessins.**

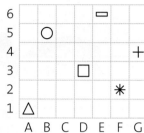

10 ⁂ **a.** Reproduis cette grille dans ton cahier.

b. Colorie les cases en respectant les coordonnées.

rouge (C ; 7)

orange (E ; 5)

jaune (F ; 1)

noir (D ; 6)

vert (G ; 3)

violet (A ; 2)

marron (B ; 8)

rose (H ; 4)

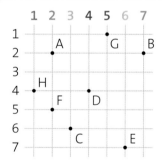

Coder et décoder des nœuds

11 ✳ **Indique les coordonnées des lettres.**

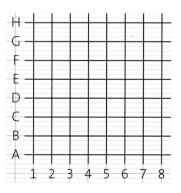

12 ⁂ **a.** Reproduis ce quadrillage dans ton cahier.

b. Place les points de couleur en respectant les coordonnées.

rouge (D ; 3)

orange (B ; 6)

jaune (A ; 4)

noir (C ; 2)

vert (H ; 8)

violet (G ; 1)

marron (F ; 7)

rose (E ; 5)

Se déplacer sur un quadrillage ou sur un réseau de lignes

13 ✳ **Code le trajet du lapin pour aller manger la salade.**

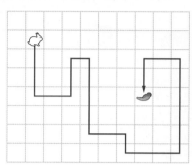

14 ✳ **Reproduis ce quadrillage, puis trace le chemin de la fourmi pour qu'elle regagne sa fourmilière.**

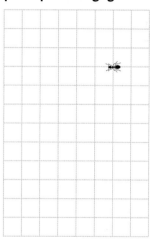

| ← | ← | ↓ | ↓ | → | → | → | ↓ | ↓ | ← | ← | ← | ↑ | ← | ↓ | ↓ | ↓ | → | → | ↓ | ← |

15 ⁂ **Reproduis ce réseau pointé sur ton cahier puis trace le chemin en partant du point vert.**

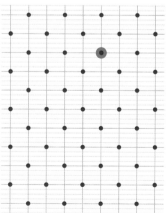

| → | ↙ | ↙ | → | ↘ | ↙ | ↘ | ↙ | ↙ | ← | ↗ | ↗ | ← | ↙ | ↙ | ← | ↗ | ↗ |
| ↘ | ↘ | ↗ | ↗ | ↗ | ↘ | ↗ | → | ↙ | ↘ | ↗ |

7 **Les polygones**

Compétences : Reconnaître des polygones. Tracer des polygones.
Calcul mental : Ajouter 9, ajouter 11, ex. 17 à 20 p. 148.

Cherchons ensemble

Cheyenne et Thomas ont dessiné chacun 3 figures.
Cheyenne a dessiné 2 polygones. Thomas a dessiné 1 polygone.

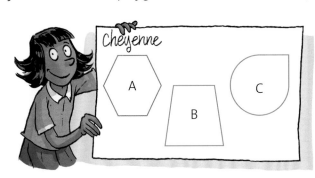
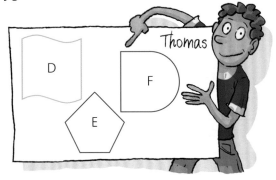

a. Quelles figures dessinées par Cheyenne et Thomas sont des polygones ?

b. Comment le sais-tu ?

Je retiens

→ **Un polygone est une figure plane délimitée par une ligne brisée fermée.**

→ Les polygones ont des noms différents en fonction de leur nombre de côtés.

3 côtés	4 côtés	5 côtés	6 côtés	8 côtés
triangle	quadrilatère	pentagone	hexagone	octogone

→ Un **polygone régulier** est un polygone dont les côtés ont même longueur.

→ Dans un polygone, le segment qui joint deux sommets non consécutifs s'appelle une **diagonale**.
Exemple : [BD] est une diagonale du polygone ABCD.

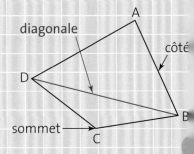

J'applique

1 * **Parmi ces figures, lesquelles sont des polygones ? Justifie ta réponse.**

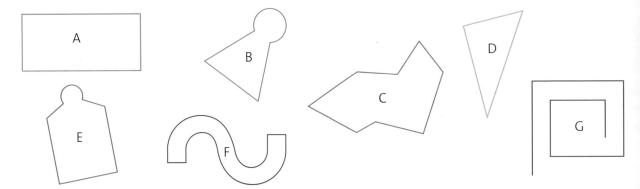

Je m'entraîne

Reconnaître des polygones

2 * **Observe ces figures.**

a. Lesquelles sont des polygones ?

b. Parmi les polygones que tu as trouvés, lesquels sont des polygones réguliers ?

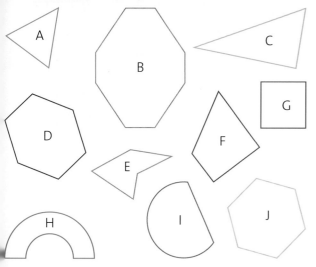

Décrire et nommer des polygones

3 * **Observe ces figures et complète le tableau.**

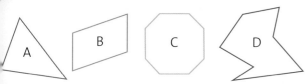

	Nombre de côtés	Nombre de sommets	Nom de la figure
Polygone A	....	....	....
Polygone B	....	....	....
Polygone C	....	....	....
Polygone D	....	....	....

4 ⁝ **Observe cette figure et réponds aux questions.**

a. Combien de polygone ABCDEF a-t-il de côtés ? Indique son nom.

b. Nomme :
- 2 quadrilatères ;
- 2 triangles ;
- 2 hexagones ;
- 2 pentagones.

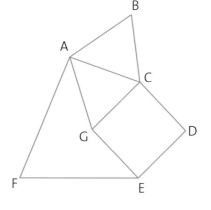

Tracer des polygones

5 * **Trace les polygones quelconques suivants. Nomme-les.**

a. Un polygone de 3 côtés.

b. Un polygone de 4 côtés.

c. Un polygone de 5 côtés.

d. Un polygone de 6 côtés.

6 ⁝ **Reproduis cette figure sur ton cahier.**

a. Trace une diagonale en rouge pour délimiter un triangle et un quadrilatère.

b. Trace une diagonale en vert pour délimiter un triangle et un pentagone.

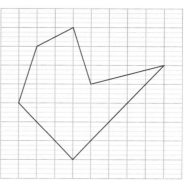

7 ⁝ **Utilise ton compas pour construire un hexagone à partir du modèle ci-dessous.**

Quelle est la particularité de cet hexagone ?

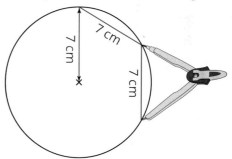

À toi de jouer

Construis cette figure en l'agrandissant et colorie-la librement.

Trace d'abord le cercle, puis construis l'hexagone comme dans l'exercice 7.

Termine par les deux triangles qui formeront l'étoile.

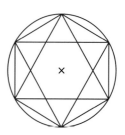

8 Quadrilatères particuliers : le carré, le rectangle et le losange

Compétences : Connaître les propriétés du carré, du rectangle et du losange. Tracer des carrés, des rectangles et des losanges.
Calcul mental : Calculer le triple, ex. 10 à 12 p. 153.

Cherchons ensemble

Suis les étapes pour reproduire les figures d'Anna, puis réponds aux questions.
- Sur un papier calque, trace deux droites parallèles.
- Trace deux autres droites parallèles avec un autre écartement.
- Découpe les deux bandes obtenues, puis superpose-les comme sur le schéma.
- Repasse l'intersection des deux bandes avec un crayon de couleur.

Tu obtiens une figure ABCD.

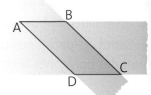

Je peux construire plusieurs quadrilatères avec deux bandes de papier !

a. Que peux-tu dire des segments [AB] et [CD] et des segments [BC] et [AD] ?

b. Prends deux nouvelles bandes et superpose-les de manière à ce qu'elles se croisent en formant un angle droit. Nomme la figure EFGH.
Quel type de quadrilatère as-tu obtenu ?

c. Qu'est-ce qui différencie les quadrilatères ABCD et EFGH ?

d. Si tu avais utilisé deux bandes de même largeur, quel quadrilatère aurais-tu obtenu ?

Je retiens

→ Un quadrilatère est un polygone à **4 côtés**.

→ **Le losange**
Ses 4 côtés sont égaux.
Ses diagonales sont perpendiculaires.

→ **Le rectangle**
Ses côtés sont égaux deux à deux.
Il a 4 angles droits.
Ses diagonales sont de longueur égale.

→ **Le carré**
Ses 4 côtés sont égaux.
Il a 4 angles droits.
Ses diagonales sont perpendiculaires et de longueur égale.

J'applique

1 * **Observe les figures suivantes.**

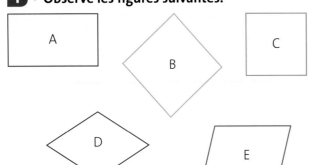

Reproduis et complète ce tableau. Aide-toi de l'exemple.

	Côtés opposés parallèles	4 côtés de même longueur	4 angles droits	Nom
A	oui	non	oui	rectangle
B				
C				
D				
E				

124

Connaître les propriétés du carré, du rectangle et du losange

2 * **Parmi ces quadrilatères, lesquels sont des rectangles ?**

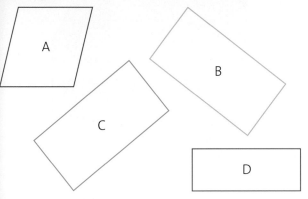

3 **Parmi ces quadrilatères, lesquels sont des losanges ? des carrés ?**

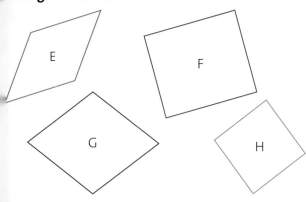

Tracer des carrés, des rectangles et des losanges

4 * **Sur ton cahier, construis ces figures en utilisant une règle et une équerre.**

a. Un rectangle dont les côtés mesurent 6 cm et 3 cm.

b. Un carré dont les côtés mesurent 4 cm.

c. Un quadrilatère dont les côtés sont parallèles et mesurent 5 cm et 3 cm.

5 **Suis les différentes étapes de construction.**

a. Trace deux droites perpendiculaires (xy) et (st) qui se coupent en O.

b. Sur la droite (xy), place deux points A et B tels que OA = OB = 4 cm.

c. Sur la droite (st), place deux points C et D tels que OC = OD = 6 cm.

d. Joins les points ACBD.

e. Quelle figure as-tu obtenue ?

6 **Trace ces figures à l'aide d'une règle et d'une équerre.**

a. Un carré dont les diagonales mesurent 6 cm.

b. Un rectangle dont les diagonales mesurent 8 cm.

c. Un losange dont les diagonales mesurent 4 cm et 2 cm.

7 **Construis ces quadrilatères en tenant compte des mesures indiquées.**

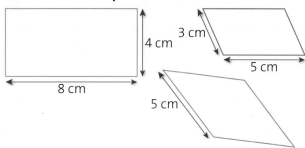

a. Sur chaque figure, marque le milieu de chaque côté. Joins les milieux des côtés opposés.

b. Donne le nom des nouveaux quadrilatères obtenus. Justifie tes réponses.

8 **Reproduis cette figure sur ton cahier et complète-la pour obtenir un carré.**

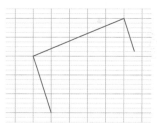

À toi de jouer

Observe cette figure. Retrouve tous les carrés et tous les rectangles. Nomme-les.

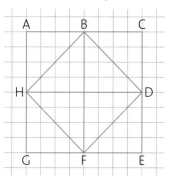

9 **Les triangles**

Compétences : Connaître les propriétés des triangles.
Tracer des triangles.

Calcul mental : Soustraire deux grands nombres
multiples de 10, ex. 31 à 35 p. 151-152.

Cherchons ensemble

Observe cette figure.

Pour les arts plastiques, Soraya a collé plusieurs figures de couleur les unes à côté des autres pour réaliser une grande figure.

a. De quelles figures géométriques se compose-t-elle ?

b. Quelle est la particularité de ce type de figure ?

c. Observe la figure bleue, qu'a-t-elle de particulier ?

d. Observe la figure jaune, qu'a-t-elle de particulier ?

e. Observe la figure verte, qu'a-t-elle de particulier ?

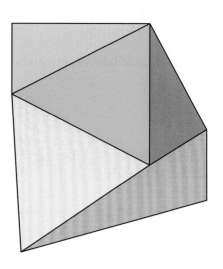

Je retiens

→ **Un polygone à trois côtés est un triangle.**

→ **Le triangle isocèle**
Il a 2 côtés égaux
et 2 angles égaux.

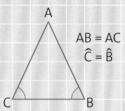

AB = AC
Ĉ = B̂

→ **Le triangle équilatéral**
Il a 3 côtés égaux
et 3 angles égaux

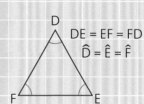

DE = EF = FD
D̂ = Ê = F̂

→ **Le triangle rectangle**
Il a 1 angle droit.

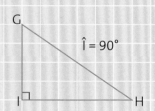

Î = 90°

J'applique

1 * **Observe ces triangles et mesure-les.**

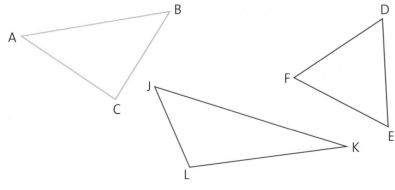

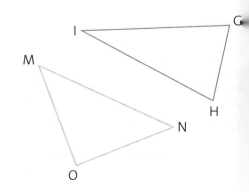

Indique lesquels sont...

a. des triangles équilatéraux ;

b. des triangles rectangles ;

c. des triangles quelconques.

d. Que constates-tu pour le triangle OMN ?

Connaître les propriétés des triangles

2 * **Parmi ces affirmations, certaines sont fausses. Lesquelles et pourquoi ?**

a. Camille : « Un triangle équilatéral a trois côtés égaux et trois angles égaux. »

b. Zoé : « Un triangle peut à la fois être rectangle et isocèle. »

c. Samir : « On peut construire un triangle rectangle ayant deux angles droits. »

3 * **Nomme tous les triangles de cette figure et indique leur nature.**

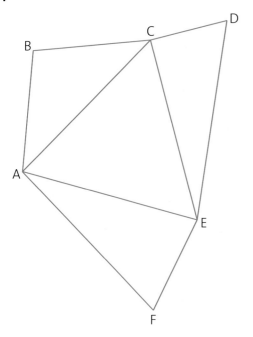

4 * **Observe cette figure, puis nomme :**

. les triangles rectangles ;

. les triangles isocèles.

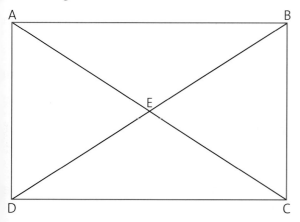

5 * **Nomme tous les triangles de cette figure et indique leur nature.**

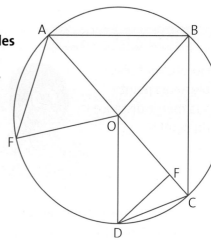

Tracer des triangles

6 * **Trace les triangles suivants.**

a. Un triangle rectangle.   **b.** Un triangle isocèle.

7 * **a.** Trace un carré ABCD de 5 cm de côté.

b. Trace la diagonale [AC].

c. Qu'as-tu obtenu ?

8 * **a.** Trace un triangle rectangle ABC rectangle en A tel que AB = 5 cm et AC = 3 cm.

b. À partir du segment [BC], construis un triangle BCD rectangle en D tel que CD = 5 cm et BD = 3 cm.

c. Quelle figure obtiens-tu ?

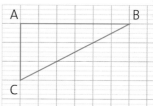

À toi de jouer

Combien y a-t-il de triangles dans cette figure ?

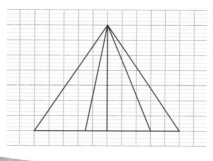

Compétences : Connaître les propriétés du cercle. Tracer des cercles.

Calcul mental : Multiplier par des multiples de 10, ex. 35 à 37 p. 155.

Cherchons ensemble

Florent veut placer plusieurs points à la même distance du point O.

Avec ma règle, je mesure 3 cm à chaque fois.

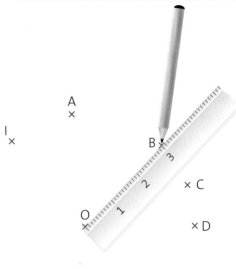

a. À quelle figure te font penser tous les points placés par Florent ?

b. Avec quel instrument pourrait-il placer plus rapidement tous ces points ?

c. Reproduis la figure de Florent sur ton cahier, puis place 20 points tous situés à 5 cm du point O.

Je retiens

→ **Un cercle est une ligne courbe fermée dont tous les points sont à égale distance d'un point appelé centre.**

→ Cette distance est égale à celle du rayon du cercle OA.

→ Le segment [BC] coupe le cercle en passant par le centre O : c'est un **diamètre** de ce cercle.

mesure du diamètre = 2 × mesure du rayon

→ **Pour tracer un cercle,** j'utilise le compas. L'**écartement** du compas correspond au rayon du cercle.

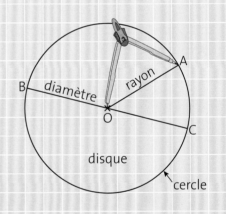

J'applique

1 ∗ **Observe la figure ci-contre. Recopie et complète.**

a. Le point O est le .... du .....

b. Le segment [OB] est un .... du cercle.

c. Le segment [AB] est un .... du cercle.

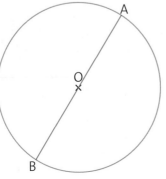

2 ⁎ Marque un point O sur ton cahier. Trace ur cercle de centre O et de rayon 5 cm.

3 ⁎ Marque un point O sur ton cahier. Trace ur cercle de centre O et de diamètre 6 cm.

4 ⁎ **a.** Trace un cercle de centre O et de rayon 4 cm

b. Trace un autre cercle de même centre O et de rayon 6 cm.

c. Trace un troisième cercle de même centre O et de rayon 8 cm.

Connaître les propriétés du cercle

5 ✳ Combien mesure le diamètre d'un cercle de 3,5 cm de rayon ?

6 ✳ Combien mesure le rayon d'un cercle de 60 mm de diamètre ?

7 ⁑ Trouve la figure qui correspond à chaque énoncé.

a. Trace deux cercles de même centre O.

b. Trace un cercle. Place un point O sur ce cercle puis trace le cercle de centre O.

c. Trace deux cercles passant par le point O.

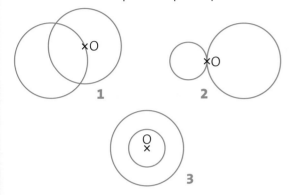

Tracer un cercle

8 ✳ Trace les cercles suivants.

a. Un cercle de centre O et de rayon 4 cm.

b. Un cercle de centre I et de diamètre 10 cm.

9 ⁑ Trace la figure suivante.

Place un point A et un point B. Trace un cercle de centre A et un cercle de centre B de manière à ce que les deux cercles se coupent.

10 ⁑ Trace la figure suivante.

a. Trace un segment [AB] mesurant 2 cm.

b. Trace le cercle de centre A et de rayon 4 cm.

c. Trace le cercle de centre B et de rayon 2 cm.

d. Que constates-tu ?

11 ⁑ Reproduis la figure suivante. Chaque cercle a un diamètre mesurant 6 cm.

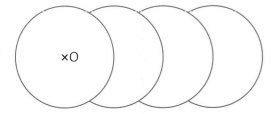

12 ⁑ Trace la figure suivante.

a. Trace un segment [AB] mesurant 4 cm.

b. Place le point C, milieu de [AB].

c. Trace le cercle de centre B passant par le point C.

d. Trace le cercle de centre A et de rayon AB.

e. Trace le cercle de diamètre AB. Quel est son centre ?

13 ⁑ Trace la figure suivante.

a. Trace un triangle équilatéral ABC de 4 cm de côté.

b. Trace le cercle de centre A et de rayon AB.

c. Trace le cercle de centre B et de rayon BC.

d. Trace le cercle de centre C et de rayon AC.

14 ⁑ Reproduis la figure suivante. Chaque cercle a un rayon mesurant 2 cm.

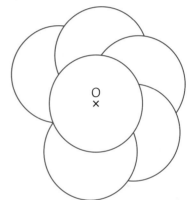

15 ⁑ Reproduis ce segment.

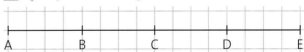

Avec le même écartement de 2 cm, trace les cercles de centre A, B, C, D et E.

À toi de jouer

Reproduis cette figure, puis colorie-la.

Je prépare l'évaluation

Reconnaître et tracer des polygones

1 ✳ **Parmi ces polygones, quels sont les polygones réguliers ?**

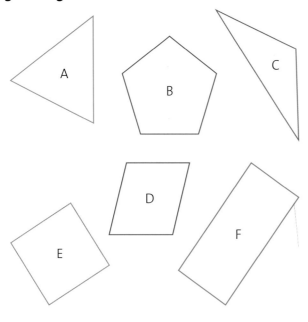

2 ✳ **Observe la figure ci-dessous, puis réponds aux questions.**

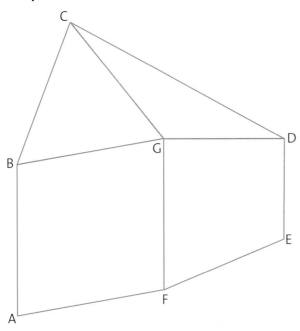

a. Combien le polygone ABCDEF a-t-il de côtés ? Indique son nom.

b. Nomme un autre polygone ayant le même nombre de côtés.

c. Nomme deux quadrilatères, deux triangles et deux pentagones.

3 ✳ **Sur ton cahier, trace :**

a. un polygone à trois côtés ;

b. un polygone à quatre côtés ;

c. un polygone à six côtés ;

d. un polygone à huit côtés.

Nomme ces différents polygones.

Reconnaître et tracer des carrés, des rectangles et des losanges

4 ✳ **Donne le nom de ces différentes figures. Justifie tes choix.**

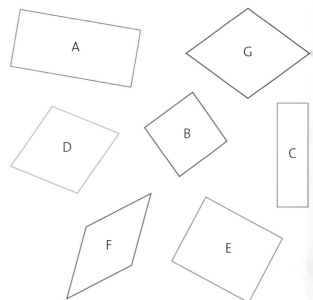

5 ✳ **Trace ces figures à l'aide d'une règle et d'une équerre.**

a. Un carré dont les côtés mesurent 5 cm.

b. Un rectangle dont les diagonales mesurent 6 cm

c. Un losange dont les diagonales mesurent 6 cm et 4 cm.

6 ✳ **Reproduis cette figure sur ton cahier et complète-la pour obtenir un rectangle.**

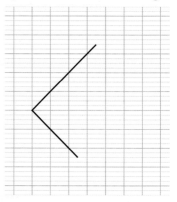

Reconnaître et tracer des triangles

7 ☀ **Observe cette figure, puis nomme :**

a. les triangles rectangles ;

b. les triangles isocèles ;

c. les triangles isocèles rectangles.

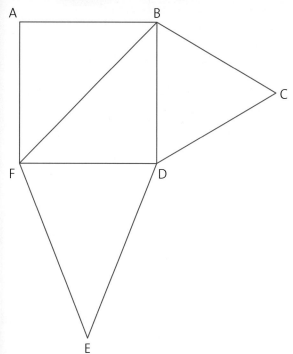

8 ☀ **Nomme tous les triangles de cette figure et indique leur nature.**

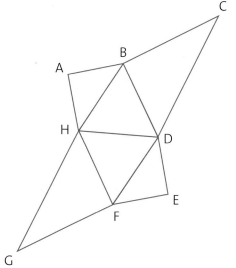

9 ⁝ **Trace les triangles suivants.**

. Un triangle quelconque ABC tel que AB = 7 cm, C = 5 cm et AC = 3 cm.

. Un triangle isocèle DEF tel que DE = EF = 5 cm et F = 3 cm.

. Un triangle équilatéral de 6 cm de côté.

10 ⁝ Trace une droite (d) et place un point O sur cette droite. Trace ensuite un demi-cercle de centre O coupant la droite (d) en deux points M et L. Place un point K sur le demi-cercle et trace le triangle KLM.

Que peux-tu dire de ce triangle ?

Connaître les propriétés du cercle

11 ☀ **Recopie et complète le tableau suivant.**

Cercle	Rayon	Diamètre
A	3 cm	....
B	....	12 cm
C	....	8 cm
D	5,5 cm	....
E	....	8,5 cm

Tracer des cercles

12 ⁝ **Trace les cercles suivants.**

a. Un cercle de centre O et de rayon 3,5 cm.

b. Un cercle de centre N et de diamètre 40 mm.

13 ⁝ **Reproduis ces figures sur une feuille blanche à l'aide d'une règle, d'une équerre et d'un compas.**

a.

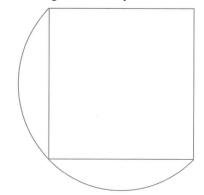

b.

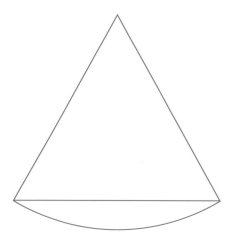

Compétence : Utiliser en situation le vocabulaire géométrique : axes de symétrie.
Calcul mental : Déterminer l'ordre de grandeur d'une somme, ex. 38 à 41 p. 149.

Cherchons ensemble

 J'ai tracé les axes de symétrie de ces 4 figures.

 Je crois que tu t'es trompée !

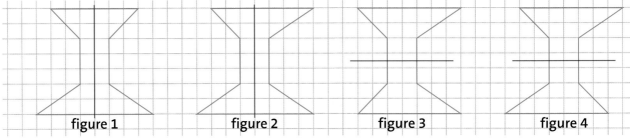

figure 1   figure 2   figure 3   figure 4

a. Orianne s'est-elle trompée ? Si oui, sur quelle(s) figure(s) ?

b. Pour le vérifier, décalque les figures et plie-les suivant l'axe de symétrie.
Les deux moitiés sont-elles superposables ?

Je retiens

→ **Un axe de symétrie est une ligne droite qui partage une figure en deux parties que l'on peut superposer par pliage.**
Exemple :

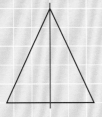

→ Une figure peut avoir **plusieurs axes de symétrie**
Exemple :

J'applique

1 * **Trace les figures suivantes sur ton cahier en respectant le quadrillage.**
Trace ensuite leur axe de symétrie en rouge.

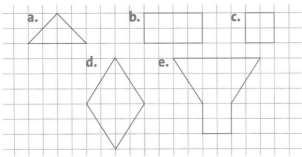

a.   b.   c.
d.   e.

2 * **Parmi ces figures, indique celles qui ont a**
moins un axe de symétrie.

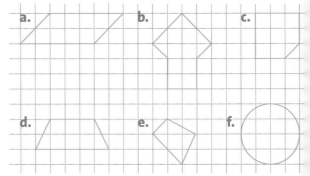

a.   b.   c.
d.   e.   f.

Je m'entraîne

Identifier les axes de symétrie

3 ＊ **Indique pour quelles figures l'axe (d) est un axe de symétrie.**

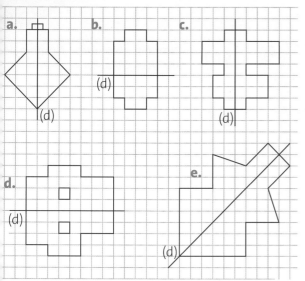

4 ＊ **Indique pour quelles figures la droite est un axe de symétrie.**

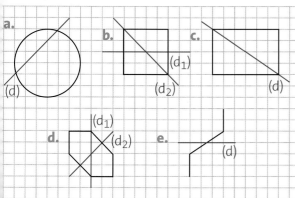

Tracer des axes de symétrie

5 ＊ **Reproduis ces polygones sur ton cahier, puis trace tous les axes de symétrie.**

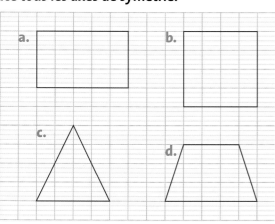

6 ＊ **Reproduis les 6 faces de ce dé sur ton cahier, puis trace le ou les axes de symétrie.**

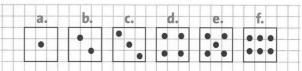

7 ＊ **Reproduis ces grilles sur ton cahier, puis continue de colorier les cases de façon à ce que la droite rouge soit un axe de symétrie.**

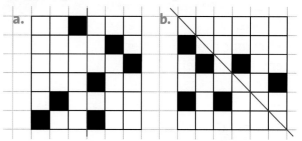

8 ＊ **Reproduis ces figures et trace le ou les axes de symétrie de chacune d'entre elles.**

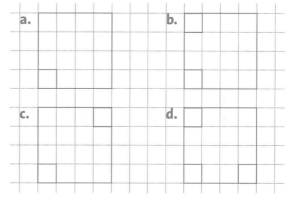

À toi de jouer

Reproduis ces figures et colorie chaque case en rouge ou en vert de façon à ce que le dessin n'ait aucun axe de symétrie.

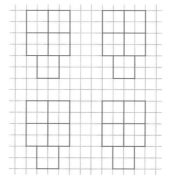

12 Les solides

Cherchons ensemble

Marcia et Jérôme jouent aux devinettes.
Jérôme essaie de faire deviner un objet à Marcia.
Pour s'aider, Marcia décide de faire un tableau.

a. Recopie et complète le tableau.

b. Trouve la réponse à la devinette de Jérôme.

c. À ton tour, choisis un objet et invente une devinette.

L'objet auquel je pense a 5 faces, 9 arêtes et 6 sommets Quel objet est-ce ?

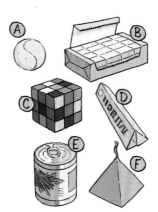

Solide	Nombre de faces	Nombre d'arêtes	Nombre de sommets
A			
B			
C			
D			
E			
F			

Je retiens

→ **Pour décrire un solide, on précise le nombre de faces et la nature de chaque face, le nombre d'arêtes et le nombre de sommets.**

Exemple : Le solide A a 7 faces, dont 5 rectangulaires, 15 arêtes et 10 sommets.

Solide A

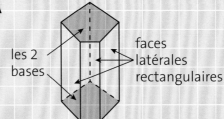

les 2 bases

faces latérales rectangulaires

→ Des **solides particuliers** :
• Le **pavé** a 6 faces rectangulaires, 8 sommets et 12 arêtes.

• Le **cube** a 6 faces carrées, 8 sommets et 12 arêtes.

J'applique

1 * Parmi ces objets, lesquels sont des solides quelconques ? lesquels sont des cubes ? lesquels sont des pavés ?

Reconnaître et nommer des solides

2 ＊ **Parmi ces solides, lesquels sont des pavés et lesquels sont des cubes ?**

a.   b.   c.

d.   e.   f.

3 ＊ **Parmi ces solides, lesquels ont deux bases de même forme ?**

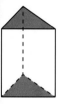   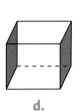

a.　　　b.　　　c.　　　d.

Décrire des solides

4 ＊ **Observe ce solide.**

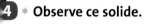
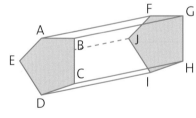

• Combien a-t-il de faces ? d'arêtes ? de sommets ?
• Nomme ses bases. Quelle forme ont-elles ?
• Nomme ses faces latérales. Quelle forme ont-elles ?

5 ⁑ **Observe le pavé ABCDEFGH.**

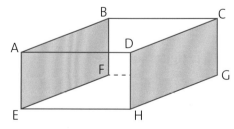

• Nomme trois arêtes parallèles.
• Nomme deux arêtes perpendiculaires.
• Quelle est la face opposée à BCGF ?

6 ⁑ **Quelle est la longueur totale des arêtes de ce cube ?**

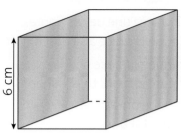

6 cm

7 ⁑ **Décris ce solide.**

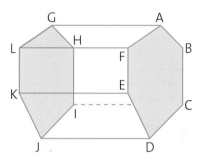

8 ⁑ **Observe cette figure composée de deux solides.**

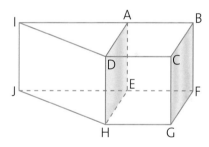

a. Décris les deux solides. Sont-ils tous les deux des solides droits ?
b. Nomme la face commune aux deux solides.
c. Combien de faces sont visibles ? Combien ne sont pas visibles ?

 À toi de jouer

Reproduis cet assemblage de cubes et continue-le avec 3 cubes supplémentaires.

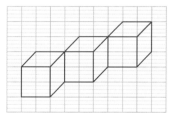

Compétence : Décrire une figure en vue de l'identifier parmi d'autres figures ou de la faire reproduire.

Calcul mental : Déterminer l'ordre de grandeur d'un produit, ex. 42 à 47 p. 155.

Cherchons ensemble

Maxence a tracé l'une de ces figures. Retrouve laquelle grâce à sa description.

a. Lis la première phrase de Maxence : quelle(s) figure(s) peux-tu éliminer ?

b. Lis la seconde phrase de Maxence : quelle figure a-t-il tracée ?

> La figure que j'ai tracée se compose d'un rectangle et d'un cercle. Un côté du rectangle correspond à un rayon du cercle.

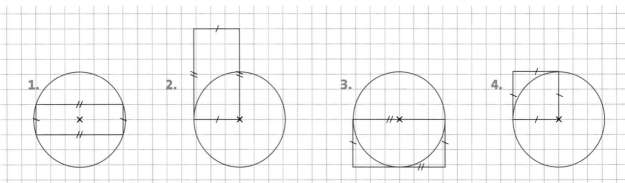

1.   2.   3.   4.

Je retiens

→ Pour **décrire une figure géométrique**, il faut **énoncer ses propriétés** en utilisant un **vocabulaire géométrique précis** : segment, côté, angle droit, carré, cercle, diamètre, rayon...

Exemple : Cette figure se compose d'un carré ABCD de 2 cm de côté et d'un triangle isocèle ABE dont les côtés [AE] et [BE] ont la même mesure.

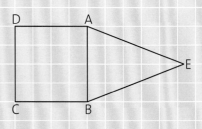

→ On peut également se servir de **codes** pour indiquer certaines de ses **propriétés**.

Exemple : Le trait (/) sur les côtés [AB] et [AD] indique qu'ils sont de même mesure.
AB = AD
Les deux traits (//) sur les côtés [BC] et [DC] indiquent qu'ils sont de même mesure.
BC = DC
Le carré rouge sur l'angle Â indique que l'angle Â est droit.

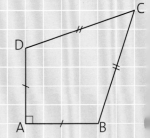

J'applique

1 ＊ **Parmi les trois descriptions proposées, laquelle correspond à la figure suivante ?**

a. La figure se compose de deux rectangles. Le deux rectangles ont un côté en commun.

b. La figure se compose d'un carré et d'un rectangl[e]. Le carré et le rectangle ont un côté en commun.

c. La figure se compose d'un rectangle et d'un carr[é]. Le rectangle et le carré ont un point en commun.

Reconnaître une figure grâce à sa description

2 ✳ **Parmi ces trois figures, quelle est celle qui correspond à la description suivante ?**

1.
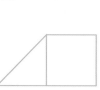
2.

3.
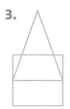

– La figure se compose d'un triangle isocèle et d'un carré.
– Le carré et le triangle ont un côté en commun.

3 ✳ **Parmi ces quatre figures, retrouve celle décrite par Nathan.**
– J'ai tracé un triangle rectangle en A tel que AB = 1,5 cm et AC = 2,5 cm.
– J'ai tracé un cercle de centre A et de diamètre 2 cm.
– J'ai pris mon équerre pour tracer la perpendiculaire du segment BC passant par le point A.

1.
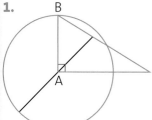
2.
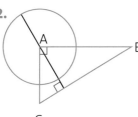

3.
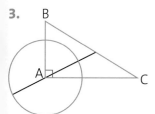
4.
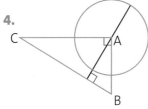

Décrire une figure

4 ✳ **Écris une description de chaque figure.**

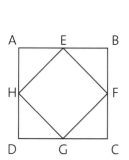
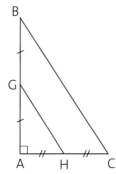

5 ✳ **Écris une description de chaque figure.**

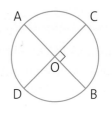

Reproduire une figure

6 ✳ **Reproduis cette figure à l'aide des instructions qui figurent sur le dessin.**

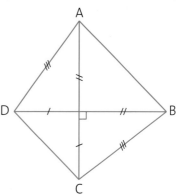

7 ✳ **Émilie décrit la figure qu'elle a construite.**
– J'ai tracé un carré ABCD de 4 cm de côté.
– J'ai tracé un triangle rectangle isocèle ADH rectangle en D.
– J'ai tracé un triangle rectangle isocèle BIC rectangle en B.
Construis la figure et vérifie que tu as bien obtenu un parallélogramme AICH.

 À toi de jouer

Retrouve toutes les formes géométriques qui composent cette figure. Nomme-les.

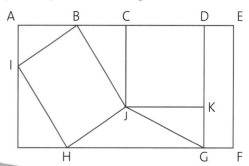

Cherchons ensemble

Nathan, Léa et Samir ont tracé chacun une figure en suivant un programme de construction. Malheureusement, toutes les lettres ont été effacées.

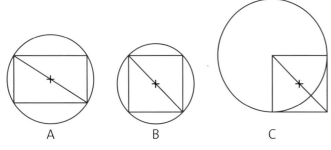

A   B   C

a. Retrouve quelle figure correspond au programme suivi par chaque enfant.

b. Réalise les différents programmes en plaçant bien les lettres.

Nathan
- *Tracer un carré ABCD.*
- *Tracer la diagonale [AC].*
- *Placer le point O milieu du segment [AC].*
- *Tracer le cercle de centre A et de rayon AB.*

Samir
- *Tracer un carré ABCD.*
- *Tracer la diagonale [AC].*
- *Placer le point O milieu du segment [AC].*
- *Tracer le cercle de centre O et de diamètre AC.*

Léa
- *Tracer un rectangle ABCD.*
- *Tracer la diagonale [AC].*
- *Placer le point O milieu du segment [AC].*
- *Tracer le cercle de centre O passant par le point A.*

Je retiens

→ **Un programme de construction est un texte qui décrit les différentes étapes de construction d'une figure géométrique.**

→ Pour **tracer une figure** à partir d'un programme de construction, il faut :
- lire le programme en entier avant de commencer à tracer la figure ;
- identifier les instruments dont on aura besoin pour que les tracés soient précis : la règle, l'équerre, le compas ;
- construire la figure en suivant toutes les étapes dans l'ordre.

J'applique

1 ✳ **Trace la figure qui correspond à ce programme de construction.**

a. Trace un segment [AC] de 8 cm.

b. Marque le point O milieu de [AC].

c. Trace un segment [BD] de 6 cm ayant également O pour milieu.

d. Relie les points ABCD.
Quelle figure obtiens-tu ?

2 ✳ **Observe et mesure cette figure, puis écris le programme de construction qui correspond.**

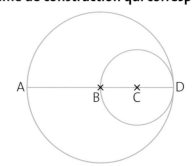

Je m'entraîne

Tracer une figure à partir d'un programme de construction

3 * **Trace la figure qui correspond à ce programme de construction.**

a. Trace un segment [AB] de 6 cm.

b. Place le point I milieu de [AB].

c. Trace un segment [CD] de 4 cm, perpendiculaire à [AB] et passant par le point I.

d. Trace les segments [AC], [CB], [BD] et [DA].

4 * **Trace la figure qui correspond à ce programme de construction.**

a. Trace un rectangle ABCD tels que :
[AB] = CD = 6 cm et AD = BC = 3 cm.

b. Trace un cercle de centre A et dont le rayon mesure 3 cm.

c. Trace un cercle de centre C et dont le rayon mesure 3 cm.

5 ⁝ **Trace la figure qui correspond à ce programme de construction.**

a. Trace un carré ABCD de 3 cm de côté.

b. Trace un triangle équilatéral AEB.

c. Trace un triangle équilatéral BFC.

d. Trace un triangle équilatéral CGD.

e. Trace un triangle équilatéral DHA.

6 ⁝ **Trace la figure qui correspond à ce programme de construction.**

a. Trace un carré ABCD de 3 cm de côté.

b. Trace un cercle de centre A ayant pour rayon 3 cm.

c. Trace un cercle de centre B ayant pour rayon 3 cm.

d. Trace un cercle de centre C ayant pour rayon 3 cm.

e. Trace un cercle de centre D ayant pour rayon 3 cm.

7 ⁝ **Trace la figure qui correspond à ce programme de construction.**

a. Trace un triangle équilatéral ABC de 3 cm de côté.

b. Trace un triangle équilatéral ABD de 3 cm de côté.

c. Trace un triangle équilatéral CBE.

d. Trace un triangle équilatéral BDF.

e. Trace un triangle équilatéral ADG.

f. Trace un triangle équilatéral ACH.

Écrire un programme de construction

8 * **Observe cette figure.**

a. Écris le programme de construction qui correspond.

b. Construis la figure.

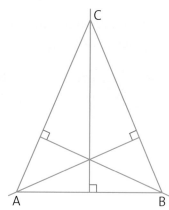

9 ⁝ **Observe cette figure.**

a. Écris le programme de construction qui correspond.

b. Construis la figure.

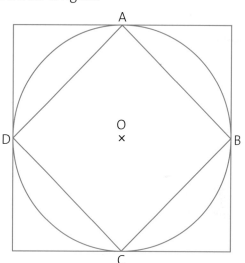

À toi de jouer

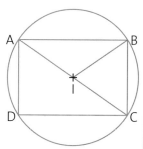

Est-ce le bon programme de construction ? Justifie ta réponse.

a. Trace un rectangle ABCD de 3 cm sur 2 cm.

b. Trace la diagonale [AC].

c. Marque le milieu I de [AC].

d. Trace le segment [DI].

e. Trace le cercle de centre I et de rayon IA.

Je prépare l'évaluation

Identifier un axe de symétrie

1 ＊ Indique dans quels cas l'axe (d) est un axe de symétrie de la figure.

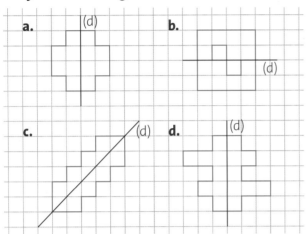

2 ⁝ Dans quels polygones le trait rouge est-il un axe de symétrie ?

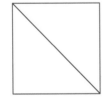
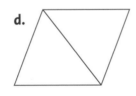

Tracer des axes de symétrie

3 ＊ Reproduis ces lettres sur ton cahier et trace tous les axes de symétrie.

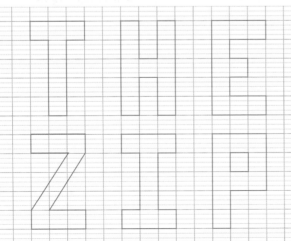

4 ⁝ Reproduis ces polygones et trace tous les axes de symétrie.

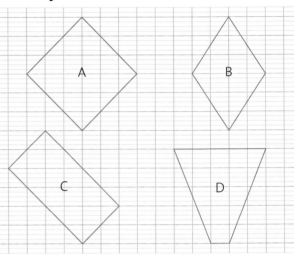

Reconnaître, décrire et nommer les solides

5 ＊ Vrai ou faux ?

a. Le cube et le pavé ont le même nombre de sommets.

b. Les faces du pavé sont identiques deux à deux.

c. Toutes les faces du cube sont identiques.

d. Un pavé peut avoir quatre faces identiques.

6 ＊ Parmi ces solides, lesquels ont deux bases de même forme ?

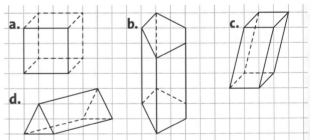

7 ＊ Parmi ces solides, lesquels sont des pavés et lesquels sont des cubes ?

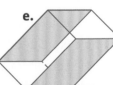

8 ⁑ **Observe ce cube.**

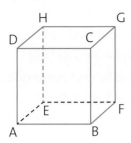

a. Nomme des arêtes perpendiculaires.

b. Nomme des arêtes parallèles.

c. Quelle est la face opposée à BCGF ?

9 ⁑ **Décris ce solide.**

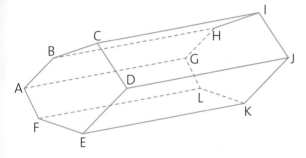

Reconnaître une figure grâce à sa description

10 * **Parmi ces trois figures, quelle est celle qui correspond à la description suivante ?**

La figure se compose d'un cercle et d'un rectangle. Le cercle a pour diamètre un côté du rectangle.

a.

b.

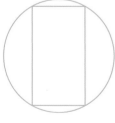
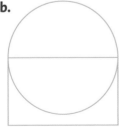

c.

d.

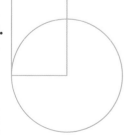

11 * **À quelle description correspond cette figure ?**

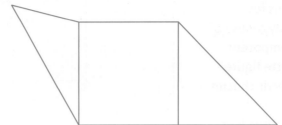

a. La figure se compose d'un carré et de deux triangles quelconques.

b. La figure se compose d'un carré, d'un triangle isocèle et d'un triangle quelconque.

c. La figure se compose d'un rectangle et de deux triangles rectangles.

Décrire une figure

12 ⁑ **Écris une description de chaque figure, puis reproduis-la.**

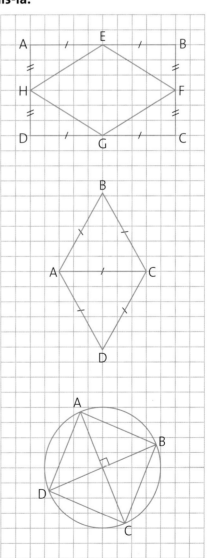

13 ⁝ Retrouve tous les polygones qui composent cette figure. Décris chacun d'eux et indique leur nature.

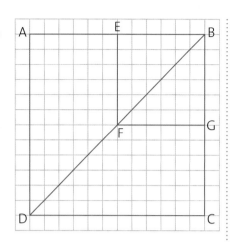

Tracer une figure à partir d'un programme de construction

14 * Trace la figure qui correspond à ce programme de construction.

a. Trace un rectangle ABCD tel que AB = CD = 4 cm et que AD = BC = 3 cm.

b. Trace le cercle de centre A et de rayon AD.

c. Trace le cercle de centre C et de rayon CB.

d. Trace la diagonale [BD].

15 * Trace la figure qui correspond à ce programme de construction.

a. Trace un cercle de centre O et de rayon 3 cm.

b. Place un point A sur ce cercle.

c. Trace un cercle de centre A et de rayon 3 cm.

d. Place un point B sur ce cercle.

e. Trace un cercle de centre B et de rayon 3 cm.

f. Place un point C sur ce cercle.

g. Trace un cercle de centre C et de rayon 3 cm.

h. Place un point D sur ce cercle.

i. Trace un cercle de centre D et de rayon 3 cm.

16 ⁝ Trace la figure qui correspond à ce programme de construction.

a. Trace un triangle ABC rectangle en A tel que AB = 5 cm et AC = 3 cm.

b. Trace un triangle ACD rectangle en A tel que AD = 5 cm.

c. Trace un triangle ABE rectangle en A tel que AE = 3 cm.

d. Trace le triangle ADE.
Quelle figure obtiens-tu ?

17 ⁝ Trace la figure qui correspond à ce programme de construction.

a. Trace un segment [AB] de 6 cm.

b. Place le point I milieu de [AB].

c. Trace une droite (xy) perpendiculaire au segment [AB] passant par le point I.

d. Sur la droite (xy), place les points C et D tels que CI = ID = 4 cm.

e. Relie les points ACBD.

f. Sur la droite (xy), place les points E et F tels que EI = IF = 3 cm.

g. Relie les points AEBF.
Donne le nom de la figure ACBD.
Donne le nom de la figure AEBF.

Écrire un programme de construction

18 ⁝ Observe cette figure.

a. Écris le programme de construction qui correspond.

b. Construis la figure.

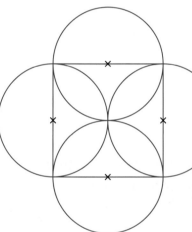

19 ⁝ Observe cette figure.

a. Écris le programme de construction qui correspond.

b. Construis la figure.

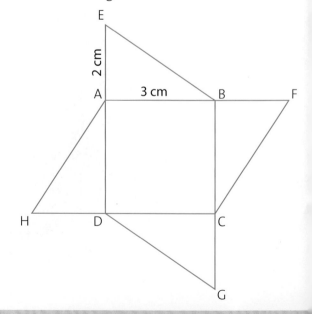

CALCUL MENTAL

① Identifier

Donner le nombre de dizaines, de centaines, de milliers

Nombres < 9 999

1 Indique le nombre de dizaines.

587 → 58 dizaines

673 − 890 − 1 345 − 4 762 − 3 214

2 256 enfants déjeunent à la cantine.

.... dizaines d'enfants déjeunent à la cantine.

3 Indique le nombre de centaines.

675 − 2 194 − 6 345 − 1 534 − 4 987

4 9 357 spectateurs ont assisté au match de handball Nantes-Paris, c'est-à-dire plus de .... centaines de spectateurs.

5 Indique le nombre de milliers.

7 894 − 3 674 − 908 − 6 983 − 6 500

Nombres < 999 999

6 Indique le nombre de dizaines.

31 808 − 15 098 − 189 450 − 2 000 − 897 607

7 Indique le nombre de centaines.

7 845 − 485 923 − 53 421 − 827 967 − 309 124

8 Pour une opération humanitaire, une association a récolté 25 900 €, c'est-à-dire plus de .... milliers d'euros.

9 Incroyable ! la citrouille la plus lourde du monde pèse .... milliers de grammes.

10 Indique le nombre de milliers.

697 213 − 98 076 − 67 903 − 503 982 − 408 193

Nombres < 999 999 999

11 Indique le nombre de dizaines.

7 445 788 − 877 120 122 − 100 000 000 − 12 357 002 − 270 382 735

12 Indique le nombre de centaines.

58 900 002 − 698 290 000 − 3 568 413 − 698 290 000 − 3 568 413

13 Indique le nombre de milliers.

123 800 518 − 1 800 000 − 78 736 700 − 853 740 987 − 552 550 000

Donner le nombre de dizaines de mille, de centaines de mille, de millions

Nombres < 999 999

14 Indique le nombre de dizaines de mille.

143 807 → 14

13 567 − 561 098 − 800 976 − 564 905 − 156 784

15 La superficie de la France est de 675 417 km^2, c'est-à-dire plus de .... dizaines de milliers de km^2.

16 Indique le nombre de centaines de mille.

871 098 − 764 523 − 178 300 − 987 500 − 978 607

17 En 2013, en France, il y a eu 811 510 naissances, c'est-à-dire plus de .... centaines de milliers de naissances.

Nombres < 999 999 999

18 Indique le nombre de dizaines de mille.

14 450 564 − 7 100 045 − 208 908 456 − 90 876 098 − 678 982 485

19 Indique le nombre de centaines de mille.

45 098 452 − 26 090 000 − 2 908 461 − 345 900 752 − 600 300 900

20 Indique le nombre de millions.

13 564 798 − 9 087 145 − 875 410 789 − 6 980 100 − 100 600 000

Écrire un nombre entier à partir de sa décomposition

Nombres < 9 999

21 Écris le nombre correspondant à chaque décomposition.

4 centaines et 3 unités → 403

a. 8 dizaines et 4 unités

b. 7 centaines et 6 dizaines

c. 5 milliers et 8 centaines

d. 6 milliers et 5 dizaines

e. 3 milliers et 9 unités

Nombres < 999 999

22 **Écris le nombre correspondant à chaque décomposition.**

a. 7 dizaines de mille et 9 centaines

b. 82 milliers et 45 unités

c. 35 dizaines de mille et 14 dizaines

d. 8 centaines, 98 milliers et 4 unités

e. 6 centaines de mille et 5 centaines

Nombres < 999 999 999

23 **Écris le nombre correspondant à chaque décomposition.**

a. 489 millions, 5 unités et 37 dizaines de mille

b. 76 millions, 7 unités et 6 milliers

c. 98 dizaines de mille, 34 millions et 47 unités

d. 3 unités, 9 centaines de mille et 2 millions

e. 290 centaines de mille, 70 dizaines et 4 unités

Écrire le nombre entier précédent, le nombre entier suivant

Nombres < 9 999

24 **Écris le nombre qui suit.**

569 – 1 099 – 2 889 – 4 909 – 1 999

25 Une voiture est vendue 9 799 €. Pour 1 € de plus, le vendeur propose la climatisation. Le prix de la voiture sera alors de …. €.

26 **Écris le nombre qui précède.**

630 – 890 – 1 000 – 4 570 – 9 080

27 Mathieu a gagné la partie avec 6 900 points avec un seul point d'avance sur Lola. Lola avait donc …. points.

Nombres < 999 999

28 **Écris le nombre qui suit.**

77 809 – 256 009 – 185 999 – 33 669 – 200 099

29 **Écris le nombre qui précède.**

56 000 – 886 060 – 412 190 – 999 248 – 999 248

Nombres < 999 999 999

30 **Écris le nombre qui suit.**

11 586 189 – 7 889 099 – 658 986 389 – 589 632 999 – 989 650 079

31 En 2013, 9 329 999 personnes ont visité le musée du Louvre. Avec une personne de plus, le musée du Louvre aurait eu …. visiteurs.

32 **Écris le nombre qui précède.**

4 484 850 – 78 787 300 – 235 200 000 – 3 330 250 – 1 200 500

33 Lors de la Coupe du monde de football 2014, le quart de finale a été suivi par 16 900 000 téléspectateurs français. Avec un téléspectateur de moins, le match aurait été suivi par …. personnes.

Arrondir un nombre entier

Nombres < 9 999

34 **Arrondis à la dizaine supérieure.**

21 – 98 – 125 – 267 – 562

35 **Arrondis à la centaine supérieure.**

4 367 – 987 – 8 672 – 1 056 – 7 215

36 **Arrondis à la dizaine la plus proche.**

76 – 93 – 3 128 – 359 – 7 901

37 Indique le prix de ces objets en arrondissant à la dizaine d'euros la plus proche.

38 **Arrondis à la centaine la plus proche.**

456 – 8 096 – 1 567 – 801 – 9 542

39 Lors d'un match de basket, on a vendu 2 398 billets. Il y avait donc environ …. centaines de spectateurs.

40 **Arrondis au millier le plus proche.**

3 578 – 9 023 – 4 789 – 7 098 – 2 612

Nombres < 999 999

41 **Arrondis à la dizaine supérieure.**

44 789 – 789 271 – 478 903 – 654 656 – 196 895

42 **Arrondis à la centaine supérieure.**

60 731 – 425 287 – 147 654 – 359 492 – 36 985

43 Arrondis à la dizaine la plus proche.

72 142 – 931 249 – 40 908 – 654 656 – 352 893

44 Arrondis à la centaine la plus proche.

12 356 – 342 225 – 821 018 – 500 756 – 103 890

45 Arrondis au millier le plus proche.

78 292 – 197 045 – 514 675 – 46 378 – 27 432

Nombres < 999 999 999

46 Arrondis à la dizaine supérieure.

32 891 555 – 2 100 271 – 703 478 903 –
444 425 586 – 878 895 437

47 Arrondis à la centaine supérieure.

12 652 689 – 4 769 343 – 777 589 903 –
222 003 214 – 123 548 458

48 Arrondis à la dizaine la plus proche.

57 634 827 – 83 543 738 – 400 114 712 –
752 922 043 – 103 220 092

49 Arrondis à la centaine la plus proche.

160 480 264 – 70 987 719 – 523 813 530 –
666 600 668 – 30 755 189

50 Arrondis au millier le plus proche.

94 987 290 – 479 879 180 – 78 484 600 –
200 200 265 – 909 321 880

Identifier le chiffre des dixièmes, le chiffre des centièmes

51 Identifie le chiffre des dixièmes.

2,78 – 67,9 – 3,09 – 12,98 – 4,85

52 Identifie le chiffre des centièmes.

3,67 – 98,6 – 13,79 – 3,67 – 10,08

53 Indique si le chiffre 3 représente les unités, les dixièmes ou les centièmes.

2,35 – 3,58 – 41,23 – 0,35 – 93,20

54 Indique si le chiffre 5 représente les unités, les dixièmes ou les centièmes.

4,75 – 2,56 – 45,22 – 0,15 – 69,50

Comparer deux nombres décimaux

55 Recopie chaque fois le plus grand des deux nombres.

a. 36,4 et 36,6   **d.** 0,15 et 0,2

b. 38,70 et 38,78   **e.** 4,6 et 4,58

c. 125,5 et 125,51

56 Recopie chaque fois le plus petit des deux nombres.

a. 7,6 et 7,62   **d.** 21,7 et 21,63

b. 234,5 et 235,1   **e.** 10,05 et 10,5

c. 69,9 et 70,1

57 Classe ces viennoiseries de la plus chère à la moins chère.

Trouver le nombre entier le plus proche d'un nombre décimal

58 Pour chacun de ces nombres décimaux, indique quel est le nombre entier le plus proche, comme dans les exemples.

3,2 → 3   3,7 → 4

9,4 – 7,8 – 9,8 – 0,6 – 23,9 – 15,1 – 1,7 – 4,3 – 6,2 – 6,52

59 Pour chacun de ces nombres décimaux, indique quel est le nombre entier le plus proche.

6,09 – 13,89 – 0,56 – 13,49 – 100,6 – 1,79 – 2,15 –
9,32 – 34,19 – 7,90

60 Arrondis le prix de chacun de ces articles au nombre entier le plus proche.

Additionner

Compléter à la dizaine supérieure

1 Indique ce qu'il faut ajouter à chacun de ces nombres pour atteindre la dizaine supérieure. Aide-toi de l'exemple.

26 → 4 car 26 + 4 = 30

a. 14 − 67 − 29 − 58 − 43

b. 98 − 103 − 165 − 191 − 184

c. 246 − 397 − 604 − 672 − 821

d. 1 234 − 3 095 − 6 732 − 9 868 − 3 936

2 Il manque .... € à Mounia pour avoir 50 €.

Ajouter deux multiples de 10

3 Calcule sans poser l'opération.

a. 50 + 30 = ...   **d.** 50 + 20 = ...   **g.** 240 + 30 = ...

b. 20 + 40 = ...   **e.** 20 + 60 = ...   **h.** 310 + 80 = ...

c. 30 + 20 = ...   **f.** 160 + 30 = ...   **i.** 420 + 50 = ...

4 Calcule sans poser l'opération.

a. 80 + 30 = ...   **d.** 50 + 60 = ...   **g.** 550 + 90 = ...

b. 70 + 60 = ...   **e.** 70 + 50 = ...   **h.** 680 + 40 = ...

c. 90 + 60 = ...   **f.** 490 + 30 = ...   **i.** 260 + 80 = ...

5 Une fleuriste achète un lot de 150 pivoines blanches et un lot de 70 pivoines roses. Elle a acheté .... pivoines au total.

Ajouter un nombre à un chiffre à un nombre à deux ou trois chiffres (sans retenue)

6 Calcule sans poser l'opération.

a. 23 + 6 = ...   **d.** 34 + 5 = ...   **g.** 92 + 6 = ...

b. 65 + 3 = ...   **e.** 51 + 7 = ...   **h.** 57 + 2 = ...

c. 76 + 2 = ...   **f.** 33 + 4 = ...   **i.** 44 + 4 = ...

7 Calcule sans poser l'opération.

a. 152 + 7 = ...   **d.** 634 + 4 = ...   **g.** 721 + 8 = ...

b. 206 + 3 = ...   **e.** 743 + 4 = ...   **h.** 152 + 4 = ...

c. 195 + 3 = ...   **f.** 982 + 7 = ...   **i.** 234 + 5 = ...

8 Paul a marqué 173 points à son jeu vidéo. Son frère Hugo a marqué 6 points de plus. Hugo a marqué .... points.

Ajouter un nombre à un chiffre à un nombre à deux ou trois chiffres (avec retenue)

9 Calcule sans poser l'opération.

a. 28 + 5 = ...   **d.** 67 + 4 = ...   **g.** 54 + 9 = ...

b. 89 + 6 = ...   **e.** 53 + 8 = ...   **h.** 86 + 7 = ...

c. 26 + 9 = ...   **f.** 29 + 5 = ...   **i.** 46 + 6 = ...

10 Calcule sans poser l'opération.

a. 258 + 6 = ...   **d.** 598 + 7 = ...   **g.** 365 + 5 = ...

b. 197 + 5 = ...   **e.** 908 + 4 = ...   **h.** 276 + 5 = ...

c. 456 + 9 = ...   **f.** 752 + 9 = ...   **i.** 607 + 9 = ...

11 Un appareil photo est vendu 196 € dans un magasin mais 8 € de plus dans un autre, c'est-à-dire .... €.

Ajouter un multiple de 10

12 Calcule sans poser l'opération.

a. 37 + 20 = ...   **d.** 56 + 40 = ...   **g.** 72 + 20 = ...

b. 68 + 30 = ...   **e.** 19 + 30 = ...   **h.** 43 + 40 = ...

c. 34 + 50 = ...   **f.** 25 + 40 = ...   **i.** 51 + 40 = ...

13 Calcule sans poser l'opération.

a. 135 + 50 = ...   **d.** 576 + 20 = ...   **g.** 718 + 70 = ...

b. 214 + 60 = ...   **e.** 243 + 40 = ...   **h.** 608 + 90 = ...

c. 309 + 70 = ...   **f.** 917 + 80 = ...   **i.** 325 + 60 = ...

14 Un aspirateur est vendu 136 €. Un autre est vendu 50 € plus cher. Le second aspirateur est vendu .... €.

Produire une suite orale en ajoutant 10

15 Continue chaque suite. Ajoute sept nombres.

a. 56 − 66 − 76 − ....

b. 124 − 134 − 144 − ....

c. 467 − 477 − 487 − ....

d. 1 045 − 1 055 − 1 065 − ....

e. 3 439 − 3 449 − 3 459 − ....

16 À partir de chacun de ces nombres, produis une suite de dix nombres en ajoutant 10 à chaque fois.

a. 178   **c.** 3 987   **e.** 3 951   **g.** 9 865

b. 1 098   **d.** 6 856   **f.** 8 032   **h.** 4 943

Ajouter 9

17 **Calcule sans poser l'opération.**

a. 23 + 9 = ...   d. 42 + 9 = ...   g. 234 + 9 = ...

b. 36 + 9 = ...   e. 97 + 9 = ...   h. 195 + 9 = ...

c. 17 + 9 = ...   f. 158 + 9 = ...   i. 651 + 9 = ...

18 Mme Durand a déjà ramassé 48 œufs dans son poulailler ce matin. L'après-midi, les poules ont encore pondu 9 œufs. Mme Durand aura .... œufs en tout.

Ajouter 11

19 **Calcule sans poser l'opération.**

a. 52 + 11 = ...   d. 29 + 11 = ...   g. 181 + 11 = ...

b. 36 + 11 = ...   e. 94 + 11 = ...   h. 298 + 11 = ...

c. 15 + 11 = ...   f. 127 + 11 = ...   i. 273 + 11 = ...

20 À l'achat de son téléviseur qui coûte 568 €, Tom doit ajouter 11 € de frais de livraison. Tom doit payer .... € en tout.

Ajouter deux nombres à deux chiffres

21 **Calcule sans poser l'opération.**

a. 15 + 17 = ...   d. 57 + 14 = ...   g. 18 + 25 = ...

b. 28 + 16 = ...   e. 24 + 36 = ...   h. 43 + 16 = ...

c. 33 + 25 = ...   f. 65 + 14 = ...   i. 33 + 44 = ...

22 **Calcule sans poser l'opération.**

a. 24 + 13 = ...   d. 38 + 25 = ...   g. 37 + 18 = ...

b. 54 + 17 = ...   e. 67 + 25 = ...   h. 28 + 19 = ...

c. 46 + 29 = ...   f. 46 + 37 = ...   i. 51 + 19 = ...

23 Lors de la première mi-temps, l'équipe de Carla a marqué 25 points. En deuxième mi-temps, elle marque encore 39 points. L'équipe de Carla a marqué .... points pendant ce match.

Ajouter 18, 28...

24 **Calcule sans poser l'opération.**

a. 37 + 18 = ...   d. 74 + 18 = ...   g. 39 + 28 = ...

b. 53 + 18 = ...   e. 61 + 38 = ...   h. 16 + 38 = ...

c. 25 + 18 = ...   f. 42 + 48 = ...   i. 48 + 38 = ...

25 Hier, nous étions 57 à manger à la cantine. Aujourd'hui, nous sommes 18 de plus. Nous sommes donc .... à manger à la cantine aujourd'hui.

Ajouter 19, 29...

26 **Calcule sans poser l'opération.**

a. 36 + 19 = ...   d. 68 + 19 = ...   g. 45 + 29 = ...

b. 34 + 19 = ...   e. 49 + 19 = ...   h. 51 + 29 = ...

c. 53 + 19 = ...   f. 37 + 29 = ...   i. 22 + 39 = ...

27 Mohamed a terminé son tour de piste en 2 min et 17 s. Martin a mis 29 s de plus.

Martin a donc bouclé son tour de piste en 2 min et .... s.

Ajouter deux grands nombres multiples de 10

28 **Calcule sans poser l'opération.**

a. 300 + 150 = ...   f. 640 + 5 000 = ...

b. 200 + 190 = ...   g. 10 000 + 670 = ...

c. 1 000 + 600 = ...   h. 80 000 + 130 = ...

d. 2 000 + 560 = ...   i. 6 000 + 2 500 = ...

e. 3 000 + 900 = ...   j. 4 500 + 400 = ...

29 **Calcule sans poser l'opération.**

a. 800 + 500 = ...   f. 26 700 + 850 = ...

b. 1 500 + 650 = ...   g. 39 890 + 3 000 = ...

c. 3 200 + 1 900 = ...   h. 12 000 + 6 900 = ...

d. 2 950 + 300 = ...   i. 45 000 + 7 300 = ...

e. 7 800 + 750 = ...   j. 29 700 + 1 900 = ...

30 L'an dernier, 17 000 coureurs ont participé à la course Marseille-Cassis. Cette année, on compte 4 500 coureurs de plus. Il y aura donc .... participants à la course Marseille-Cassis.

Décomposer une somme

31 Décompose les additions suivantes afin de calculer chaque somme. Aide-toi de l'exemple.

37 + 26 = (37 + 20) + 6 = 57 + 6 = 63

a. 48 + 37 = ...   **d.** 34 + 26 = ...   **g.** 77 + 36 = ...

b. 63 + 16 = ...   **e.** 31 + 28 = ...   **h.** 62 + 29 = ...

c. 49 + 17 = ...   **f.** 54 + 39 = ...   **i.** 56 + 38 = ...

32 Décompose les additions suivantes afin de calculer chaque somme.

a. 56 + 48 = ...   **d.** 75 + 49 = ...   **g.** 89 + 32 = ...

b. 94 + 34 = ...   **e.** 57 + 54 = ...   **h.** 78 + 54 = ...

c. 87 + 45 = ...   **f.** 73 + 59 = ...   **i.** 62 + 59 = ...

33 Décompose les additions suivantes afin de calculer chaque somme. Aide-toi de l'exemple.

364 + 128 = 364 + (100 + 20 + 8) = 464 + 20 + 8
= 484 + 8 = 492

a. 156 + 135 = ...   **f.** 541 + 352 = ...

b. 243 + 128 = ...   **g.** 729 + 236 = ...

c. 309 + 148 = ...   **h.** 453 + 238 = ...

d. 217 + 172 = ...   **i.** 367 + 118 = ...

e. 437 + 217 = ...   **j.** 624 + 359 = ...

Déterminer l'ordre de grandeur d'une somme

Avec un multiple de 10

34 Pour chaque addition, indique l'ordre de grandeur du résultat avec un multiple de 10. Aide-toi de l'exemple.

74 + 59 ➜ 70 + 60 = 130

a. 56 + 28 = ...   **d.** 98 + 37 = ...   **g.** 91 + 56 = ...

b. 79 + 18 = ...   **e.** 71 + 28 = ...   **h.** 74 + 63 = ...

c. 63 + 52 = ...   **f.** 87 + 68 = ...   **i.** 77 + 67 = ...

35 Indique l'ordre de grandeur du résultat avec un multiple de 10.

a. Marion achète ces deux articles. Marion dépense environ .... €.

b. Lors d'un spectacle, le théâtre accueille 73 élèves d'une école et 58 élèves d'une autre école. Le théâtre reçoit environ .... élèves.

36 Pour chaque addition, indique l'ordre de grandeur du résultat avec un multiple de 10.

a. 243 + 29 = ...   **d.** 679 + 42 = ...   **g.** 913 + 57 = ...

b. 178 + 49 = ...   **e.** 726 + 68 = ...   **h.** 417 + 74 = ...

c. 321 + 73 = ...   **f.** 537 + 53 = ...   **i.** 189 + 54 = ...

37 Indique l'ordre de grandeur du résultat avec un multiple de 10.

Mélissa veut acheter une console de jeux à 169 € ainsi qu'un jeu à 63 €. Mélissa va dépenser environ .... €.

Avec un multiple de 100

38 Pour chaque addition, indique l'ordre de grandeur du résultat avec un multiple de 100.

a. 542 + 289 = ...   **f.** 8 674 + 489 = ...

b. 912 + 321 = ...   **g.** 2 128 + 389 = ...

c. 876 + 542 = ...   **h.** 6 708 + 986 = ...

d. 789 + 443 = ...   **i.** 4 523 + 414 = ...

e. 328 + 167 = ...   **j.** 3 564 + 410 = ...

39 Indique l'ordre de grandeur du résultat avec un multiple de 100.

Olivia achète une grande baguette de bois de 2 580 mm et une petite baguette de bois de 790 mm. Les baguettes de bois représentent environ .... mm.

Avec un multiple de 1 000

40 Pour chaque addition, indique l'ordre de grandeur du résultat avec un multiple de 1 000.

a. 2 267 + 1 452 = ...   **f.** 78 908 + 5 032 = ...

b. 3 809 + 2 345 = ...   **g.** 14 342 + 6 789 = ...

c. 6 290 + 3 782 = ...   **h.** 26 783 + 2 982 = ...

d. 9 341 + 3 467 = ...   **i.** 32 098 + 5 678 = ...

e. 7 685 + 2 907 = ...   **j.** 34 674 + 7 231 = ...

41 Indique l'ordre de grandeur du résultat avec un multiple de 1 000.

Le 14 novembre, 48 234 spectateurs ont assisté au match de football. Quinze jours plus tard, il y avait 7 039 spectateurs de plus. Le 29 novembre, environ .... spectateurs ont donc assisté au match de football.

3 Soustraire

Retrancher 10

1 **Calcule sans poser l'opération.**

a. 31 – 10 = ….   **d.** 94 – 10 = ….   **g.** 78 – 10 = ….

b. 61 – 10 = ….   **e.** 24 – 10 = ….   **h.** 95 – 10 = ….

c. 57 – 10 = ….   **f.** 63 – 10 = ….   **i.** 67 – 10 = ….

2 **Calcule sans poser l'opération.**

a. 371 – 10 = ….   **f.** 2 007 – 10 = ….

b. 635 – 10 = ….   **g.** 3 117 – 10 = ….

c. 798 – 10 = ….   **h.** 9 064 – 10 = ….

d. 871 – 10 = ….   **i.** 1 604 – 10 = ….

e. 523 – 10 = ….   **j.** 5 911 – 10 = ….

3 **Compte de 10 en 10.**

a. de 320 à 170   **d.** de 678 à 488

b. de 450 à 210   **e.** de 609 à 469

c. de 193 à 63

4 **Retranche 10, dix fois de suite.**

a. à partir de 324   **d.** à partir de 757

b. à partir de 805   **e.** à partir de 341

c. à partir de 236

Retrancher deux multiples de 10

5 **Calcule sans poser l'opération.**

a. 70 – 30 = ….   **d.** 80 – 50 = ….   **g.** 90 – 50 = ….

b. 90 – 40 = ….   **e.** 70 – 20 = ….   **h.** 80 – 30 = ….

c. 40 – 20 = ….   **f.** 50 – 20 = ….   **i.** 60 – 50 = ….

6 **Calcule sans poser l'opération.**

a. 50 – 30 = ….   **d.** 60 – 50 = ….   **g.** 780 – 30 = ….

b. 90 – 20 = ….   **e.** 70 – 50 = ….   **h.** 100 – 70 = ….

c. 80 – 40 = ….   **f.** 640 – 20 = ….   **i.** 450 – 20 = ….

7 **Calcule sans poser l'opération.**

a. 540 – 60 = ….   **d.** 230 – 40 = ….   **g.** 590 – 70 = ….

b. 610 – 50 = ….   **e.** 420 – 50 = ….   **h.** 820 – 60 = ….

c. 270 – 90 = ….   **f.** 380 – 90 = ….   **i.** 640 – 50 = ….

8 Avant de distribuer 50 cahiers, la maîtresse avait une réserve de 410 cahiers. Maintenant, la réserve se compose de …. cahiers.

Retrancher un multiple de 10 d'un nombre à deux chiffres

9 **Calcule sans poser l'opération.**

a. 48 – 20 = ….   **d.** 37 – 20 = ….   **g.** 63 – 10 = ….

b. 75 – 30 = ….   **e.** 84 – 60 = ….   **h.** 98 – 70 = ….

c. 96 – 40 = ….   **f.** 79 – 50 = ….   **i.** 76 – 60 = ….

10 **Calcule sans poser l'opération.**

a. 74 – 30 = ….   **d.** 79 – 20 = ….   **g.** 52 – 30 = ….

b. 87 – 40 = ….   **e.** 38 – 20 = ….   **h.** 71 – 60 = ….

c. 86 – 50 = ….   **f.** 88 – 50 = ….   **i.** 97 – 60 = ….

11 **Calcule sans poser l'opération.**

a. 156 – 40 = ….   **d.** 145 – 30 = ….   **g.** 399 – 80 = ….

b. 279 – 50 = ….   **e.** 635 – 10 = ….   **h.** 474 – 70 = ….

c. 387 – 60 = ….   **f.** 764 – 20 = ….   **i.** 693 – 50 = ….

12 Mounia achète un appareil photo à 189 €. Elle a déjà versé 60 €. Mounia devra encore verser …. €.

Retrancher 9

13 **Calcule sans poser l'opération.**

a. 45 – 9 = ….   **d.** 232 – 9 = ….   **g.** 48 – 9 = ….

b. 156 – 9 = ….   **e.** 57 – 9 = ….   **h.** 619 – 9 = ….

c. 34 – 9 = ….   **f.** 423 – 9 = ….   **i.** 71 – 9 = ….

14 Le vendeur accepte de faire une réduction de 9 € sur cette console de jeux. La console de jeux coûte donc …. €.

135€

Retrancher 11

15 **Calcule sans poser l'opération.**

a. 67 – 11 = ….   **d.** 473 – 11 = ….   **g.** 56 – 11 = ….

b. 235 – 11 = ….   **e.** 32 – 11 = ….   **h.** 959 – 11 = ….

c. 98 – 11 = ….   **f.** 201 – 11 = ….   **i.** 84 – 11 = ….

16 Un camion de livraison a un chargement de 458 kg. Le livreur dépose un colis de 11 kg à son premier arrêt. Il reste …. kg dans le camion.

Retrancher 9, retrancher 11

17 Calcule sans poser l'opération.

a. 38 – 11 = ….   **d.** 129 – 11 = ….   **g.** 764 – 9 = ….
b. 67 – 9 = ….   **e.** 198 – 11 = ….   **h.** 590 – 11 = ….
c. 156 – 11 = ….   **f.** 603 – 9 = ….   **i.** 252 – 9 = ….

18 Marius mesure 156 cm. Tom mesure 11 cm de moins.
Tom mesure donc …. cm.

Retrancher 18, 28…

19 Calcule sans poser l'opération.

a. 87 – 18 = ….   **d.** 213 – 28 = ….   **g.** 135 – 18 = ….
b. 74 – 18 = ….   **e.** 548 – 28 = ….   **h.** 571 – 48 = ….
c. 95 – 18 = ….   **f.** 396 – 38 = ….   **i.** 267 – 18 = ….

20 Quel est le nouveau prix de ce fauteuil ?

Retrancher 19, 29…

21 Calcule sans poser l'opération.

a. 64 – 19 = ….   **d.** 72 – 19 = ….   **g.** 185 – 19 = ….
b. 97 – 29 = ….   **e.** 63 – 29 = ….   **h.** 478 – 49 = ….
c. 46 – 19 = ….   **f.** 349 – 39 = ….   **i.** 251 – 19 = ….

22 Le centre de loisirs accueille 154 enfants la première semaine des vacances et 19 de moins la deuxième semaine. La deuxième semaine, il y a …. enfants au centre de loisirs.

23 Calcule sans poser l'opération.

a. 67 – 19 = ….   **d.** 478 – 39 = ….   **g.** 564 – 49 = ….
b. 124 – 18 = ….   **e.** 326 – 18 = ….   **h.** 986 – 38 = ….
c. 307 – 29 = ….   **f.** 283 – 48 = ….   **i.** 874 – 38 = ….

Retrancher deux nombres à deux chiffres

24 Calcule sans poser l'opération.

a. 57 – 14 = ….   **d.** 63 – 32 = ….   **g.** 79 – 37 = ….
b. 95 – 54 = ….   **e.** 56 – 21 = ….   **h.** 79 – 51 = ….
c. 39 – 25 = ….   **f.** 96 – 34 = ….   **i.** 68 – 43 = ….

25 Calcule sans poser l'opération.

a. 77 – 65 = ….   **e.** 82 – 61 = ….   **i.** 58 – 27 = ….
b. 79 – 63 = ….   **f.** 74 – 43 = ….   **j.** 36 – 24 = ….
c. 86 – 72 = ….   **g.** 48 – 25 = ….   **k.** 74 – 33 = ….
d. 76 – 56 = ….   **h.** 97 – 36 = ….   **l.** 88 – 45 = ….

26 Calcule sans poser l'opération.

a. 168 – 35 = ….   **e.** 179 – 45 = ….   **i.** 189 – 61 = ….
b. 674 – 42 = ….   **f.** 473 – 52 = ….   **j.** 149 – 26 = ….
c. 254 – 23 = ….   **g.** 347 – 34 = ….   **k.** 257 – 35 = ….
d. 392 – 61 = ….   **h.** 287 – 45 = ….   **l.** 389 – 42 = ….

27 Le sac de bonbons contenait 167 bonbons. Manek en a mangé 43. Il reste …. bonbons dans le sac.

Compléter à 100

28 Donne le complément à 100 de chacun de ces nombres.

a. 50 – 75 – 20 – 90 – 25   **d.** 54 – 28 – 51 – 73 – 66
b. 10 – 45 – 70 – 35 – 40   **e.** 21 – 76 – 38 – 85 – 52
c. 72 – 37 – 84 – 56 – 69

29 Donne le complément à 100 de chacun de ces nombres.

a. 30 – 15 – 80 – 50 – 85   **d.** 24 – 68 – 49 – 37 – 28
b. 60 – 65 – 25 – 95 – 55   **e.** 81 – 56 – 58 – 89 – 12
c. 26 – 73 – 48 – 62 – 31

30 J'ai acheté ma trottinette avec un billet de 100 €. Maintenant, il me reste …. €.

Soustraire deux grands nombres multiples de 10

31 Calcule sans poser l'opération.

a. 500 – 300 = ….   **f.** 1 300 – 600 = ….
b. 900 – 500 = ….   **g.** 1 000 – 400 = ….
c. 800 – 200 = ….   **h.** 1 400 – 900 = ….
d. 700 – 600 = ….   **i.** 1 200 – 700 = ….
e. 400 – 200 = ….   **j.** 1 600 – 400 = ….

32 Calcule sans poser l'opération.

a. 600 – 250 = ...   **f.** 400 – 240 = ...

b. 300 – 150 = ...   **g.** 600 – 310 = ...

c. 500 – 170 = ...   **h.** 900 – 630 = ...

d. 200 – 80 = ...   **i.** 500 – 320 = ...

e. 900 – 680 = ...   **j.** 1 000 – 650 = ...

33 Laura achète un four à 500 €. Elle a déjà payé 270 €. Laura devra encore payer .... €.

34 Calcule sans poser l'opération.

a. 16 000 – 3 000 = ...   **f.** 62 000 – 3 000 = ...

b. 23 000 – 6000 = ...   **g.** 27 000 – 5 000 = ...

c. 25 000 – 6 000 = ...   **h.** 41 000 – 5 000 = ...

d. 34 000 – 8 000 = ...   **i.** 30 000 – 9 000 = ...

e. 36 000 – 4 000 = ...   **j.** 55 000 – 9 000 = ...

35 Il y a 25 000 places de concert à vendre. 8 000 places ont déjà été vendues. Il reste .... places à vendre.

Décomposer une différence

36 Décompose les soustractions suivantes afin de calculer chaque différence. Aide-toi de l'exemple.

94 – 37 = (94 – 30) – 7 = 64 – 7 = 57

a. 56 – 29 = ...   **d.** 85 – 48 = ...   **g.** 86 – 49 = ...

b. 52 – 27 = ...   **e.** 51 – 34 = ...   **h.** 78 – 49 = ...

c. 73 – 26 = ...   **f.** 97 – 54 = ...   **i.** 74 – 37 = ...

37 Décompose les soustractions suivantes afin de calculer chaque différence.

a. 73 – 67 = ...   **d.** 88 – 59 = ...   **g.** 53 – 36 = ...

b. 55 – 26 = ...   **e.** 83 – 45 = ...   **h.** 74 – 28 = ...

c. 45 – 38 = ...   **f.** 62 – 35 = ...   **i.** 61 – 39 = ...

38 Décompose les soustractions suivantes afin de calculer chaque différence.

a. 253 – 39 = ...   **d.** 288 – 49 = ...   **g.** 249 – 36 = ...

b. 394 – 65 = ...   **e.** 386 – 58 = ...   **h.** 273 – 57 = ...

c. 191 – 53 = ...   **f.** 162 – 45 = ...   **i.** 167 – 29 = ...

39 Décompose les soustractions suivantes afin de calculer chaque différence.

a. 145 – 29 = ...   **d.** 675 – 37 = ...   **g.** 784 – 36 = ...

b. 342 – 35 = ...   **e.** 592 – 46 = ...   **h.** 273 – 47 = ...

c. 267 – 23 = ...   **f.** 264 – 39 = ...   **i.** 281 – 47 = ...

40 Léo range ses 183 images de collection dans un album. Il en a déjà rangé 66 ; il lui en reste .... à ranger.

Déterminer l'ordre de grandeur d'une différence

41 Pour chaque soustraction, indique l'ordre de grandeur du résultat avec un multiple de 10. Observe l'exemple.

76 – 52 ➜ 80 – 50 = 30

a. 86 – 53 = ...   **d.** 82 – 47 = ...   **g.** 67 – 38 = ...

b. 98 – 32 = ...   **e.** 92 – 34 = ...   **h.** 84 – 57 = ...

c. 71 – 29 = ...   **f.** 76 – 34 = ...   **i.** 92 – 58 = ...

42 Pour chaque soustraction, indique l'ordre de grandeur du résultat avec un multiple de 10.

a. 97 – 43 = ...   **d.** 91 – 74 = ...   **g.** 58 – 39 = ...

b. 96 – 55 = ...   **e.** 49 – 27 = ...   **h.** 44 – 12 = ...

c. 83 – 22 = ...   **f.** 67 – 46 = ...   **i.** 95 – 28 = ...

43 J'ai déjà rangé 37 livres sur les 89 que je devais installer dans la bibliothèque. Il me reste environ .... livres à ranger.

44 Pour chaque soustraction, indique l'ordre de grandeur du résultat avec un multiple de 10.

a. 156 – 43 = ...   **d.** 341 – 58 = ...   **g.** 657 – 38 = ...

b. 213 – 37 = ...   **e.** 242 – 37 = ...   **h.** 733 – 46 = ...

c. 183 – 52 = ...   **f.** 264 – 83 = ...   **i.** 493 – 69 = ...

45 Pour chaque soustraction, indique l'ordre de grandeur du résultat avec un multiple de 10.

a. 768 – 89 = ...   **d.** 297 – 65 = ...   **g.** 453 – 47 = ...

b. 972 – 93 = ...   **e.** 369 – 56 = ...   **h.** 236 – 57 = ...

c. 321 – 31 = ...   **f.** 188 – 42 = ...   **i.** 723 – 58 = ...

46 Armand se sépare de sa collection de 634 disques. Il en a déjà vendu 78. Il reste environ .... disques à Armand.

Multiplier et diviser

Multiplier par 2, 3... 9

1 Calcule.

a. $3 \times 8 = ...$ **d.** $9 \times 5 = ...$ **g.** $3 \times 7 = ...$

b. $6 \times 5 = ...$ **e.** $4 \times 8 = ...$ **h.** $5 \times 2 = ...$

c. $7 \times 4 = ...$ **f.** $2 \times 9 = ...$ **i.** $9 \times 1 = ...$

2 Calcule.

a. $6 \times 4 = ...$ **d.** $2 \times 9 = ...$ **g.** $7 \times 8 = ...$

b. $3 \times 9 = ...$ **e.** $6 \times 7 = ...$ **h.** $9 \times 4 = ...$

c. $5 \times 7 = ...$ **f.** $9 \times 9 = ...$ **i.** $7 \times 7 = ...$

3 Pour chaque exercice, calcule sans poser l'opération.

a. La maîtresse a commandé 6 compas à 8 € chacun. La facture sera de .... €.

b. Mathieu a rempli 7 seaux de 9 litres. Mathieu dispose de .... litres d'eau.

c. Lors du tournoi de handball, il y avait 5 équipes de 7 joueuses. Il y avait .... joueuses en tout.

Calculer le double

4 Donne le double de chacun des nombres suivants.

a. 5   **d.** 4   **g.** 33   **j.** 37

b. 9   **e.** 6   **h.** 45   **k.** 7

c. 8   **f.** 12   **i.** 25   **l.** 20

5 Donne le double de chacun des nombres suivants.

a. 34   **d.** 93   **g.** 47   **j.** 52

b. 60   **e.** 55   **h.** 53   **k.** 50

c. 78   **f.** 84   **i.** 66   **l.** 75

6 39 enfants ont mangé à la cantine mardi. Le jeudi, c'est le double qui a mangé à la cantine. Jeudi, il y a eu .... enfants à la cantine.

7 Donne le double de chacun des nombres suivants.

a. 124   **d.** 247   **g.** 840   **j.** 274

b. 216   **e.** 352   **h.** 196   **k.** 150

c. 309   **f.** 632   **i.** 280   **l.** 510

8 Trouve dans laquelle de ces suites s'est glissée une erreur.

a. $8 - 16 - 32 - 64 - 128 - 256 - 512$

b. $12 - 24 - 48 - 96 - 192 - 384 - 768$

c. $7 - 14 - 28 - 56 - 102 - 204 - 408$

9 Titouan a couru 365 mètres. Son ami Léo en a parcouru le double. Léo a donc parcouru .... mètres.

Calculer le triple

10 Donne le triple de chacun des nombres suivants.

a. 3   **d.** 9   **g.** 36   **j.** 55

b. 8   **e.** 10   **h.** 42   **k.** 7

c. 5   **f.** 21   **i.** 29   **l.** 15

11 Donne le triple de chacun des nombres suivants.

a. 72   **d.** 133   **g.** 600   **j.** 2 220

b. 110   **e.** 307   **h.** 115   **k.** 101

c. 504   **f.** 180   **i.** 242   **l.** 230

12 Sybille a marqué 150 points. Pour battre le record, elle aurait dû marquer trois fois plus de points. Pour battre le record, Sybille devra marquer plus de .... points.

Multiplier par 10

13 Calcule sans poser l'opération.

a. $5 \times 10 = ...$ **d.** $24 \times 10 = ...$ **g.** $82 \times 10 = ...$

b. $12 \times 10 = ...$ **e.** $10 \times 37 = ...$ **h.** $20 \times 10 = ...$

c. $10 \times 7 = ...$ **f.** $55 \times 10 = ...$ **i.** $101 \times 10 = ...$

14 Une voiture pèse 985 kg. 10 voitures identiques pèsent .... kg.

15 Calcule sans poser l'opération.

a. $3,2 \times 10 = ...$

f. $0,19 \times 10 = ...$

b. $7,56 \times 10 = ...$

g. $13,08 \times 10 = ...$

c. $0,4 \times 10 = ...$

h. $5,41 \times 10 = ...$

d. $53,23 \times 10 = ...$

i. $100,45 \times 10 = ...$

e. $7,90 \times 10 = ...$

j. $32,9 \times 10 = ...$

16 Un panda mange 25,75 kg de bambous tous les jours. Pour 10 pandas, il faut prévoir .... kg de bambous.

Multiplier par 100

17 Multiplie ces nombres par 100.

a. 67   d. 908   g. 764   j. 1 032

b. 123   e. 100   h. 6 078   k. 79

c. 785   f. 370   i. 1 235   l. 214

18 100 personnes assistent à un spectacle. Elles ont acheté chacune un billet à 23 €. La recette sera de .... €.

19 Multiplie ces nombres par 100.

a. 7,4   d. 10,7   g. 98,07

b. 9,64   e. 56,78   h. 76,6

c. 0,14   f. 101,02   i. 30,9

20 Un commerçant vend 100 tee-shirts valant 13,99 € pièce. Le commerçant gagne .... €.

Multiplier par 1 000

21 Multiplie ces nombres par 1 000.

a. 7   d. 60   g. 500   j. 898

b. 21   e. 103   h. 231   k. 14

c. 49   f. 210   i. 1 020   l. 375

22 La pieuvre géante pèse 45 kg. Un cachalot pèse 1 000 fois plus. Un cachalot pèse donc .... kg.

23 Multiplie ces nombres par 1 000.

a. 2,8   d. 9,08   g. 9,5

b. 6,12   e. 13,89   h. 100,02

c. 10,7   f. 0,06   i. 56,81

24 Un restaurant achète 1 000 bouteilles de jus d'orange contenant 0,75 litres. La quantité totale de liquide est de .... litres.

Multiplier par 10, 100, 1 000

25 Calcule sans poser l'opération.

a. $11 \times 10 = ...$

f. $380 \times 10 = ...$

b. $35 \times 10 = ...$

g. $902 \times 100 = ...$

c. $100 \times 9 = ...$

h. $2\,097 \times 1\,000 = ...$

d. $13 \times 1\,000 = ...$

i. $1\,000 \times 97 = ...$

e. $1\,000 \times 20 = ...$

j. $427 \times 100 = ...$

26 Calcule sans poser l'opération.

a. $15 \times 1\,000 = ...$

f. $304 \times 10 = ...$

b. $654 \times 10 = ...$

g. $672 \times 100 = ...$

c. $100 \times 37 = ...$

h. $1\,020 \times 1\,000 = ...$

d. $201 \times 1\,000 = ...$

i. $1\,000 \times 36 = ...$

e. $1\,000 \times 98 = ...$

j. $607 \times 100 = ...$

27 Une camionette pèse 1 250 kg. 10 camionettes pèsent .... kg.

28 Calcule sans poser l'opération.

a. $7,97 \times 1\,000 = ...$

f. $12,90 \times 100 = ...$

b. $51,8 \times 10 = ...$

g. $43,01 \times 1\,000 = ...$

c. $0,67 \times 100 = ...$

h. $7,54 \times 100 = ...$

d. $10,45 \times 1\,000 = ...$

i. $10,09 \times 1\,000 = ...$

e. $9,70 \times 10 = ...$

j. $18,70 \times 1\,000 = ...$

29 Calcule sans poser l'opération.

a. $1,67 \times 100 = ...$

f. $6,08 \times 100 = ...$

b. $1,8 \times 1\,000 = ...$

g. $7,9 \times 1\,000 = ...$

c. $13,5 \times 100 = ...$

h. $10,6 \times 100 = ...$

d. $0,09 \times 1\,000 = ...$

i. $7,01 \times 100 = ...$

e. $3,67 \times 10 = ...$

j. $0,8 \times 1\,000 = ...$

30 une baguette coûte 0,85 €. 100 baguettes coûtent .... €.

Multiplier par 9

31 Calcule comme dans l'exemple.

$28 \times 9 = (28 \times 10) - 28 = 280 - 28 = 252$

a. $23 \times 9 = ...$

d. $24 \times 9 = ...$

g. $31 \times 9 = ...$

b. $14 \times 9 = ...$

e. $56 \times 9 = ...$

h. $45 \times 9 = ...$

c. $17 \times 9 = ...$

f. $79 \times 9 = ...$

i. $65 \times 9 = ...$

32 Un entraîneur de football achète 9 ballons à 45 € l'un. L'entraîneur devra payer …. €.

Multiplier par 11

33 Calcule comme dans l'exemple.

$28 \times 11 = (28 \times 10) + 28 = 280 + 28 = 308$

a. 14×11 **d.** 31×11 **g.** 55×11

b. 27×11 **e.** 19×11 **h.** 18×11

c. 26×11 **f.** 42×11 **i.** 73×11

34 Léna habite au onzième étage. Il y a 16 marches entre chaque étage. Léna doit monter …. marches pour arriver chez elle.

Multiplier par des multiples de 10

35 Calcule sans poser l'opération.

a. $6 \times 20 = ….$ **d.** $7 \times 30 = ….$ **g.** $80 \times 4 = ….$

b. $8 \times 50 = ….$ **e.** $7 \times 60 = ….$ **h.** $60 \times 9 = ….$

c. $4 \times 20 = ….$ **f.** $90 \times 3 = ….$ **i.** $30 \times 6 = ….$

36 Calcule sans poser l'opération.

a. $2 \times 90 = ….$ **d.** $8 \times 60 = ….$ **g.** $80 \times 5 = ….$

b. $7 \times 80 = ….$ **e.** $4 \times 70 = ….$ **h.** $80 \times 3 = ….$

c. $3 \times 50 = ….$ **f.** $40 \times 9 = ….$ **i.** $90 \times 6 = ….$

37 Max parcourt 30 km à vélo par jour, 5 jours par semaine. Max parcourt …. km par semaine.

38 Multiplie ces nombres par 20.

a. 35   **d.** 79   **g.** 66   **j.** 250

b. 27   **e.** 43   **h.** 110   **k.** 16

c. 87   **f.** 76   **i.** 140   **l.** 64

39 Multiplie ces nombres par 30.

a. 9   **d.** 47   **g.** 28   **j.** 126

b. 12   **e.** 44   **h.** 51   **k.** 34

c. 25   **f.** 80   **i.** 230   **l.** 76

40 Multiplie ces nombres par 40.

a. 7   **d.** 38   **g.** 120   **j.** 340

b. 15   **e.** 16   **h.** 106   **k.** 18

c. 22   **f.** 25   **i.** 280   **l.** 56

41 Un agriculteur a planté des salades sur 68 rangées de 30 mètres. En tout, cet agriculteur a planté …. mètres de salades.

Déterminer l'ordre de grandeur d'un produit

42 Indique l'ordre de grandeur de chaque produit par un multiple de 10. Aide-toi des exemples.

$34 \times 6 \rightarrow 180 \ (30 \times 6)$

$58 \times 9 \rightarrow 540 \ (60 \times 9)$

a. $37 \times 8 = ….$ **d.** $32 \times 8 = ….$ **g.** $21 \times 7 = ….$

b. $44 \times 3 = ….$ **e.** $17 \times 4 = ….$ **h.** $36 \times 5 = ….$

c. $52 \times 6 = ….$ **f.** $63 \times 9 = ….$ **i.** $78 \times 5 = ….$

43 Indique l'ordre de grandeur de chaque produit par un multiple de 10.

a. $29 \times 6 = ….$ **d.** $41 \times 6 = ….$ **g.** $89 \times 3 = ….$

b. $48 \times 8 = ….$ **e.** $37 \times 4 = ….$ **h.** $98 \times 2 = ….$

c. $52 \times 9 = ….$ **f.** $72 \times 8 = ….$ **i.** $63 \times 7 = ….$

44 Un magasin de jouets a vendu 8 consoles de jeux au prix de 89 € la console. Cette vente a rapporté environ …. € à ce magasin.

45 Indique l'ordre de grandeur de chaque produit, comme dans l'exemple.

$48 \times 32 \rightarrow 50 \times 30 = 1\,500$

a. $67 \times 21 = ….$ **d.** $57 \times 49 = ….$ **g.** $81 \times 56 = ….$

b. $49 \times 36 = ….$ **e.** $67 \times 43 = ….$ **h.** $72 \times 57 = ….$

c. $39 \times 24 = ….$ **f.** $83 \times 64 = ….$ **i.** $72 \times 64 = ….$

46 Indique l'ordre de grandeur de chaque produit, comme dans l'exemple.

$143 \times 27 \rightarrow 140 \times 30 = 4\,200$

a. $167 \times 32 = ….$ **d.** $231 \times 48 = ….$ **g.** $378 \times 51 = ….$

b. $136 \times 34 = ….$ **e.** $201 \times 46 = ….$ **h.** $456 \times 31 = ….$

c. $109 \times 29 = ….$ **f.** $289 \times 38 = ….$ **i.** $242 \times 67 = ….$

47 Un apiculteur possède 124 ruches qui produisent chacune 37 kg de miel. Il pourra récolter environ …. kg de miel.

Diviser par 2, 3... 9 (quotient entier)

48 **Calcule sans poser l'opération.**

a. 24 : 6 = ...

b. 72 : 8 = ...

c. 45 : 9 = ...

d. 49 : 7 = ...

e. 21 : 7 = ...

f. 40 : 5 = ...

g. 24 : 8 = ...

h. 27 : 9 = ...

i. 16 : 2 = ...

j. 32 : 4 = ...

49 Les 54 joueurs de basket sont répartis en 9 équipes. Chaque équipe est composée de .... joueurs.

50 **Calcule sans poser l'opération.**

a. 26 : 3 = ..., reste ....

b. 68 : 9 = ..., reste ....

c. 51 : 8 = ..., reste ....

d. 43 : 7 = ..., reste ....

e. 33 : 7 = ..., reste ....

f. 52 : 8 = ..., reste ....

g. 22 : 4 = ..., reste ....

h. 31 : 4 = ..., reste ....

i. 37 : 6 = ..., reste ....

j. 46 : 7 = ..., reste ....

51 Mme Louise range ses 80 œufs dans des boîtes de 6.

Combien pourra-t-elle remplir de boîtes ?
Combien restera-t-il d'œufs ?

Diviser par 10

52 **Calcule sans poser l'opération.**

a. 30 : 10 = ...

b. 170 : 10 = ...

c. 940 : 10 = ...

d. 600 : 10 = ...

e. 720 : 10 = ...

f. 2 580 : 10 = ...

g. 1 020 : 10 = ...

h. 5 300 : 10 = ...

i. 1 600 : 10 = ...

j. 1 500 : 10 = ...

53 **Calcule sans poser l'opération.**

a. 16 : 10 = ...

b. 30 : 10 = ...

c. 96 : 10 = ...

d. 387 : 10 = ...

e. 564 : 10 = ...

f. 2 459 : 10 = ...

g. 1 230 : 10 = ...

h. 3 560 : 10 = ...

i. 6 753 : 10 = ...

j. 24 568 : 10 = ...

54 Un maraîcher a récolté 650 kg de pommes de terre qu'il compte vendre en sacs de 10 kg. Le maraîcher pourra faire .... sacs de pommes de terre.

Diviser par 100

55 **Calcule sans poser l'opération.**

a. 600 : 100 = ...

b. 4 300 : 100 = ...

c. 1 200 : 100 = ...

d. 5 900 : 100 = ...

e. 3 800 : 100 = ...

f. 1 000 : 100 = ...

g. 21 300 : 100 = ...

h. 19 500 : 100 = ...

i. 10 000 : 100 = ...

j. 14 500 : 100 = ...

56 **Calcule sans poser l'opération.**

a. 9 : 100 = ...

b. 16 : 100 = ...

c. 75 : 100 = ...

d. 134 : 100 = ...

e. 750 : 100 = ...

f. 345 : 100 = ...

g. 1 908 : 100 = ...

h. 3 452 : 100 = ...

i. 1 080 : 100 = ...

j. 13 425 : 100 = ...

57 Un fabricant de chocolats emballe 26 700 galets de chocolat dans des sachets pouvant en contenir 100. Il aura .... sachets de 100 chocolats.

Calculer la moitié

58 **Indique la moitié de chacun des nombres suivants.**

a. 32

b. 50

c. 78

d. 600

e. 290

f. 112

g. 180

h. 140

i. 300

j. 150

k. 18

l. 100

59 **Indique la moitié de chacun des nombres suivants.**

a. 980

b. 850

c. 616

d. 3 060

e. 8 246

f. 1 080

g. 1 690

h. 3 000

i. 1 600

j. 4 444

k. 400

l. 2 200

60 Un réfrigérateur vendu habituellement 890 € est soldé à moitié prix. Il coûte donc maintenant .... €.

PROBLÈMES

Cherchons ensemble

Un cycliste se rend de Montmorillon à Gençay en passant par Lussac-les-Châteaux.

a. Que manque-t-il dans cet énoncé de problème ?

b. Quelle question pourrais-tu poser qui nécessiterait un calcul pour y répondre ?

c. Réponds à la question.

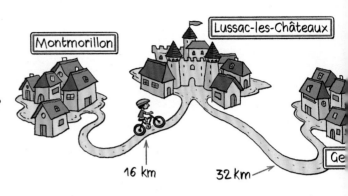

Montmorillon   Lussac-les-Châteaux   Ge

16 km   32 km

Je retiens

→ **Les informations contenues dans un énoncé de problème permettent de trouver la ou les questions auxquelles on peut répondre.**

→ La question d'un problème doit amener à **faire un calcul à partir des données qui sont fournies**.
Pour un même énoncé, **plusieurs questions** peuvent-être posées.
Exemple : Solène achète un sac à 18 € et une écharpe à 14 €.
Les données de ce problème sont en euros : on va donc certainement chercher une somme en euros.

- **Combien coûte le sac ?** → La réponse se trouve directement dans l'énoncé (18 €) : il n'y a pas besoin de faire de calcul.

- **Combien lui reste-t-il d'argent ?** → Les données de l'énoncé ne permettent pas d'y répondre. Il faudrait connaître la somme d'argent dont elle dispose pour faire ses achats.

- **Combien a-t-elle dépensé en tout ?** → C'est une question à laquelle on peut répondre en faisant des calculs grâce aux données du problème. 18 + 14 = 32. Elle a dépensé 32 €.

- **Quelle est la différence de prix entre le sac et l'écharpe ?** → C'est aussi une question à laquelle on peut répondre grâce aux données du problème. 18 − 14 = 4. La différence de prix entre le sac et l'écharpe est de 4 €.

J'applique

Pour chacun des énoncés suivants, trouve la question à poser qui amène à faire un calcul.

1 ✳ Enzo a acheté 5 baguettes pour 3 € et 2 croissants à 1 € pièce.

a. Quel est le montant de la dépense d'Enzo ?

b. Combien la boulangère lui rend-elle d'argent ?

c. Combien coûte 1 croissant ?

2 ✳ M. Henri a parcouru 156 km sur les 325 km qu'il a à faire.

a. À quelle heure M. Henri arrivera-t-il ?

b. Quelle distance lui reste-t-il à parcourir ?

c. Quelle distance a-t-il déjà parcourue ?

3 ✳ Elsa a rempli son aquarium de 10 litres avec une bouteille de 1 litre.

a. Quelle quantité d'eau peut-elle mettre dans sa bouteille ?

b. Combien de fois devra-t-elle remplir sa bouteille de 1 litre pour que l'aquarium soit plein ?

c. Quelle est la contenance de son aquarium ?

4 ✳ Dans la classe de Mattéo, il y a 15 garçons et 11 filles.

a. Combien y a-t-il de garçons ?

b. Combien d'élèves y a-t-il en tout ?

c. Quel âge a Mattéo ?

Je m'entraîne

Pour chacun des énoncés suivants, trouve la question à poser. Résous ensuite les problèmes. Tu peux t'aider de ta calculatrice.

5 ✻ Une tablette qui valait 239 € la semaine dernière vaut aujourd'hui 39 € de moins.

6 ✻ « Les glaces valent 3 € l'une, dit le glacier. – J'en voudrais pour toute la famille, s'il vous plaît. »

7 ✻ Louison a acheté 8 pains au chocolat pour un prix total de 10 €.

8 ✻

OUVERTURE DE LA BIBLIOTHÈQUE — Matin / Après-midi

9 ✻ Le mont McKinley, le plus haut sommet d'Amérique du Nord, mesure 6 193 m. L'Aconcagua, le plus haut sommet d'Amérique du Sud, mesure 6 959 m.

10 ✻

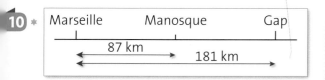

Marseille — Manosque — Gap
87 km
181 km

11 ✻ Entre 18 h et 20 h, un livreur de pizzas a livré 32 pizzas en 8 voyages.

12 ✻ « Il me manque 30 points pour égaler le record d'Arthur ! » dit Thomas.

65378 POINTS !

13 ✻ Arnaud a acheté un short à 16 € et une chemise, taille 38, à 37 €.

14 ✻

2.000 g

15 ✻ Un livreur a chargé 38 colis dans sa camionnette. Il en dépose 9 lors de son 1er arrêt, repart pour 15 km, puis en dépose 11 lors du 2e arrêt et 11 également lors du 3e arrêt. Enfin, à 16 h, il dépose le reste de ses colis chez son dernier client.

16 ✻ École Malraux : 140 élèves.

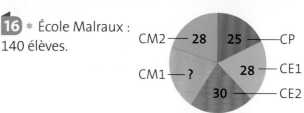

CM2 — 28 | 25 — CP
CM1 — ? | 28 — CE1
30 — CE2

Pour les énoncés suivants, trouve plusieurs questions à poser.

17 ✤ En 2012, le groupe Renault-Dacia a produit 2 738 591 véhicules et le groupe PSA (Peugeot-Citroën) 2 911 407 véhicules.

18 ✤ Mourad disposait de 150 €. Il s'est d'abord acheté un ballon. Il souhaiterait maintenant s'offrir une raquette de tennis.

89 €
79 €

19 ✤ Pendant une braderie, Léa a vendu sa console de jeux au prix de 25 € et huit jeux au prix unitaire de 4 €. Elle souhaite racheter une nouvelle console valant 129 €.

20 ✤ À la papeterie, Émilie achète un livre à 12 € et 3 stylos à 2 € pièce. Elle paie avec un billet de 20 €.

21 ✤ La société Sportline prépare cette facture pour un de ses clients.

SPORTLINE

FACTURE

Article	Prix unitaire	Quantité	Prix total
maillot	15 €	12	.... €
short	.... €	12	60 €
ballon	12 €	....	96 €
Soit à régler TTC			....

22 ✤ Une agence de voyages propose un séjour en Australie à 2 185 € par personne. M. et Mme Paul et leurs deux enfants ont déjà réglé 3 796 €, puis 2 549 €.

23 ✤ Lors d'un recensement, on a compté 21 872 personnes à Dijon et 13 662 de plus à Auxerre.

2 Construire un énoncé

Compétence : Savoir organiser les données d'un problème en vue de sa résolution.

Calcul mental : Ajouter un nombre à un chiffre à un nombre à deux ou trois chiffres (avec retenue), ex. 9 à 11 p. 147.

Cherchons ensemble

Julia a découpé et mélangé les phrases de ce problème.

Ⓐ *Elle prend cinq petits-déjeuners à 13 € l'un.*

Ⓑ *Sur le chemin des vacances, la famille Boulicaut dort une nuit à l'hôtel.*

Ⓒ *Quelle est la dépense totale ?*

Ⓓ *Elle loue une chambre à 129 € pour les parents et une chambre à 25 € de moins pour les trois enfants.*

a. Remets les phrases dans l'ordre pour obtenir un énoncé de problème.

b. Comment as-tu trouvé la première phrase ?

c. Comment as-tu trouvé la dernière phrase ?

d. Résous le problème.

Je retiens

→ Un énoncé de problème se compose de **phrases** et/ou de **dessins** qui présentent la **situation** du problème avec les **données** nécessaires pour le résoudre.

Généralement, l'énoncé se termine par **une ou plusieurs questions**.

Exemple : Rebecca veut s'acheter un paquet de gâteaux. Elle possède 2 €. Combien lui manque-t-il ?

• Certains éléments renseignent sur le contexte et aident à comprendre la situation : qui fait quoi ?
Rebecca veut s'acheter un paquet de gâteaux.

• D'autres éléments sont des données chiffrées suivies en général d'une unité.
Dans le texte : Rebecca a 2 €. Dans l'illustration : le paquet de gâteaux coûte 3 €.

• La question amène a faire un calcul à partir des données chiffrées du problème.
Combien lui manque-t-il ?

J'applique

Pour les exercices suivants, indique l'ordre dans lequel les phrases doivent être écrites pour obtenir un énoncé de problème.

1 ＊ **a.** Il transporte aussi 35 bidons de 10 litres contenant du jus d'ananas.

b. Quelle quantité de jus de fruits sera livrée ?

c. Son camion transporte 12 tonneaux contenant chacun 100 litres de jus d'orange.

d. Un fabricant de jus de fruits veut livrer sa production.

2 ＊ **a.** Au cours de l'année, il a parcouru 24 345 km pour son travail et 2 346 km pour ses loisirs.

b. Quel nombre lit-on sur le compteur de la voiture à la fin de l'année ?

c. M. Mathieu possède une voiture.

d. Au début de l'année, le compteur de la voiture indiquait 35 467 km.

Je m'entraîne

Pour les exercices suivants, indique l'ordre dans lequel les phrases doivent être écrites pour obtenir un énoncé de problème. Résous ensuite les problèmes.

3 * **a.** Le deuxième jour, elle installe 39 mètres de moins que le premier jour.

b. Une entreprise doit effectuer la mise en place d'une conduite d'eau de 1 575 mètres en 3 jours.

c. Quelle longueur de conduite d'eau devra être installée le troisième jour ?

d. Le premier jour, elle pose 572 mètres.

4 ⁑ **a.** Quelle est la dépense effectuée par cette école pour ce séjour ?

b. La durée du séjour est de 15 jours.

c. Une école de Marseille envoie 80 enfants en classe de neige à Orcières-Merlette.

d. Le transport en autobus des élèves coûte 1 250 €.

e. Le prix de la journée est de 39 € par jour et par élève.

5 ⁑ **Les énoncés de ces deux problèmes ont été découpés et mélangés. Trie-les et remets-les dans l'ordre. Résous ensuite les deux problèmes.**

a. Un rouleau coûte 79 €.

b. Il a eu également besoin de 3 prises pour 38 €,

c. M. Martin achète 4 rouleaux de 25 m de grillage.

d. Pour une installation électrique,

e. Quelle longueur de grillage restera-t-il ?

f. et de 73 € de fournitures électriques.

g. À combien lui revient toute l'installation électrique ?

h. Pour clôturer un jardin carré de 9 m de côté,

i. Que va payer M. Martin ?

j. un électricien a utilisé 46 m de fil à 3 € le mètre.

6 ⁑ **Voici le début d'un énoncé de problème.**

> Le responsable d'un club de football dispose d'un budget de 700 €. Il achète...

Arthur a fait les calculs suivants permettant de résoudre le problème.

- $49 \times 10 = 490$
- $700 - 579 = 121$
- $490 + 89 = 579$

Parmi les trois suites proposées, retrouve les deux qui conviennent. Explique pourquoi la troisième ne convient pas.

a. dix ballons à 49 € et un ensemble de deux cages de but à 89 €.

b. un haut-parleur à 49 € et dix tenues complètes à 89 € l'une.

c. 49 shorts à 10 € l'unité et un tableau de marquage à 89 €.

Utilise chaque dessin pour construire un énoncé de problème. Résous ensuite les problèmes.

7 *

SPORT LINE	
ballon	49 €
chaussures	146 €
short	..... €
Total	211 €

8 ⁑

> Nous sommes 2 adultes, 1 jeune de 15 ans et 2 enfants de 5 et 9 ans et 1 bébé.

Tarifs	Adulte	Jeune 12-24 ans	Enfant 4-11 ans
ascenseur	9 €	7 €	4 €
escalier	5 €	4 €	3 €

Les enfants de moins de 4 ans sont les invités de la tour Eiffel !

Invente, à chaque fois, un problème dont la solution est donnée par les calculs ou les suites de calculs suivants.

9 * $259 + 326 = 685$

10 * $4\,809 - 2\,453 = 2\,356$

11 ⁑ $62 + 127 = 189$ $200 - 189 = 11$

12 ⁑ $15 \times 16 = 240$ $27 \times 6 = 162$
$240 + 162 = 402$

3) Représenter un énoncé

Compétence : Savoir organiser les données d'un problème en vue de sa résolution.
Calcul mental : Retrancher 18, 28...,
Retrancher 19, 29..., ex. 19 à 23 p. 151.

Cherchons ensemble

Antoine a acheté trois objets :
un jeu vidéo à 39 €, un livre à 12 €
et un CD. Il a payé 69 € au total.
Quel est le prix du CD ?

a. Indique sur le schéma **A** où il faut placer les mots suivants :
prix total – prix du CD – prix du livre – prix du jeu
b. Indique sur ce même schéma **A** les prix correspondants.
c. Calcule le prix du jeu et du livre, puis complète le schéma **B**.
d. Calcule le prix du CD.

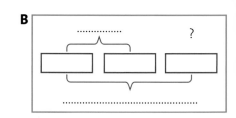

Je retiens

→ **Pour résoudre un problème**, on peut s'aider d'un **croquis**, d'un **schéma** ou d'un **tableau**.
Ces différentes représentations peuvent permettre de mieux comprendre la situation
et, ainsi, faire les bons calculs pour trouver la solution.

→ **un segment gradué pour représenter une durée**

Exemple :

Le train part à 13 et arrrive à 16 h 15.
Combien de temps dure le trajet ?

$$20 \text{ min} + 1 \text{ h} + 14 \text{ min}$$
$$13 \text{ h} \longrightarrow 14 \text{ h} \longrightarrow 15 \text{ h} \longrightarrow 16 \text{ h } 15$$

→ **un tableau pour ranger des informations**

Exemple :

35 élèves de CE2 et 25 élèves
de CM1 mangent à la cantine
le lundi. Le mardi, 12 élèves
de CM1 et 9 élèves de CE2
mangent à la cantine.
Combien d'élèves mangent
à la cantine le lundi ? le mardi ?

	CE2	CM1	Total
lundi	35	25	
mardi	9	12	

→ **un schéma pour représenter une situation**

Exemple :

Sarah partage un gâteau
en 8 morceaux égaux. Elle en
donne un à tous ses invités
et en prend un. Il reste alors
3 morceaux. Combien y a-t-il
d'invités ?

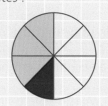

J'applique

1 ＊ **Parmi les trois schémas ci-contre, lequel peut t'aider à résoudre ce problème ?**

M. Leclerc part de Paris pour aller jusqu'à Marseille. Il fait 375 km le premier jour, 219 km le deuxième jour. Sachant qu'il y a 775 km entre Paris et Marseille, combien de kilomètres parcourt-il le troisième jour ?

A

B

C

2 ＊ Le film commence à 21 h et se termine à 23 h 25.

Quelle est la durée du film ?

Reproduis et complète ce schéma.

	....		....	
21 h	⟶	23 h	⟶	23 h 25

3 ⁑ Au centre de loisirs, les enfants ont le choix entre trois activités : cirque, peinture et cuisine.

Dans le groupe des grands, 12 enfants veulent faire du cirque, 8 de la cuisine et 5 de la peinture.

Dans le groupe des moyens, 5 enfants veulent faire de la cuisine, 11 de la peinture et 6 du cirque.

Dans le groupe des petits, 9 enfants veulent faire du cirque et 12 de la peinture.

a. Combien y a-t-il d'enfants par groupe ?

b. Combien y a-t-il d'enfants pour chaque activité ?
Pour répondre à ces deux questions, reproduis ce tableau et complète-le.

Groupe	Cirque	Peinture	Cuisine	Total
grands				
moyens				
petits				
Total				

4 ⁑ Pour habiller sa poupée, Cindy a le choix entre un short ou une jupe pour le bas, un pull ou un manteau pour le haut, et une casquette ou un chapeau pour la tête. Combien de tenues différentes peut-elle composer ?

Reproduis et complète ce schéma pour répondre à la question.

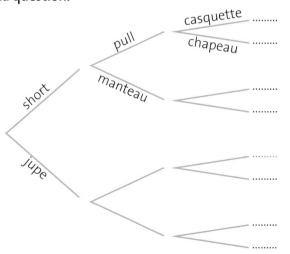

Pour résoudre les problèmes suivants, aide-toi d'un schéma, d'un croquis ou d'un tableau.

5 ⁑ L'Orient-Express est un train de luxe qui relie Paris à Venise.

Le 20 octobre, le train part de Paris à 22 h et arrive à Venise le lendemain à 17 h 56.

Quelle est la durée de ce voyage ?

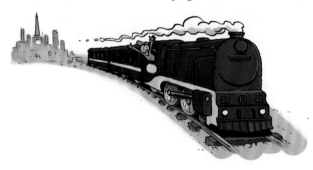

6 ⁑ La famille François part en vacances en Bretagne. Elle a 784 km à parcourir et a décidé de faire plusieurs étapes :

- 1ʳᵉ étape : 375 km
- 2ᵉ étape : 198 km
- 3ᵉ étape : ?

Quelle est la distance de la 3ᵉ étape ?

7 ⁑ Léa doit choisir parmi ces plats pour composer son menu avec une entrée, un plat et un dessert.

a. Combien de menus différents peut-elle composer ?

b. Combien chaque menu coûte-t-il ?

MENU

Salade   3 €
                ou
Charcuterie   5 €

Steak-frites   8 €
                ou
Poisson   9 €

Mousse au chocolat   3 €
                ou
Salade de fruits   4 €

8 ⁑ Une directrice d'école commande 9 paquets de 50 cahiers de dessin, 6 paquets de 20 cahiers de travaux pratiques grand format, 8 paquets de 35 cahiers de travaux pratiques petit format, 15 paquets de 30 cahiers de brouillon, 12 paquets de 12 cahiers grand format, 13 paquets de 25 cahiers à petits carreaux et 16 paquets de 50 cahiers d'écriture.

Combien a-t-elle commandé de cahiers en tout ?

4 Trouver l'opération

Compétence : Savoir organiser les données d'un problème en vue de sa résolution.
Calcul mental : Ajouter deux nombres à deux chiffres, ex. 21 à 23 p. 148.

Cherchons ensemble

Pour repeindre son appartement, Mme Baron achète 5 pots de peinture de 2,5 litres.
Chaque pot est vendu 58 € et pèse 3 kg.

A. Combien a-t-elle dépensé ?

a. Quelle opération dois-tu faire pour répondre à la question ?

58 : 3	58 + 2,5
58 × 5	58 − 5

b. Réponds à la question **A** du problème.

B. Mme Baron s'était fixé un budget de 300 € pour ses travaux. Quelle somme lui reste-t-il ?

c. Quelle opération dois-tu faire pour répondre à la question ?

addition	soustraction
multiplication	division

d. Réponds à la question **B** du problème.

Je retiens

→ **Pour résoudre un problème, il faut faire une ou plusieurs opérations.**
- Pour calculer une **somme**, on effectue une **addition**.
- Pour calculer une **différence**, **un écart**, on effectue une **soustraction**.
- Pour **additionner plusieurs fois la même valeur**, on effectue une **multiplication**.
- Pour faire un **partage** en parts égales, on effectue une **division**.

→ **Attention !** Certains mots peuvent te renseigner sur l'opération à effectuer, mais ce sont quelquefois de faux amis !
- Les mots *total*, *somme*, *augmenter*, *en tout*... peuvent indiquer une addition.
- Les mots *baisse*, *différence*, *retirer*, *enlever*, *rester*... peuvent indiquer une soustraction.
- Les mots *double*, *triple*, *fois*... peuvent indiquer une multiplication.
- Les mots *équitablement*, *répartir*, *partager*, *part*... peuvent indiquer une division.
- Mais « ... *de plus que*... » n'indique pas forcément une addition et « ... *de moins que*... » n'indique pas forcément une soustraction.

Exemple : Antoine a 8 ans. Il a 2 ans **de plus que** Yasmine. Quel est l'âge de Yasmine ?
Si Antoine a 2 ans de plus, Yasmine en a 2 de moins.... donc 6 ! (8 − 2 et non pas 8 + 2.)

J'applique

Pour chacun des énoncés suivants, choisis la bonne opération.

1 ＊ Le marchand de journaux a vendu 123 magazines le matin et 54 l'après-midi.
Combien a-t-il vendu de magazines dans la journée ?

123 × 54	123 : 54	123 − 54	123 + 54

2 ＊ Louisa a commencé hier un livre de 434 pages qui a coûté 23 €. Ce matin, elle a déjà lu 98 pages.
Combien de pages lui reste-t-il à lire ?

434 + 98	434 − 23	434 − 98

Pour chacun des énoncés suivants, écris l'opération qui te permettra de répondre à la question posée.

3 ＊ Louisa achète une robe à 39 € et une veste à 57 €. Quelle somme va-t-elle devoir payer en tout ?

4 ＊ Un plombier commande 26 robinets au prix unitaire de 69 €. Combien devra-t-il payer en tout ?

5 ＊ L'école de Mathias compte 252 élèves répartis en 9 classes. Combien y a-t-il d'élèves par classe ?

Je m'entraîne

Pour chacun des énoncés suivants, écris l'opération qui te permettra de répondre à la question posée. Résous ensuite les problèmes. Tu peux t'aider de ta calculatrice.

6 ✶ Ce livre, affiché à 23 €, est vendu 2 € moins cher dans un autre magasin.
Quel est son prix dans cet autre magasin ?

7 ✶ Laurent se rend en Espagne en voiture. Il a déjà parcouru 267 km. Il lui en reste exactement autant à parcourir.
Quelle distance parcourra-t-il au total ?

8 ✶ La famille Riffault prend l'avion à Londres à 9 h pour se rendre à Phoenix aux États-Unis. La durée du vol est de 10 h 20 min. À quelle heure l'avion doit-il se poser à Phoenix ?

9 ✢ Tony a 16 ans. Il a 4 ans de plus que sa sœur Julie. Quel est l'âge de Julie ?

10 ✶ Fabien se rend de Montpellier à Bordeaux, villes distantes l'une de l'autre de 485 km. Un pneu crève alors qu'il a parcouru 156 km.
Quelle distance lui restera-t-il à parcourir après avoir réparé sa roue ?

11 ✶ Une pendule de forme carrée a un périmètre de 132 cm. Quelle est la mesure de son côté ?

12 ✶ Samedi, 21 872 personnes ont assisté au concert. Le dimanche, il y en avait 13 662 de plus.
Combien y avait-il de spectateurs le dimanche ?

13 ✶ Pour faire l'aller-retour à vélo entre sa maison et celle de sa tante Lucie, Valentin a parcouru 9 km.
Quelle est la distance qui sépare la maison de Valentin de celle de sa tante ?

14 ✶ Mme Martinet vient de remplir le réservoir de sa voiture avec 45 litres de carburant affiché à 1,50 € le litre.
Combien va-t-elle devoir payer ?

Attention, pour les énoncés suivants, il y a plusieurs opérations à poser.

15 ✢ Victoria achète 10 croissants avec un billet de 20 €.
Combien la boulangère doit-elle lui rendre ?

0,95 €

16 ✢ Une famille de quatre personnes a passé 5 jours en pension complète à l'hôtel et a payé 720 €.
Quel était le prix de la pension par personne et par jour ?

17 ✢ Simon achète un service de table composé de 12 assiettes plates, 12 assiettes creuses et 12 petites assiettes pour 180 €. Les assiettes sont toutes au même prix.
Quel est le prix d'une assiette ?

18 ✢ Un autobus dispose de 40 places assises et de 30 places debout. 27 personnes montent au premier arrêt. Au deuxième arrêt, il monte 9 personnes de moins qu'au premier.
Combien de personnes peuvent encore monter dans cet autobus ?

19 ✢ Louis achète un caméscope à 599 € avec deux cartes mémoire de 32 GB à 56 € l'une. S'il ne souhaite pas dépenser plus de 850 €, peut-il acheter aussi un trépied télescopique à 129 € ?

20 ✢ Un fabricant de salons produit chaque mois 140 canapés et 300 fauteuils. Au mois de juin, il a vendu 187 meubles en France et 95 à l'étranger.
Quel est le nombre de meubles invendus au cours de ce mois ?

21 ✢ Un chocolatier expédie 192 boîtes de chocolats en caisses de 24 boîtes. Chaque boîte coûte 18 €.
a. Combien de caisses expédie-t-il ?
b. Quelle sera la recette de ce chocolatier ?

22 ✢ Martin achète sa voiture à crédit. Il verse 2 809 € à la commande, 3 910 € à la livraison et il paie le reste en 24 mensualités de 289 € chacune.
Combien coûte la voiture ?

5 Lire et construire un tableau

Compétences : Construire et interpréter un tableau.
Calcul mental : Multiplier par 10, Multiplier par 100, ex. 13 à 20 p. 153-154.

Cherchons ensemble

L'équipe de handball d'Allauch a disputé plusieurs matchs ces derniers mois. Voici les résultats.

a. Contre quelle équipe le club d'Allauch a-t-il marqué le plus de buts ?

b. Que s'est-il passé le 5 octobre ?

c. Recopie le tableau et ajoute ces informations :

* Le 26 octobre, l'équipe a perdu 22-23 contre Nîmes.
* Le 02/11, l'équipe a gagné 23-16 contre Toulon.

d. Combien de buts l'équipe d'Allauch a-t-elle marqués au mois d'octobre ?

Résultats des matchs de handball de l'équipe d'Allauch			
Date	Adversaire	Buts marqués par Allauch	Buts marqués par l'adversaire
14/09	Bouillargue	22	21
28/09	Bel-Air	23	21
05/10	Cannes	18	18
19/10	Nice	26	24

Je retiens

→ **Un tableau permet de mieux organiser l'information lorsque l'on dispose d'une série de données ou de résultats.**

→ Pour lire un tableau, il faut croiser les informations données par les lignes et les colonnes.

Exemple : Nombre de places vendues au cinéma le lundi.

Horaire	Salle 1	Salle 2	Salle 3
15 h	127	273	139
18 h	89	198	168

Pour savoir combien de billets ont été vendus dans la salle 2 pour la séance de 18 h, je cherche la colonne « Salle 2 » et la ligne « 18 h ». La réponse se trouve dans la case du tableau où se croisent la colonne et la ligne. 198 billets ont été vendus dans la salle 2 pour la séance de 18 h.

→ **Pour construire un tableau, il faut :**

* regrouper les informations de même nature que l'on veut mettre en ligne et en colonne ;
* définir le nombre de lignes et de colonnes ;
* tracer le tableau en utilisant la règle ;
* remplir les cases avec les différentes informations ;
* ne pas oublier de donner un titre au tableau.

Exemple : Un producteur de fruits a récolté :
– le 3 juin, 25 kg de fraises et 4 kg de mûres ;
– le 4 juin, 19 kg de fraises et 5 kg de mûres ;
– le 5 juin, 33 kg de fraises et 3 kg de mûres.
Les informations de même nature sont :
les dates (colonne), le poids de fruits (ligne).
Titre du tableau : Récolte des fruits du 3 au 5 juin.

	3 juin	4 juin	5 juin
Fraises (kg)	25	19	33
Mûres (kg)	4	5	3

J'applique

1 * **Observe ce tableau et réponds aux questions.**

a. Combien de DVD ont été vendus le mardi dans le magasin A ?

Nombre de DVD vendus			
	Lundi	Mardi	Jeudi
Magasin A	56	53	98
Magasin B	39	74	107

b. Combien le magasin B a-t-il vendu de DVD pendant ces trois jours ?

Organise les données des énoncés suivants dans un tableau.

2 * Au zoo, les soigneurs ont donné 20 kg de pousses de bambous au panda le lundi, 18 kg le mardi, 22 kg le mercredi et 19 kg le jeudi et le vendredi.

3 * Le pâtissier a vendu 36 macarons et 25 cookies le vendredi, 75 cookies et 56 macarons le samedi et 110 macarons le dimanche.

Je m'entraîne

Lire un tableau

4 ＊ **Observe ce tableau et réponds aux questions.**

Équipement / Destination	Hôtel	Appartement	Mobile home	Parking gratuit	Restaurant	Supermarché	Piscine	Tennis	Équipements pour animaux
Hossegor	×	×	×	×	×		×		
Île de Ré		×		×		×			×
Propriano		×	×	×		×		×	×
Grasse	×				×				×

Équipements des clubs « Belles Vacances »

a. Quels clubs de vacances offrent le plus d'équipements ?

b. Combien de clubs sont équipés d'un restaurant ? d'un court de tennis ?

c. La famille Alaoui souhaite emmener son chien Cookie en vacances.
Dans quels établissements peut-elle se rendre ?

d. Trouve deux autres questions à poser.

5 ＊ **Observe ce tableau et réponds aux questions.**

Période / Formule	Du 16/06 au 15/07	Du 16/07 au 15/08	Du 16/08 au 15/09
demi-pension	159	309	258
pension complète	256	412	324
forfait équitation	94	128	115

Cabanes dans les arbres, tarifs en euros par personne et par semaine

enfants de moins de 6 ans : gratuit

a. La famille Joli, composée de deux adultes et d'un enfant de 12 ans, souhaite partir une semaine début juillet en pension complète. Quel est le coût de leur séjour ?

b. La famille Rimbaud, composée de deux adultes et de trois enfants âgés de 4 ans, 6 ans et 8 ans, souhaite partir début août pour deux semaines en demi-pension. Quel est le coût de leur séjour ?

Construire un tableau

6 ＊ À l'école Ronsard, 78 élèves sont allés courir au stade le lundi après-midi, 59 élèves y sont allés le mardi, 96 le jeudi et 84 le vendredi.
Organise ces données dans un tableau.

7 ＊ Suite à la visite médicale, l'infirmière de l'école a noté dans son carnet les informations suivantes.

- Théo : 28 kg, 126 cm
- Mina : 31 kg, 130 cm
- Fabien : 129 cm, 26 kg
- Tom : 36 kg, 136 cm
- Loïs : 137 cm, 35 kg
- Aude : 26 kg, 125 cm
- Moundir : 34 kg, 135 cm
- Zoé : 29 kg, 128 cm

a. Reporte tous ces renseignements dans un tableau.

b. Trouve deux questions à poser.

8 ＊ Lors de l'élection municipale de 2013, on a relevé, dans une commune comptant trois bureaux de vote, les résultats suivants :
- 1er bureau : 956 inscrits – 712 votants – M. Louis 192 voix – Mme Laurent 520 voix
- 2e bureau : 687 inscrits – 509 votants – M. Louis 378 voix – Mme Laurent 131 voix
- 3e bureau : 814 inscrits – 674 votants – M. Louis 354 voix – Mme Laurent 320 voix

Organise toutes ces données dans un tableau, puis réponds aux questions suivantes.

a. Quel est le nombre de votants de cette commune ?

b. Combien de voix chacun des deux candidats a-t-il obtenues ?

c. Qui va devenir maire de la commune ?

d. Combien de personnes n'ont pas voté ?

6 Lire et construire un graphique

Compétences : Construire et interpréter un graphique.
Calcul mental : Multiplier par 1 000.
Multiplier par 10, 100, 1 000, ex. 21 à 30 p. 154.

Cherchons ensemble

La bibliothécaire fait un graphique pour savoir quelles sont les catégories de livres les plus empruntées sur un mois. Observe le graphique, puis réponds aux questions.

a. Combien d'albums ont été empruntés ?

b. Combien de revues ont été empruntées ?

c. Quelle catégorie de livres est la plus empruntée ?

d. Calcule le nombre total d'emprunts du mois de mars.

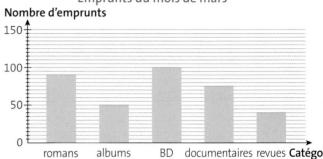

Emprunts du mois de mars

Je retiens

→ **La présentation de données sous forme d'un graphique permet de trouver rapidement un renseignement.**

• **Le graphique en courbe**

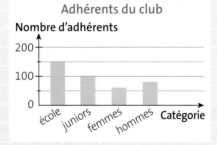

Adhérents du club

Exemple : En 2012, il y avait 600 adhérents.

• **Le graphique en bâtons**

Adhérents du club

Exemple : Il y a 100 inscrits dans la catégorie juniors.

• **Le graphique circulaire**

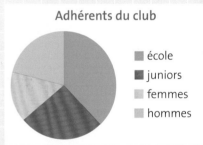

Adhérents du club

Exemple : C'est dans la catégorie « école » qu'il y a le plus d'inscrits.

→ **Pour construire un graphique, il faut partir d'un tableau de données.**

Exemple : Les élèves qui déjeunent à la cantine.

Jour	lundi	mardi	jeudi	vendredi
Nombre d'élèves	33	36	28	29

• On trace deux axes gradués : un axe vertical (nombre d'élèves) et un axe horizontal (jours) qui correspondent aux deux types de données du tableau.
• On place les points qui correspondent aux données du tableau.
• On trace les barres ou on relie les points si c'est une courbe.
• On donne un titre au graphique : Élèves qui mangent à la cantine.

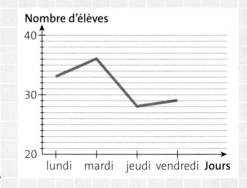

J'applique

1 ✱ **Observe ce graphique, puis réponds aux questions.**

Quantité de pluie en mm

a. Quelle quantité de pluie est-il tombé le mardi ?

b. Quelle quantité de pluie est-il tombé le vendredi ?

c. Quel est le jour où il y a eu le plus de pluie ?

d. Quelle est la quantité de pluie tombée en cinq jours ?

Lire un graphique

2 * **Observe ce graphique et réponds aux questions.**

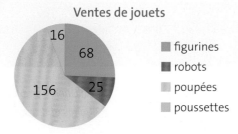

Ventes de jouets

- figurines
- robots
- poupées
- poussettes

a. Quel est le type de jouets le plus vendu ?

b. Quel est le type de jouets le moins vendu ?

c. Combien de jouets ce magasin a-t-il vendus ?

3 ⁘ **Observe ce graphique et réponds aux questions.**

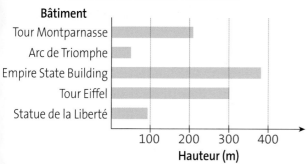

Hauteurs de certains bâtiments

Hauteur (m)

a. Quel bâtiment est le plus haut ?

b. Quel bâtiment est le plus petit ?

c. Quels bâtiments font plus de 200 m de haut ?

4 ⁘ **Observe ce graphique et réponds aux questions.**

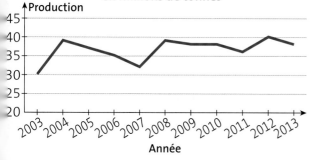

Évolution de la production de blé en France en millions de tonnes

a. En quelle année la production de blé a-t-elle été la plus forte ?

b. Que peux-tu dire des productions des années 2004 et 2008 ?

c. Quelle est la différence entre la plus forte production et la plus faible ?

Construire un graphique

5 * **Reproduis les axes ci-dessous, puis complète la courbe de croissance de Juliette.**

Âge	0	1	2	3	4	5	6	7	8	9
Poids en kg	3	8	11	13	15	18	20	23	25	27

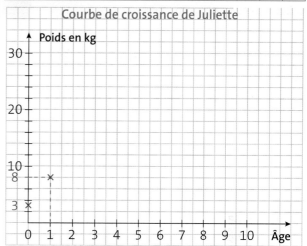

Courbe de croissance de Juliette

6 * **Reproduis les axes ci-dessous, puis construis le graphique en bâtons correspondant aux nombres de jours de pluie à Biarritz.**

Mois	J	F	M	A	M	J	J	A	S
Jours de pluie	14	12	12	14	13	10	8	10	10

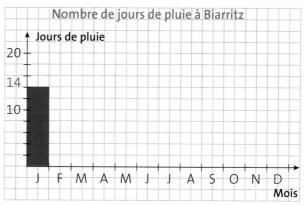

Nombre de jours de pluie à Biarritz

7 ⁘ **Construis le graphique en bâtons correspondant au nombre de pains de seigle vendus par le boulanger dans la semaine.**

Mois	L	M	M	J	V	S	D
Pains de seigle	26	14	8	18	20	30	34

8 ⁘ **Construis la courbe du nombre d'agneaux nés chaque année dans l'élevage de M. Jean.**

Année	2009	2010	2011	2012	2013	2014
Agneaux	55	60	44	62	58	66

7 Identifier les erreurs d'une solution

Compétence : Savoir organiser les données d'un problème en vue de sa résolution.
Calcul mental : Multiplier par des multiples de 10, ex. 38 à 41 p. 155.

Cherchons ensemble

La maîtresse a donné le problème suivant à ses élèves.
Voici le travail de quatre élèves.

Problème : Les poules de Mme Dupré ont pondu 282 œufs. Mme Dupré les répartit dans des boîtes de 12 pour les vendre. Combien remplira-t-elle de boîtes ?

Arthur

```
    2 8 2
  ×   1 2
    5 6 4
  2 8 2 0
  3 3 8 4
```
282 × 12 = 3 384
Mme Dupré remplira
3 384 boîtes d'œufs.

Carla

```
  2 8 2 | 1 2
- 2 4   | 2 3
    4 2
  - 3 6
      6
```
Mme Dupré remplira
23 boîtes et il restera
6 œufs.

Sofia

[2] [8] [2] [÷] [1] [2] [=]
23,5

Mme Dupré remplira
23 boîtes et il restera
5 œufs.

Jérémy

```
  2 8 2 | 1 2
- 2 4   | 2 2
    4 2
  - 2 4
    1 8
```
Mme Dupré remplira
22 boîtes.

a. Qui a trouvé la bonne solution ? Explique pourquoi.

b. Pour les autres élèves, explique pourquoi leurs réponses ne sont pas exactes.

Je retiens

→ **Lorsqu'on résout un problème, il faut faire attention à :**
• choisir la bonne opération ;
• ne pas se tromper dans ses calculs ;
• interpréter correctement les résultats lus sur la calculatrice (attention aux chiffres après la virgule !) ;
• vérifier si le résultat obtenu est cohérent avec les données du problème.

→ Quand on a fini, il faut **relire** avec attention et **vérifier** que l'on ne s'est pas trompé sur l'un de ces points.

J'applique

Attention, toutes les solutions ci-dessous sont fausses ! Indique quelles erreurs ont été commises, puis résous le problème.

1 ✳ Bahia avait 539 timbres dans son album. Son oncle lui donne le sien qui en contient 1 432. Combien Bahia a-t-elle de timbres maintenant ?
1 432 − 539 = 893
Bahia a 893 timbres.

2 ✳ Loris et Timéo collectionnent les cartes de personnages. Loris en a 78 et Timéo en a 3 fois plus. Combien Timéo a-t-il d'images dans sa collection ?
78 × 3 = 214
Timéo a 214 images.

3 ✳ Tom veut partager ses 34 bonbons entre ses 4 amis. Combien de bonbons auront-ils chacun ? Combien en restera-t-il ?
[3] [4] [÷] [4] [=] **8,5**
Chacun aura 8 bonbons et il en restera 5.

4 ✳ Un magasin de vêtements achète des tee-shirt à 8,50 € l'un. Combien coûteront 100 tee-shirts ?
8,50 × 100 = 85 000
100 tee-shirts coûteront 85 000 €.

170

Je m'entraîne

5 ✳ **Parmi ces trois énoncés de problèmes, un seul correspond à la solution proposée.**
Retrouve-le et donne la réponse.

Solution : $100 - (13 \times 7)$

a. Léna range ses images dans un album pouvant en contenir 100. Elle peut ranger 7 images par page. Combien lui faudra-t-il de pages pour ranger toutes ses images ?

b. Avec 100 €, Amina achète 13 paquets de gâteaux et 7 bouteilles de jus de fruits. Amina aura-t-elle assez d'argent ?

c. M. Léon achète 7 interrupteurs qui coûtent chacun 13 €. Combien la caissière lui rendra-t-elle s'il paie avec un billet de 100 € ?

Attention, toutes les solutions ci-dessous sont fausses ! Indique quelles erreurs ont été commises, puis résous le problème.

6 ✳ L'Airbus A380 peut transporter 516 personnes. Au départ de Londres, il y a 299 personnes. Combien reste-t-il de places dans l'avion ?

Solution $380 - 299 = 81$

Il reste 81 places.

Calcul

```
    3  8  0   FAUX
  - 2  9  9
  ─────────
       8  1
```

7 ✳ La ville de Marseille compte 859 367 habitants, soit 20 324 de plus qu'en 2006. Quelle était la population de Marseille en 2006 ?

Solution $859\,367 + 20\,324 = 879\,691$

En 2006, Marseille comptait 879 691 habitants.

Calcul

```
    8  5  9  3  6  7
  +    2  0  3  2  4
  ───────────────────
    8  7  9  6  9  1
```
FAUX

8 ✳ Observe le compteur kilométrique de la moto de Nourdine. Quelle distance a-t-il parcourue en une année ?

Solution $109\,324 - 80\,156 = 29\,278$

Nourdine a parcouru 29 278 km en une année.

Calcul

```
    1  0  9  3  2  4
  -    8  0  1  5  6
  ───────────────────
       2  9  2  7  8
```
FAUX

00080156 1er janvier

00109324 31 décembre

9 ✳ Une salle de spectacle comporte 34 rangées de 25 fauteuils et 16 rangées de 26 fauteuils. Quelle est la capacité de cette salle ?

Solution $34 \times 25 = 850$

$26 \times 16 = 182$

$850 + 182 = 1\,032$

La salle peut contenir 1 032 personnes.

Calcul

```
      3  4           2  6           8  5  0
  ×   2  5       ×   1  6       +   1  8  2
  ──────────     ──────────     ───────────
   1  7  0        1  5  6       1  0  3  2
  + 6  8  0       +    2  6
  ──────────     ──────────
   8  5  0        1  8  2
```
FAUX

Problèmes transversaux

NOMBRES ET CALCULS ....

1 ∗ Voici le poids de six citrouilles.

A. 6028g
B. 4500g
C. 6280g
D. 8729g
E. 9704g
F. 3790g

a. Écris ces nombres en lettres.

b. Quelle est la citrouille la plus lourde ?

c. Quelle est la citrouille la moins lourde ?

d. Range ces citrouilles de la moins lourde à la plus lourde ?

2 ∗ **Observe ces quatre compteurs kilométriques.**

A.  00087654

B.  00101986

C.  00093096

D.  00089942

a. Écris les nombres de kilomètres en lettres.

b. Range ces nombres du plus grand au plus petit.

3 ∗ **Résous le problème suivant uniquement à l'aide de ta calculatrice. (Tu ne dois utiliser ni feuille ni crayon !)**

Le maître a acheté 30 livres de mathématiques qui coûtent chacun 12 €. Le transporteur lui facture la livraison 15 €.

Quel sera le montant de la facture ?

4 ∗ **Résous le problème suivant uniquement à l'aide de ta calculatrice. (Tu ne dois utiliser ni feuille ni crayon !)**

Maman veut acheter 3 chemises à 27 € l'une, 2 pantalons à 59 € l'un et un manteau à 136 €.

Elle a un budget de 350 €.

Peut-elle tout acheter ?

5 ∗ **Écris en chiffres :**

a. Le plus grand nombre à six chiffres.

b. Le plus petit nombre à cinq chiffres.

c. Le plus grand nombre à quatre chiffres qui ne possède pas le chiffre 9.

6 ∗ Une agence immobilière propose six maisons à la vente.

– Maison A : 324 500 €.

– Maison B : 257 900 €.

– Maison C : 342 980 €.

– Maison D : 275 000 €.

– Maison E : 290 750 €.

– Maison F : 300 150 €.

Classe ces six maisons de la moins chère à la plus chère.

7 ∗ **Classe ces Départements d'outre-mer :**

a. du plus petit au plus grand.

b. du moins peuplé au plus peuplé.

Département d'outre-mer	Superficie en km²	Population
La Guadeloupe	1 702	404 635
La Réunion	2 512	828 581
Mayotte	374	186 452
La Guyane	86 504	237 549
La Martinique	1 128	392 291

8 ∗ Un avion vole à 2 580 m au-dessus du sommet du mont Blanc (4 810 m). À quelle altitude cet avion vole-t-il ?

9 ∗ Dans un élevage de volailles, un camion charge 6 784 poulets et 678 dindes. Lors du transport, le camion a un accrochage et 174 volailles s'échappent sans que l'on puisse les rattraper. Combien de volailles l'éleveur pourra-t-il vendre ?

10 ∗ Louis avait 137 billes en arrivant à l'école. Durant la récréation du matin, il a joué et en a perdu 64. À la récréation de l'après-midi, il a gagné des billes. À la fin de la journée, il a 151 billes. Combien a-t-il gagné de billes à la récréation de l'après-midi ?

11 * Un automobiliste avait 29 litres d'essence dans le réservoir de sa voiture avant de partir en vacances. Au cours du voyage, il rajoute 59 litres, puis 48 litres d'essence. À son retour, il reste 18 litres d'essence dans le réservoir.
Quelle quantité d'essence a-t-il consommée ?

12 ⋮ En 2014, on a fêté le 223ᵉ anniversaire de la mort de Mozart, qui est mort à l'âge de 35 ans.
a. En quelle année Mozart est-il mort ?
a. En quelle année Mozart est-il né ?

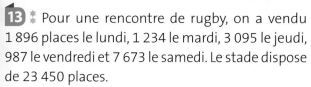

13 ⋮ Pour une rencontre de rugby, on a vendu 1 896 places le lundi, 1 234 le mardi, 3 095 le jeudi, 987 le vendredi et 7 673 le samedi. Le stade dispose de 23 450 places.
Combien y aura-t-il de places inoccupées lors de la rencontre ?

14 ⋮ Un agriculteur vend trois terrains à bâtir. Le premier est vendu 98 452 €, le deuxième est vendu 8 769 € de plus que le premier, et le troisième est vendu 5 297 € de moins que le deuxième.
Quel est le prix de vente de ses trois terrains ?

15 ⋮ Un producteur d'huile a produit 125 320 L d'huile d'olive et 75 950 L d'huile de noix.
Il a vendu 46 890 L d'huile de noix et 99 696 L d'huile d'olive.
Quelle quantité d'huile lui reste-t-il ?

16 ⋮ Cinq candidats se présentent à l'élection municipale. Voici les résultats du premier tour.

Candidat	Nombre de voix
Mme Arnaud	3 567
M. Dupond	4 093
Mme Guérin	6 908
M. Martin	1 907
M. Louis	?

a. Combien de voix a obtenues M. Louis, sachant qu'il y a eu 19 127 suffrages exprimés ?
b. 23 507 électeurs étaient inscrits. Combien n'ont pas voté ?

17 ⋮ Un commerçant a 85 € en caisse le matin. Le montant de ses ventes de la journée est de 563 €. Il a payé une facture de 129 € et une autre de 12 € de moins que la première.
Quelle somme a-t-il en caisse le soir ?

18 ⋮ À un péage d'autoroute, 5 389 véhicules sont passés dans la matinée et 7 307 dans l'après-midi.
a. Quel est le nombre total de véhicules passés dans la journée ?
b. Sur ce nombre, 2 674 étaient des poids lourds. Combien y avait-il de voitures ?

GRANDEURS ET MESURES ....

19 * Lucie doit entourer une plaque de verre rectangulaire de 1 m 20 cm de longueur et 56 cm de largeur avec un ruban adhésif.
Quelle longueur de ruban doit-elle prévoir ?

20 * Florian habite à 10 000 hm de chez ses grands-parents. Il leur rend visite en voiture. Il fait une pause après avoir parcouru 473 km.
Quelle distance lui reste-t-il à parcourir ?

21 ⋮ Ce parcours sportif comporte trois parties. Quelle est la longueur totale du parcours ?

22 ⋮ Nathan habite à 980 m de l'école. Il rentre manger chez lui le midi.
a. Quelle distance, en km, parcourt-il en une journée ?
b. Il va à l'école le lundi, le mardi, le jeudi, le vendredi et le mercredi matin.
Quelle distance, en km, parcourt-il en une semaine ?

23 ⋮ Lundi, l'électricien du chantier a utilisé 356 m de fil électrique. Le mardi, il en a utilisé 2 800 cm de moins que la veille.
Combien de mètres de fil électrique l'électricien a-t-il utilisés en deux jours ?

ESPACE ET GÉOMÉTRIE . . . .

24 ✷ **Observe cette carte.**

a. Comment les villes sont elles représentées ?

b. Que peux-tu dire à propos des villes de Thouars, Moncontour et Mirebeau ?

c. Que peux-tu dire à propos des villes de St-Varent, Airvault et Vouillé ?

d. À l'aide de papier calque, reproduis les villes de Loudun, Thouars, Thénezay et Mirebeau sur ton cahier. Trace toutes les droites qui passent par ces quatre villes.

25 ✴ **Quel hamster a parcouru le chemin le plus long ?**

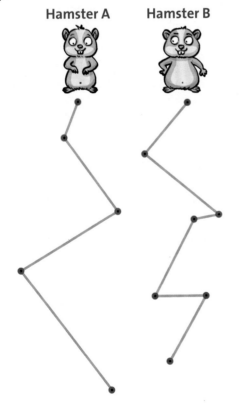

26 ✷ **Observe cette illusion d'optique inventée par Johann Karl Friedrich Zöllner en 1860.**

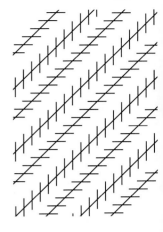

a. Ces droites sont-elles parallèles ?

b. Comment peux-tu le vérifier ?

27 ✴ **Observe ce plan des jardins de Saint-Cloud.**

a. Recherche des chemins perpendiculaires.

b. Recherche des chemins parallèles.

28 ✴ Parmi ces lettres de l'alphabet, lesquelles ont des segments parallèles et lesquelles ont des segments perpendiculaires ?

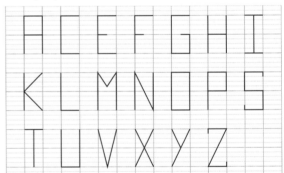

DOMAINES CROISÉS . . . .

29 ✴ Calcule le périmètre du champ de M. Armand.

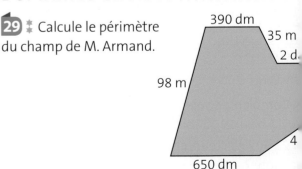

30 ⁝ Louis veut changer la plinthe de la salle à manger. Cette pièce mesure 6 mètres de long et 4 mètres de large et comporte deux portes, l'une de 80 cm de large et l'autre de 90 cm de large. Quelle longueur de plinthe doit-il acheter ?

31 ⁝ Un berger veut poser un grillage autour de son enclos. L'enclos est un rectangle de 220 m de large sur 375 m de long. Il doit laisser un passage de 8 m pour mettre le portail.
a. Quelle longueur de grillage doit-il acheter ?
b. Le grillage coûte 680 € et le portail coûte 220 €. Quel sera le montant total de la dépense ?

32 ⁝ La France et l'Italie sont reliées par deux tunnels qui permettent de franchir les Alpes. Le tunnel du Mont-Blanc a une longueur de 11 km et 600 mètres. Le tunnel de Fréjus mesure 12 895 mètres.
a. Quel est le tunnel le plus long ?
b. Quelle est la différence de longueur entre les deux tunnels ?
c. Lorsque l'on a parcouru 4 590 mètres, quelle distance reste-t-il avant de sortir du tunnel du Mont-Blanc ?

33 ⁝ Un constructeur a vendu 239 056 motos du modèle A. Il a vendu 7 dizaines de mille, 5 dizaines, 8 milliers et 9 centaines de motos du modèle B de plus que le modèle A. Combien de motos du modèle B ont été vendues ?

34 ⁝ La distance entre Marseille et Montpellier est de 168 km par l'autoroute et de 110 hm de plus en empruntant des petites routes. Un automobiliste emprunte l'autoroute à l'aller et décide de revenir par les petites routes. Le compteur de sa voiture indiquait 79 837 km au départ. Combien le compteur de la voiture indique-t-il au retour ?

INTERDISCIPLINARITÉ ....

GÉOGRAPHIE
35 ✳ Mayotte se situe à 10 000 km de la métropole, la Guyane à 3 000 km de moins et la Guadeloupe à 000 hm de moins que la Guyane.
À quelle distance la Guadeloupe est-elle de la métropole ?

HISTOIRE
36 ⁝ Le roi Louis XIV a vécu de 1638 à 1715. Il fut couronné roi en 1643. La galerie des Glaces du château de Versailles, achevée en 1684, mesure 73 m de long sur 10,50 m de large.
a. Quel âge avait Louis XIV quand la galerie des Glaces du château de Versailles fut achevée ?
b. Quel est le périmètre de la galerie des Glaces ?

GÉOGRAPHIE
37 ⁝ Observe ce tableau représentant la production en France de quelques fromages d'appellation contrôlée.

Fromages	Production en 2013 (en milliers de tonnes)
Abondance	2 512
Camembert de Normandie	5 112
Cantal	13 718
Comté	52 764
Maroilles	4 132
Mont-d'Or	4 998
Morbier	9 054
Munster	6 573
Ossau-Iraty	3 466
Roquefort	16 898
Total France	**190 629**

a. Classe ces fromages dans l'ordre décroissant de leur production.
b. Quelle est la production des autres fromages en France ?

EPS
38 ⁝ En 2013, lors des championnats du monde d'athlétisme à Moscou, la lanceuse de disque française, Mélanie Robert-Michon, a obtenu la médaille d'argent avec un jet à 66 m et 28 cm.
L'athlète croate qui a obtenu la médaille d'or a lancé le disque 171 cm plus loin que la Française et celle qui a décroché la médaille de bronze 132 cm moins loin que l'athlète française.
Calcule les performances réalisées par les athlètes qui ont obtenu la médaille d'or et la médaille de bronze.

Problèmes transversaux

NOMBRES ET CALCULS

1 ＊ Quel est le plus petit nombre de 9 chiffres ? Quel est le nombre qui le précède ? Écris-le en chiffres et en lettres.

2 ＊ Pour un concert, on vendu 7 637 billets au prix unitaire de 36 €.
Combien la vente de billets a-t-elle rapporté ?

3 ⁑ Le classement de 12 pays de l'Union euro-péenne du plus peuplé au moins peuplé est le suivant : Allemagne, France, Royaume-Uni, Italie, Espagne, Pologne, Roumanie, Pays-Bas, Grèce, Portugal, Belgique et Tchéquie.
Voici, dans le désordre, la population de chaque pays : 60 192 700 – 10 211 904 – 22 215 421 – 82 329 758 – 10 707 924 – 61 113 205 – 16 715 999 – 10 737 428 – 64 057 792 – 38 482 919 – 10 414 336 – 45 908 600.
Retrouve la population de chaque pays.

4 ＊ Une bouteille de gaz butane pèse 13 kg et coûte 29 €.
a. Quel est le poids de 8 bouteilles de gaz ?
b. Quel est le prix de 7 bouteilles de gaz ?

5 ＊ Pour un tournoi de football, 16 équipes de 11 joueurs se sont inscrites.
Combien de joueurs participent à ce tournoi ?

6 ＊ Pour faire un pot de confiture, il faut 575 g de fruits.
Quelle masse de fruits faut-il pour réaliser 8 pots de confiture ?

7 ＊ En rangeant ses disques, Louane compte 58 CD simples et 19 CD doubles. Le prix moyen d'un CD simple est de 19 € et celui d'un CD double est de 27 €.
Quelle est la valeur de la collection de CD de Louane ?

8 ⁑ En moyenne, une vache donne 12 litres de lait chaque jour pendant 300 jours de l'année.
a. Combien de litres de lait par an obtient-on avec une vache ?
M. Olive possède un troupeau de 10 vaches.
b. Quelle est la production annuelle de l'ensemble du troupeau ?

9 ⁑ L'entrée au parc d'attractions coûte 59 € pour les adultes et 38 € pour les enfants de 5 à 14 ans. Combien paiera une famille composée des parents, d'un garçon de 16 ans, d'un autre de 9 ans et de deux filles, l'une âgée de 13 ans et l'autre de 3 ans ?

10 ⁑ Un restaurant a servi 60 repas à 9 € et 32 repas à 10 €.
Combien le restaurant a-t-il gagné d'argent ?

11 ⁑ Un car scolaire effectue un circuit de 37 km pour transporter les élèves de plusieurs communes. Il fait ce trajet le matin et le soir.
Quelle distance ce car parcourt-il au cours du mois de novembre qui comporte 18 jours de classe ?

12 ⁑ Monsieur et Madame Paul achètent une nou-velle voiture. Ils versent 1 519 € à la commande, 3 057 € à la livraison et ils paient le reste en 24 men-sualités de 658 €.
Quel est le prix de la voiture ?

13 ⁑ Dans la cantine, il y a 36 tables de 8 places et 14 tables de 6 places.
Calcule le nombre maximum d'enfants qui peuvent manger à la cantine en même temps.

14 ⁑ La fermière range 10 œufs par boîte. Elle rem-plit 36 boîtes.
Combien d'œufs a-t-elle rangés ?

15 ⁑ Dans le train pour Lyon, il y a 652 voyageurs en seconde classe et 328 voyageurs en première classe. La place en seconde classe coûte 48 € et la place en première classe 72 €.
Quelle somme a perçue la SNCF pour ce train ?

16 ⁑ Un magasin de sport reçoit les articles sui-vants :
– 25 paires de chaussures de football à 59 € la paire
– 12 kits de badminton à 46 € le kit
– 9 raquettes de tennis à 128 € la raquette
– 37 coffrets de 3 boules de pétanque à 67 € le coffret
– 18 ballons de basket à 35 € le ballon.
Calcule le montant de la facture que devra payer ce magasin de sport.

17 ‡ Pour un match de basket, on a vendu 6 368 billets au prix unitaire de 29 €.
Combien la vente de billets a-t-elle rapporté ?

18 ‡ Mathieu possède 100 €. Il achète 4 livres à 8 €. Combien lui reste-t-il d'argent ?

19 ‡ Voici le tableau présentant le nombre de spectateurs pendant les dix dernières Coupes du monde de football.

a. Écris en lettres les cinq plus grands nombres de spectateurs.

b. Encadre le nombre de spectateurs de la Coupe du monde en France à la dizaine de mille près.

c. Les nombres de spectateurs ont-ils été croissants lors de ces dix derniers événements ? Range ces dix nombres dans l'ordre croissant.

Année	Pays	Nombre de spectateurs
1978	Argentine	1 610 215
1982	Espagne	1 856 277
1986	Mexique	2 407 431
1990	Italie	2 517 348
1994	États-Unis	3 587 538
1998	France	2 785 100
2002	Corée/Japon	2 705 197
2006	Allemagne	3 352 605
2010	Afrique du Sud	3 180 000
2014	Brésil	3 429 873

20 ‡ Un immeuble compte 60 appartements identiques. Chaque appartement possède 7 fenêtres composées chacune de 8 vitres.

a. Quel est le nombre total de vitres de cet immeuble ?

Dans chaque appartement, le carrelage de la salle de bains compte 325 carreaux.

b. Calcule le nombre total de carreaux pour cet immeuble.

21 ‡ Un apiculteur vend 38 seaux de miel à 27 € le seau et 28 pains de cire d'abeille à 15 € le pain. Avec l'argent qu'il a gagné, il achète 8 nouvelles ruches à 156 € l'une.
Combien d'argent lui reste-t-il après son achat ?

22 ‡ Le jardinier vient de passer commande de bulbes de fleurs pour décorer le village.

Bulbes	Lot	Prix	Nombre de lots commandés
tulipes	50 bulbes	14 €	25
jacinthes	16 bulbes	17 €	30
narcisses	100 bulbes	9 €	20

a. Combien le jardinier a-t-il commandé de bulbes ?

b. Quel est le montant de la commande ?

GRANDEURS ET MESURES ....

23 ∗ **Observe le panneau devant le magasin.**

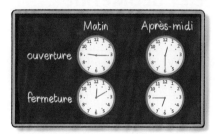

a. Quelles sont les heures d'ouverture de ce magasin ?

b. Combien de temps le magasin est-il ouvert le matin ?

24 ∗ Il est 15 h. Le bœuf bourguignon doit mijoter pendant 3 h 45 min.
À quelle heure le plat sera-t-il prêt ?

25 ∗ À quelle heure Paul avait-il rendez-vous ?

Je suis en avance de 10 minutes.

26 ∗ Le mois de janvier a commencé un jeudi.
a. Quelles ont été les dates des autres jeudis du mois ?
b. Quel jour était le 10 janvier ?
c. Quel jour était le 31 janvier ?

27 ✻ Chez Louisa, le déjeuner et le dîner durent chacun 40 minutes, le petit-déjeuner et le goûter chacun 10 minutes.

Quelle durée consacre-t-on chaque jour aux repas ? Donne ta réponse en heures et minutes.

28 ✻ Louis XIV, né en 1638, mourut en 1715. Il régna sur la France de 1643 à sa mort.

a. Quel âge avait-il quand il devint roi ?

b. Combien de temps dura son règne ?

c. À quel âge est-il mort ?

ESPACE ET GÉOMÉTRIE

29 ✻

7	W	O	T	H	S	R	U	M
6	N	P	X	D	A	T	E	R
5	K	E	J	I	P	C	G	H
4	G	V	U	G	R	P	I	A
3	L	I	L	A	L	R	Q	R
2	N	X	E	M	O	G	R	I
1	S	P	T	E	I	A	Y	E
	A	B	C	D	E	F	G	H

a. À l'aide des coordonnées suivantes, retrouve qui a écrit *Les Contes de la rue Broca*.

(B ; 6) (G ; 4) (C ; 2) (F ; 7) (E ; 4) (H ; 1) / (A ; 4) (F ; 3) (D ; 5) (B ; 1) (D ; 3) (H ; 6) (E ; 1).

b. À l'aide des coordonnées suivantes, retrouve qui a écrit *Les Aventures de Tintin*.

(D ; 7) (B ; 5) (G ; 2) (D ; 4) (G ; 6)

30 ✻ Marina a six baguettes identiques.

Je peux construire 4 polygones différents avec ces 6 baguettes.

Et toi ?

a. Trace les quatre polygones.

b. Donne un nom à ces différentes figures.

31 ✻ Voici le plan des champs de M. Blanc.

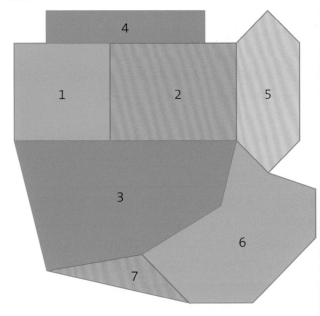

a. Quels champs ont la forme d'un hexagone ?

b. Quels champs ont 4 côtés ? Donne leurs noms.

c. Quelle est la forme du champ 7 ?

d. Quelle est la forme du champ 6 ?

DOMAINES CROISÉS

32 ✻ Capucine regarde la télévision en moyenne 2 heures 30 minutes par jour.

a. Combien de temps passe-t-elle devant la télévision par semaine ?

b. Combien de temps passe-t-elle devant la télévision en une année ?

33 ✻ Salim lit chaque soir de 20 h 45 à 21 h 15. Lundi, il a commencé le livre qu'il avait emprunté à la bibliothèque. Il l'a terminé dimanche soir à 21 h. En combien de temps a-t-il lu son livre ?

34 ✻ **a.** Quelle est la forme du parcours du petit train ?

b. Le petit train met 2 min et 30 secondes pour réaliser l'un des côtés de son parcours.

Combien de temps met-il pour en faire le tour ?

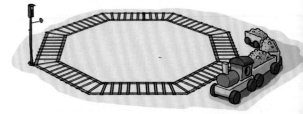

35 ⁝ Un automobiliste doit effectuer un trajet pour lequel il prévoit une durée de 9 heures. Il respecte les recommandations de la Sécurité routière et s'arrête dix minutes toutes les deux heures pour se reposer. Lors d'un de ses arrêts, il en profite pour déjeuner et prend 35 minutes de plus.

a. Quelle est la durée de son voyage ?

b. Sachant qu'il est parti à 8 h, à quelle heure arrivera-t-il ?

36 ⁝ Un avion part de Londres à 9 h 30 heure locale et arrive à Los Angeles à 13 h heure locale.

a. Sachant qu'il y a 8 heures de décalage horaire entre les deux villes, quelle est la durée de ce voyage ?

b. Cet avion qui a une capacité de 439 places transporte 386 passagers qui ont payé chacun 689 €. Combien de places restent inoccupées sur ce vol ?

c. Calcule la somme d'argent que va gagner la compagnie aérienne pour ce vol.

INTERDISCIPLINARITÉ ....

SCIENCES
37 ⁝ Calcule en heures la durée annuelle du sommeil d'une personne qui dort 9 heures par nuit.

GÉOGRAPHIE
38 ⁝ Observe ce plan de Londres.

a. Donne les coordonnées de l'abbaye de Westminster.

b. Donne les coordonnées des cases occupées par la Tamise.

c. Code le déplacement pour aller de la cathédrale Saint-Paul au château de Buckingham en empruntant les rues.

GÉOGRAPHIE
39 ⁝ Observe ce tableau représentant le nombre de personnes fréquentant les principales gares parisiennes.

Gare	Nombre de passagers par an
Austerlitz	9 662 400
Saint-Lazare	131 467 200
Bercy	4 831 200
Gare du Nord	90 402 000
Bercy	4 831 200
Montparnasse	54 534 000
Gare de l'Est	36 892 800

a. Écris les quatre premiers nombres en lettres.

b. Décompose les trois derniers nombres.

c. Range ces gares dans l'ordre décroissant de leur fréquentation.

HISTOIRE
40 ⁝ Pour chacun de ces rois, calcule :

a. La durée de son règne ;

b. L'âge qu'il avait quand il est devenu roi ;

c. L'âge qu'il avait quand il est mort.

Clovis
Né en 466
Mort en 511
Roi de 481 à 511

François Ier
Né le 12-09-1494
Mort le 31-03-1547
Roi de 1515 à 1547

Henri IV
Né en 1553
Mort en 1610
Roi de 1589 à 1610

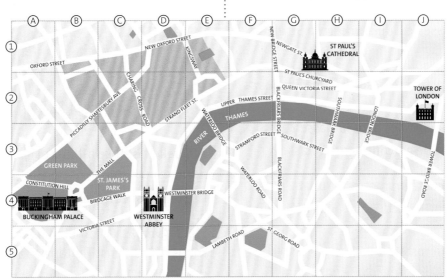

Problèmes transversaux

NOMBRES ET CALCULS ....

1 * Un maraîcher a planté 25 salades. Cinq ont été mangées par les limaces.

a. Quelle fraction de la plantation le maraîcher a-t-il perdue ?

b. Quelle fraction de la plantation reste-t-il au maraîcher ?

2 * 8 cageots de pommes pèsent 72 kg.
Quel est le poids d'un cageot ?

3 * **a.** Quelle fraction d'un mètre représente une longueur de 10 cm ?

b. Quelle unité de mesure représente $\frac{1}{100}$ de mètre ?

4 * Rachida possède 46 €.
Combien de livres à 4 € peut-elle acheter ?

5 * $\frac{6}{10}$ des candidats ont été reçus à leur examen.
Quelle est la fraction représentant les candidats qui n'ont pas été reçus à leur examen ?

6 * Le réservoir de ma voiture peut contenir 60 litres d'essence. La jauge indique que le réservoir est à moitié plein.
Combien y a-t-il de litres d'essence dans ma voiture ?

7 * Aurélie dispose de 75 bulbes de tulipes qu'elle souhaite répartir dans 8 bacs à fleurs.
Combien de bulbes peut-elle mettre dans chaque bac ?

8 ⁝ Dans la classe de Guillaume, il y a 30 élèves. $\frac{1}{10}$ sont des garçons.

a. Quelle est la fraction représentant les filles dans la classe ?

b. Combien y a-t-il de filles dans la classe ?

c. Combien y a-t-il de garçons dans la classe ?

9 ⁝ Charlie a acheté un mètre de ruban.

a. Combien de morceaux de 8 cm peut-il découper dedans ?

b. Quelle longueur restera-t-il ?
Écris ta réponse sous forme d'une égalité.

10 ⁝ Clarence doit boire, à doses égales, un flacon de sirop contre la toux en 15 jours.

a. Quelle fraction de sirop Clarence doit-elle boire par jour ?

b. Quelle fraction de sirop Clarence aura-t-elle bue en une semaine ?

c. Quelle fraction de sirop lui restera-t-il à boire ?

11 ⁝ L'épreuve junior du triathlon se déroule sur 20 km. La natation représente $\frac{1}{20}$ de la distance totale, la course cycliste $\frac{3}{4}$ du parcours et la course à pied les $\frac{1}{5}$ restants.

a. Quelle distance est parcourue en nageant ?

b. Quelle distance est parcourue à vélo ?

c. Quelle distance est parcourue en courant ?

12 ⁝ Un fleuriste a 60 roses.

a. Combien de bouquets de 7 roses peut-il réaliser ?

b. Combien de bouquets de 6 roses peut-il réaliser ? de 9 roses ? de 5 roses ?

13 ⁝ Gaétan a acheté un vélo à 600 €. Il le paie à raison de 100 € par mois.

a. Quelle fraction du prix Gaétan paie-t-il par mois ?

b. Quelle fraction du prix aura-t-il payé en 5 mois ?

c. Quelle fraction du prix lui restera-t-il à payer au bout de 5 mois ?

14 ⁝ Cindy participe à une course cycliste de 100 km. Elle a déjà fait $\frac{3}{10}$ de la course.

a. Quelle distance a-t-elle parcourue ?

b. Quelle fraction lui reste-t-il à parcourir ?

c. Quelle est cette distance en kilomètres ?

15 ⁝ Avec 72 €, combien peut-on acheter de romans à 5 € ? Justifie ta réponse en réalisant un encadrement.

16 ‡ Louane économise 7 € par semaine pour s'acheter une paire de rollers qui coûte 93 €.
Combien de semaines devra-t-elle économiser ? Écris ta réponse sous forme d'un encadrement.

17 ‡ Cinq amis jouent ensemble au loto. Ils gagnent 510 €.
Quelle somme chacun aura-t-il s'ils se partagent équitablement leur gain ?

18 ‡ Un lot contenant une nappe et 6 serviettes de table est vendu 144 €. La nappe seule coûte 96 €.
Quel est le prix d'une serviette ?

19 ‡ Trois amis vont au restaurant. Ils prennent tous les trois le même menu et commandent deux bouteilles d'eau minérale à 7 € la bouteille. Deux d'entre eux prennent un café à 2 €. La note s'élève à 90 €.
Quel est le prix du menu ?

GRANDEURS ET MESURES . . . .

20 ‡ L'école Athéna compte 250 élèves. $\frac{3}{5}$ des élèves déjeunent au restaurant scolaire. 6 élèves sur 10 participent aux activités du temps périscolaire.

a. Quelle est la fraction d'élèves qui ne restent pas déjeuner ?

b. Combien d'élèves déjeunent au restaurant scolaire ?

c. Quelle est la fraction d'élèves qui ne participent pas aux activités ?

d. Combien d'élèves ne participent pas aux activités ?

21 * Emma a acheté 2 kg 500 g de pommes de terre et 500 g de poireaux.
Quelle est la masse totale de légumes achetés ?

22 * Une boîte de haricots verts, pleine, pèse 560 g. La masse de haricots verts est de 489 g.
Quelle est la masse de la boîte vide ?

23 * Dans un laboratoire, on transvase 3 litres d'un produit dans des flacons de 20 centilitres.
Combien de flacons va-t-on remplir ?

24 * Estelle a commandé 8 paquets de café pesant chacun 250 g.
Quelle est, en kg, la masse du café acheté ?

25 * Le boulanger a rangé 56 pains de 350 g dans sa camionnette. Quelle masse de pain a-t-il rangée ?

26 ‡ Un camion transporte 24 quintaux de céréales. Son poids à vide est de 1 400 kg. Le camion pourra-t-il emprunter ce pont ?

27 ‡ Le cartable de Liam pèse 1 kg 300 g quand il est vide. Liam y range une trousse pesant 235 g, trois cahiers pesant chacun 190 g, 2 livres pesant chacun 570 g chacun.
Quelle est la masse du cartable plein ?

28 ‡ La famille Durand utilise chaque jour 60 litres d'eau pour la cuisine et 275 litres pour la toilette et le nettoyage.
Quelle quantité d'eau la famille Durand utilise-t-elle en un an ?

29 ‡ Timéo veut renouveler l'eau de son aquarium de 5 litres.
Combien de bouteilles de 75 cL utilisera-t-il pour le remplir ?

30 ‡ Un melon pèse 250 g. Le maraîcher en met 12 par caisse. Une caisse vide pèse 655 g.

a. Combien pèsent les douze melons ?

b. Combien pèse une caisse de 12 melons ?

c. Combien pèsent 26 caisses de melons ?

31 ‡ Pour son anniversaire, Lana a invité 8 amies. Sa maman a acheté 5 bouteilles de jus de fruits de 1 L 50 cL et des verres contenant 25 cL.

a. Quelle quantité de jus de fruits a-t-elle achetée ?

b. Combien de verres pourra-t-elle servir ?

c. Combien de verres chacune des filles pourra-t-elle boire ?

ESPACE ET GÉOMÉTRIE . . . .

32 ✳ **a.** Combien y a-t-il de triangles dans cette figure ?

b. Nomme-les.

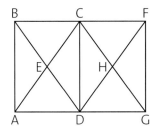

33 ⁞ M. Léon a découpé son grand terrain en plusieurs terrains triangulaires.

Retrouve la nature de tous ces triangles.

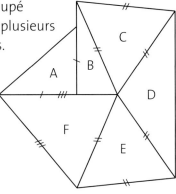

34 ⁞ **a.** Combien vois-tu de carrés dans cette figure ?

b. Combien vois-tu de rectangles dans cette figure ?

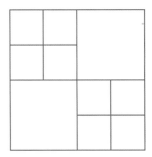

35 ⁞ Un jardinier veut partager son potager en deux parties. Il hésite entre trois possibilités. Pour chacune d'entre elles, reproduis la figure dans ton cahier.

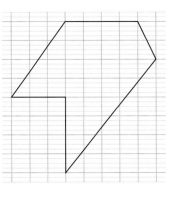

a. En traçant une diagonale en rouge, j'obtiendrai deux parties en forme de quadrilatères.

b. En traçant une diagonale en bleu, j'obtiendrai un jardin en forme de quadrilatère et un autre en forme de triangle.

c. En traçant une diagonale en vert, j'obtiendrai un jardin en forme de pentagone et un autre en forme de triangle.

36 ⁞ **Reproduis cette figure dans ton cahier.**

a. Complète la figure noire pour obtenir un carré.

b. Complète la figure rouge pour obtenir un rectangle.

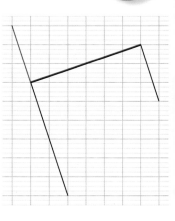

DOMAINES CROISÉS . . . .

37 ✳ Une bouteille d'eau d'un litre est remplie aux $\frac{3}{4}$.

a. Quelle quantité d'eau, en cL, y a-t-il dans la bouteille ?

b. Quelle fraction représente la partie non remplie de la bouteille ?

c. Quelle quantité d'eau manque-t-il dans la bouteille ?

38 ⁞ M. Laurent a construit cette table basse qui a la forme d'un triangle équilatéral.

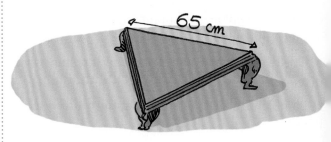

Il souhaite entourer la table d'un tour en plastique pour la protéger.

a. Quelle longueur de matière plastique doit-il acheter ?

b. M. Laurent a acheté 2 mètres de bande plastique. En a-t-il acheté assez ?

c. Combien lui en reste-t-il ou combien lui en manque-t-il ?

39 ⁞ Dans une caisse, on a empilé 36 boîtes de conserve pesant chacune 678 g. La caisse pleine pèse 25 kg.

a. Quelle est la masse des 36 boîtes ?

b. Quelle est la masse de la caisse vide ?

40 ⁘ Un coffret de 8 boules de pétanque pèse 6 kg 250 g. Le coffret vide pèse 770 g.

a. Quelle est la masse des 8 boules de pétanque ?

b. Quelle est la masse d'une boule de pétanque ?

41 ⁘ M. Grand a obtenu 30 litres d'huile après avoir fait presser sa récolte d'olives.

a. Combien de bouteilles de 75 cL peut-il remplir ?

b. Il vend les trois quarts de ses bouteilles au prix unitaire de 7 €. Quelle somme la vente d'huile va-t-elle lui rapporter ?

INTERDISCIPLINARITÉ ....

SCIENCES
42 ⁘ Voici la courbe de croissance de Léa.

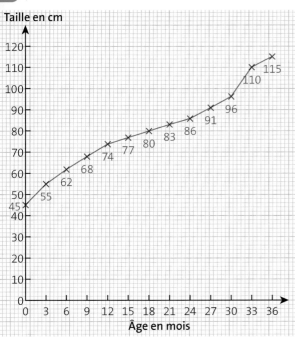

a. Quelle était la taille de Léa à la naissance ?

b. À quel âge mesurait-elle 80 cm ?

c. Quelle était sa taille à l'âge de 1 an ?

d. De combien a-t-elle grandi en 3 ans ?

GÉOGRAPHIE
43 ⁘ Un transporteur part de Marseille avec 7 850 kg de marchandises. À Avignon, il livre 930 kg de marchandises. À Valence, il charge de nouveau 500 kg de marchandises et livre le tout à Lyon.

a. À son départ d'Avignon, quelle masse de marchandises transportait-il ?

b. Quelle masse de marchandises dépose-t-il à Lyon ?

SCIENCES
44 ⁘ Pour une douche, on utilise 50 litres d'eau alors que pour un bain il faut en compter 330.

a. Combien pourrait-on prendre de douches avec l'eau d'un seul bain ? Réalise un encadrement pour retrouver le quotient et le reste.

b. Pour remplir la baignoire, le robinet déverse 5 500 cL à la minute.

Combien de temps faut-il pour remplir la baignoire ?

SCIENCES
45 ⁘ **Observe ce graphique et réponds aux questions.**

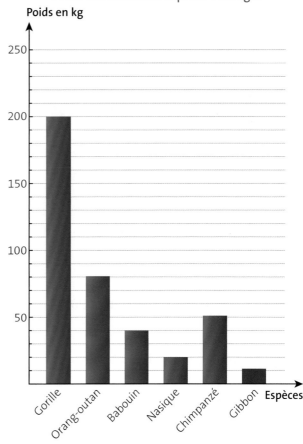

Poids de différentes espèces de singes

a. Combien faut-il de chimpanzés pour atteindre le même poids qu'un gorille ?

b. Écris une fraction correspondant à ce calcul.

c. Combien faut-il de gibbons pour atteindre le même poids qu'un orang-outan ?

d. Écris une fraction correspondant à ce calcul.

e. Un zoo veut transférer ses 4 gorilles, ses 2 babouins et ses 4 chimpanzés dans un autre parc animalier. La camionnette peut supporter une masse de 1 tonne. Combien faudra-t-il faire de voyages ?

Problèmes transversaux

NOMBRES ET CALCULS

1 ✳ Martin a 5 pièces de 1 €. Il veut acheter cette voiture miniature.

a. Combien de pièces doit-il donner ?

b. Combien de centimes le marchand lui rendra-t-il ?

c. Combien lui restera-t-il d'argent ?

d. Écris les réponses aux questions **b.** et **c.** sous la forme de nombres décimaux.

2 ✳ Observe les étiquettes de prix de cet étalage.

a. Écris ces prix sous forme de nombres décimaux.

b. Range ces nombres dans l'ordre croissant.

3 ✳ Un commerçant reçoit 168 paires de chaussettes qui sont livrées dans des boîtes contenant chacune 8 paires.
Combien de boîtes le commerçant doit-il recevoir ?

4 ✳ 6 caisses de 100 œufs coûtent 90 €.
Combien coûte une caisse ?

5 ✳ Un jardinier répartit équitablement 156 rosiers dans 4 massifs.
Combien de rosiers doit-il mettre dans chaque massif ?

6 ✳ Une salle de spectacle d'une capacité de 555 places possède 15 rangées de sièges.
Combien y a-t-il de fauteuils dans chaque rangée ?

7 ✳ Une piscine olympique mesure 50 m de long. Tosca s'entraîne chaque jour en nageant 4 000 m.
Combien de longueurs cela représente-t-il ?

8 ✳ Une usine de tondeuses électriques a produit 252 modèles en 12 heures.
Combien cette usine fabrique-t-elle de tondeuses en une heure ?

9 ✳ Une directrice a commandé 1 644 cahiers. Chaque élève de l'école recevra 6 cahiers.
Combien y a-t-il d'élèves dans cette école ?

10 ✳ Voici les tailles des cinq hommes les plus grands du monde.
– John Rogan (États-Unis) : 2 m 64 cm ;
– Edouard Beaupré (Canada) : 2 m 52 centièmes de mètre ;
– Parimal Chandra Barman (Bangladesh) : 2 m 6 dixièmes de mètre ;
– Robert Wadlow (États-Unis) : 2 m 72 cm ;
– Julius Koch (Belgique) : 2 m 59 cm ;

a. Écris ces tailles sous forme de nombres décimaux.

b. Quel est l'homme le plus grand jamais mesuré ?

c. Range ces nombres décimaux du plus grand au plus petit.

11 ✳ Voici les hauteurs de neige, en mètres, mesurées dans six stations des Alpes.
– Praloup : 2,12   – Val-d'Isère : 2,80
– Avoriaz : 3,09   – Serre-Chevalier : 1,96
– Alpe-d'Huez : 2,5   – Tignes : 2,57

a. Range ces nombres dans l'ordre croissant.

b. Trace une droite graduée qui te permettra de placer ces six hauteurs de neige.

12 ✳ Voici les résultats des cinq meilleurs lancers de vortex réalisés dans la classe de CM1.
– Karim : 19 m 7 cm ;
– Pauline : 20 m et 6 centièmes de mètre ;
– Nathan : 20 m 10 cm ;
– Chloé : 19 m et 7 dixièmes de mètre ;
– Arthur : 20 m 60 cm.

a. Écris ces nombres sous forme de nombres décimaux.

b. Range ces nombres dans l'ordre décroissant.

c. Trace une droite graduée qui te permettra de placer ces cinq performances de lancer.

13 ✳ Matéo collectionne les maquettes d'avions.

a. Combien peut-il acheter de maquettes à 14 € avec ses 200 € d'économies ?

b. Combien lui restera-t-il d'argent ?

14 ‡ Mme Durand a acheté 5 sacs de couchage identiques pour aller camper pendant les vacances. Elle a payé avec 3 billets de 100 €. On lui a rendu 15 €.

Quel est le prix d'un sac de couchage ?

15 ‡ Mounia a 100 € d'économies. Avec son argent, elle veut offrir des petites voitures à son petit frère. Une petite voiture coûte 6 €.

Combien peut-elle lui offrir de petites voitures ?

16 ‡ Range ces lampes de la plus chère à la moins chère.

| 39,86 € | 45,15 € | 41,44 € | 39,15 € |

| 41,3 € | 42,63 € | 45,02 € | 42,2 € |

17 ‡ M. Lesueur veut acheter une voiture qui coûte 12 600 €.

a. Combien devra-t-il payer chaque mois s'il rembourse en un an ?

b. Combien devra-t-il payer chaque mois s'il rembourse en deux ans ?

18 ‡ La famille d'Amine a parcouru 3 444 km en camping-car durant ses trois semaines de vacances. Combien de kilomètres a-t-elle parcourus chaque jour ?

GRANDEURS ET MESURES ....

19 * Rayan a empilé son dictionnaire qui a 5,3 cm d'épaisseur, son livre de mathématiques de 31 mm d'épaisseur et deux livres de bibliothèque qui ont chacun 2,4 cm d'épaisseur.

Quelle est la hauteur de la pile en mm ? en cm ?

20 * Dans 5 kg de cerises, il y a 5,25 hg de noyaux. Quelle est la masse de fruits une fois dénoyautés ? Exprime ce nombre sous la forme d'un nombre décimal.

21 ‡ M. Laurent installe une double clôture autour de son champ.

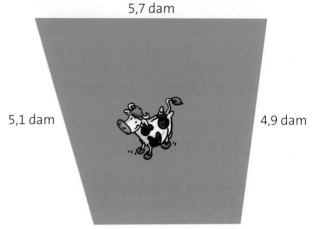

Quelle longueur de fil lui faudra-t-il ?

22 ‡ Héloïse travaille dans une boutique de tissus. Elle a vendu 2,75 m de velours à une cliente et 90 cm à une autre.

a. Quelle longueur de velours a-t-elle vendue au total ?

b. Sachant qu'elle a pris un rouleau de 5 m de velours pour les servir, quelle longueur restera-t-il sur le rouleau ?

23 ‡ Pour Noël, Mamie expédie un colis contenant ces produits :
Quel sera le poids du colis sachant qu'elle utilise une boîte qui pèse 255 g ?

24 ‡ Miguel mesure 1,51 m et sa sœur Cora mesure 1 m 76 cm.

a. Quelle est la différence de taille entre les deux enfants, en mètres ?

b. Quelle est la différence de taille entre les deux enfants, en centimètres ?

Problèmes transversaux

25 ⋮ La famille d'Antonin emmène ces cinq valises pour les vacances.

a. Range ces valises de la plus légère à la plus lourde.

b. Calcule la masse totale des cinq valises.

c. Calcule la différence de poids entre la valise la plus lourde et la valise la plus légère.

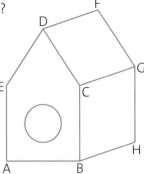

d. Pour ne pas payer de supplément, les valises ne doivent pas excéder 23 kg. Le supplément prévu s'élève à 37 € les 100 g. Quel sera le montant supplémentaire à payer pour la valise la plus lourde ?

ESPACE ET GÉOMÉTRIE

26 * **Construis une cible composée de 4 cercles de même centre A et ayant pour rayons respectifs 2 cm, 3 cm, 4 cm et 5 cm.**

27 * **À l'aide de papier calque, reproduis ces drapeaux dans ton cahier et trace tous les axes de symétrie.**

28 * **Observe ce plan.**

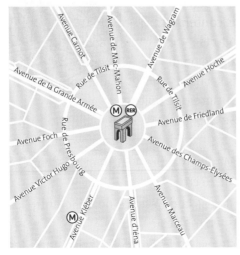

Combien d'axes de symétrie vois-tu ?

29 * **Observe ce nichoir à oiseaux.**

a. Combien a-t-il de faces ? d'arêtes ? de sommets ?

b. Nomme deux arêtes parallèles.

c. Nomme deux arêtes perpendiculaires.

d. De quelles formes la face ABCDE est-elle composée ?

DOMAINES CROISÉS

30 * Une machine à fabriquer des bonbons travaille 50 kg de pâte en une fois.
Combien de sachets de 80 g peut-elle produire ?

31 * Avec une bouteille de 1,5 L de jus de fruits, on a rempli 6 verres identiques.
Quelle est la contenance d'un verre ?

32 ⋮ Un producteur de jus de pommes a produit 6 489 litres de jus de pomme.
Combien de bouteilles de 75 cL pourra-t-il remplir ?

33 ⋮ Yanis prépare un cocktail avec 0,6 L de jus d'orange, 350 mL de jus de pamplemousse, 1 cL de jus de citron, 5 dL de jus d'ananas et 10 mL de sirop de grenadine.

a. Écris les différentes quantités en litres.

b. Yanis peut-il mettre son cocktail dans un récipient pouvant contenir 1,5 L ?

34 ⋮ **Trace cinq cercles de 3 cm de rayon. Pour chacun d'eux, colorie :**

a. $\frac{1}{4}$ du disque. **c.** $\frac{1}{3}$ du disque. **e.** $\frac{1}{8}$ du disque.

b. $\frac{1}{6}$ du disque. **d.** $\frac{1}{2}$ du disque.

35 ⋮ Une coopérative doit venir chercher 195 sacs de blé chez un agriculteur.

a. Combien de sacs seront transportés à chaque voyage sachant qu'il faudra trois voyages pour tout transporter ?

b. Si un sac pèse 950 hg, quel sera le poids d'un chargement ?

36 ⁝ Le jardinier a dessiné ce massif de fleurs. Il souhaite réaliser un second massif qui sera le symétrique du premier par rapport à l'axe (d).

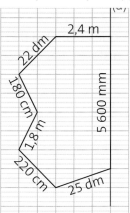 

a. Calcule le périmètre du premier massif.

b. Quel sera le périmètre du second massif ?

c. Le jardinier veut entourer le grand massif, composé des deux petits massifs, d'une bordure en bois. Quelle longueur de bordure devra-t-il prévoir ?

INTERDISCIPLINARITÉ . . . .

GÉOGRAPHIE
37 ⁝ Observe ce tableau représentant l'éloignement de chaque planète par rapport au soleil.

Planète	Éloignement en millions de kilomètres
Neptune	4 504
Saturne	1 429,4
Uranus	2 870,99
Terre	149,60
Jupiter	778,3
Vénus	108,2
Mercure	57,91

a. Pour chaque nombre, indique ce que représente le chiffre 9.

b. Classe ces planètes de la plus éloignée à la plus proche du Soleil.

MUSIQUE
38 ∗ Pour un exposé, Ivan veut faire écouter à la classe des extraits d'hymnes nationaux.

– France : *La Marseillaise*, 1 min 19 s ;

– Brésil : *Hino Nacional Brasileiro*, 1 min 52 s ;

– Allemagne : *Das Lied der Deutschen*, 1 min 14 s ;

– Royaume-Uni : *God Save the Queen*, 1 min 3 s ;

– États-Unis : *The Star-Spangled Banner*, 1 min 18 s ;

– Finlande : *Maamme*, 46 s.

a. Écris les durées de ces extraits sous la forme de nombres décimaux.

b. Range ces six extraits du plus court au plus long.

GÉOGRAPHIE
39 ⁝ Observe ce tableau représentant les temps mis par les huit premiers biathlètes masculins lors de la course des 10 km à Canmore au Canada en février 2016.

Pays	Biathlète	Temps
▬	Julian Eberhard	24 min 36 secondes
▮	Dominik Windisch	24 min 44/100
▬	Dominik Landertinger	24 min 3 dixièmes et 8 centièmes
▮	Martin Fourcade	23 min 51 secondes
▬	Anton Shipulin	24 min 6/100
▬	Simon Eider	24 min 39/100
▬	Simon Schempp	24 min 9 centièmes
▮	Simon Fourcade	24 min 4/10 et 3/100

a. Écris ces nombres sous forme de nombres décimaux.

b. Écris ces nombres décimaux en lettres.

c. Range ces nombres selon la performance de ces biathlètes.

d. Place ces différents nombres sur une droite graduée.

GÉOGRAPHIE
40 ⁝ L'autoroute A709 va permettre le contournement de la ville de Montpellier par le sud.
Ce projet autoroutier, long de 25 km, va doubler le trajet de l'autoroute et a un coût estimé à 775 millions d'euros.

a. À combien revient le prix d'un kilomètre d'autoroute à la construction ?

Actuellement, la partie autoroutière de Montpellier est empruntée par 100 000 véhicules par jour.

b. Combien de véhicules le péage enregistre-t-il en moyenne en une heure ?

SCIENCES
41 ⁝ Monsieur et Madame Durand décident de faire rénover leur maison en changeant tous les radiateurs électriques et en améliorant l'isolation de la maison. L'installateur leur affirme qu'ils devraient diviser leur facture d'électricité par trois.
Sachant que les travaux leur ont coûté 7 320 € et qu'ils payaient 2 745 € d'électricité par an, en combien d'années auront-ils remboursé leurs travaux ?

Problèmes transversaux

NOMBRES ET CALCULS . . . .

1 ✶ Maya organise une course d'escargots avec ses amis. Voici les distances parcourues au bout de 30 minutes :

- escargot de Louanne : 3 m et $\dfrac{57}{100}$ m ;
- escargot de Maël : $\dfrac{98}{100}$ m ;
- escargot de Sandy : $\dfrac{109}{100}$ m ;
- escargot d'Anton : $\dfrac{29}{10}$ m ;
- escargot de Jules : 2 m et $\dfrac{68}{100}$ m ;
- escargot de Maya : 3 m et $\dfrac{2}{10}$ m.

a. Écris ces nombres sous la forme de nombres décimaux.

b. Quels sont les escargots qui ont parcouru entre deux et trois mètres ?

c. Qui a gagné la course ?

d. Range ces nombres dans l'ordre décroissant.

2 ✶ Dans une bouteille d'un litre de parfum, Cora a pris de quoi remplir un flacon de $\dfrac{3}{10}$ de litre, puis un flacon de $\dfrac{45}{100}$ litre.

a. Écris ces nombres sous forme de nombres décimaux.

b. Quelle quantité de parfum reste-t-il dans la grande bouteille après avoir rempli les deux flacons ?

3 ✶ Karim veut expédier par la poste un colis pour l'anniversaire de son neveu. Le carton pèse 0,56 kg. Les cadeaux à envoyer ont une masse de 6,67 kg. Quelle sera la masse totale du colis ?

4 ✶ En raison du mauvais temps, une étape du Paris-Dakar qui devait être longue de 657,2 km a été raccourcie de 79,8 km.
Quelle distance les participants ont-ils finalement parcourue ?

5 ✶ 5 sacs de bonbons coûtent 7 €.
Combien de sacs de bonbons peut-on avoir pour 28 € ?

6 ✶ La voiture de Thomas consomme 6 litres d'essence pour faire 100 km.
Combien consommera-t-elle pour parcourir 400 km ? 50 km ? 150 km ?

7 ✶ Nadia achète un livre à 8,75 € et un CD. Elle paie avec un billet de 20 €. Le disquaire lui rend 0,35 €.
Quel est le prix du CD ?

8 ✶ Voici la liste de quelques planètes de notre système solaire avec leur distance par rapport au Soleil.

Vénus	108,2 millions de km
Mars	227,9 millions de km
Mercure	57,9 millions de km
Terre	149,6 millions de km
Jupiter	778,3 millions de km

a. Quelles sont les distances comprises entre 100 et 200 millions de km ?

b. Range ces planètes de la plus éloignée du Soleil à la plus proche du Soleil.

9 ✶ Dans un carton pouvant contenir 1 kg de marchandise, Edgar place un paquet pesant $\dfrac{3}{4}$ de kilo, et un paquet pesant $\dfrac{1}{5}$ de kilo.

a. Écris ces nombres sous forme de nombres décimaux.

b. Edgar veut mettre un troisième paquet dans le carton. Quelle devra être la masse maximale du troisième paquet ?

10 ✶ 5 magazines coûtent 12 €.
Combien coûtent 10 magazines ? 15 magazines ?

11 ✶ Pour s'entraîner, un cycliste parcourt 163,7 km le lundi, le mercredi et le vendredi. Le dimanche, il augmente la distance de 50 km.
Quelle est la distance parcourue en une semaine ? en un mois ?

12 ⁑ Le menuisier doit découper une baguette de bois de 2 m de long en 4 morceaux :
2 morceaux de 0,55 m ;
2 morceaux de 0,25 m.
Quelle sera la longueur restante ?

13 ⁑ Une course cycliste se déroule en quatre étapes : la première de 179 km, la deuxième de 68,75 km, la troisième de 206,8 km. La course se déroule sur une distance totale de 602,9 km. Quelle est la distance de la quatrième étape ?

14 ⁑ Pour l'achat de cet ensemble, le vendeur a fait une réduction de 42,25 € à Monsieur et Madame Leprince. Combien Monsieur et Madame Leprince ont-ils payé ?

15 ⁑ Sonia veut faire un gâteau. La recette donne les quantités pour 4 personnes :
– 4 œufs ;   – 140 g de sucre ;
– 1 litre de lait ;   – 4 poires.
– 200 g de farine ;
Quelles seront les quantités pour 2 personnes ? 6 personnes ? 8 personnes ? 12 personnes ?

16 ⁑ Sandrine prépare des confitures.
Elle mélange 0,700 kg de groseilles blanches, 1,400 kg de groseilles rouges et 2,350 kg de cassis. Elle doit ensuite ajouter le même poids de sucre que de fruits.
a. Combien de kilos de sucre doit-elle ajouter ?
b. Quel est le poids total de confiture avant cuisson ?

17 ⁑

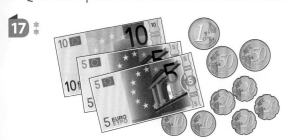

a. Margaux aura-t-elle assez d'argent pour payer ses achats ?
b. Si oui, combien lui restera-t-il d'argent ?

Jambon	3,85
Farine	1,57
Œufs	2,16
Huile	3,09
Fromage	5,74
Yaourts	3,80
Total	......

18 ⁑ Mamie Louise envoie un colis à ses petits-enfants. Elle place dans le carton un ballon pesant 830 g, un dictionnaire pesant 1,27 kg, une encyclopédie pesant 3,65 kg et une paire de chaussures de sport pesant 1,32 kg.

a. Sachant que le carton vide pèse 400 g, quelle est, en kilogrammes, la masse totale du colis ?

b. Mamie Louise consulte le tableau ci-contre. Combien va-t-elle payer pour l'affranchissement du colis ?

Colissimo France	
Jusqu'à 250 g	4,90
Jusqu'à 500 g	6,10
Jusqu'à 750 g	6,90
Jusqu'à 1 000 g	7,50
Jusqu'à 2 000 g	8,50
Jusqu'à 5 000 g	12,50
Jusqu'à 10 000 g	18,50
Jusqu'à 30 000 g	26,50

GRANDEURS ET MESURES ....

19 ⁎ **Observe cette étoile de Noël.**

a. De quelle nature sont les angles de cette étoile ?

b. Que peux-tu dire des angles $\hat{B}$ et $\hat{E}$?

c. Que peux-tu dire des angles $\hat{C}$ et $\hat{D}$?

d. Range ces angles du plus grand au plus petit.

20 ⁑ Observe ces deux décors en faïence. Paul souhaite installer dans sa salle de bains celui qui a la plus grande aire. Lequel doit-il choisir ?

21 ⋮ **Observe le plan de la chambre de Mélissa.**

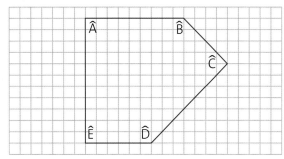

a. De quelle nature sont les angles ?

b. Range-les du plus petit au plus grand.

c. Trace le plan d'une autre chambre pour le petit frère de Mélissa. La chambre doit avoir une autre forme mais la même aire.

ESPACE ET GÉOMÉTRIE

22 ∗ **Observe ce tangram.**

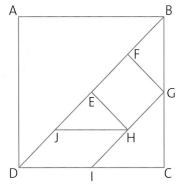

Retrouve tous les polygones qui le composent. Décris chacun d'eux et indique leur nom.

23 ∗ **Reproduis cette figure à l'aide des codes qui figurent sur le dessin.**

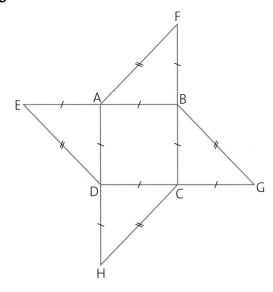

24 ⋮ **Écris la description de cette figure.**

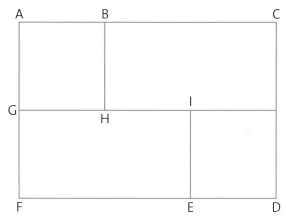

25 ⋮ **Observe cette figure.**

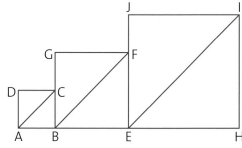

a. Écris le programme de construction qui correspond.

b. Construis la figure.

c. Comment pourrais-tu prolonger cette figure ? Fais-le sur ta construction.

26 ⋮ **Trace la figure qui correspond à ce programme de construction.**

a. Trace un rectangle ABCD tel que AB = CD = 5 cm et AD = BC = 3 cm.

b. Marque le point I, milieu de [AD].

c. Trace le demi-cercle de centre I et de diamètre AD.

d. Marque le point J milieu de [BC].

e. Trace le demi-cercle de centre J et de diamètre BC.

27 ⋮ **Trace la figure qui correspond à ce programme de construction.**

a. Trace un carré de 5 cm de côté.

b. Trace, à l'extérieur du carré, les quatre demi-cercles ayant les côtés du carré comme diamètre.

DOMAINES CROISÉS

28 ∗ Un morceau de sucre pèse 5 g. Combien une boîte de 1 kg contient-elle de morceaux de sucre ?

29 ✷ Pour la Semaine du goût, la maîtresse décide de faire un petit-déjeuner à l'école.

Pour chacun de ses élèves, elle prévoit une brique de lait, une tartine de pain à la confiture et un fruit. Cela revient à 3 € et $\frac{5}{10}$ d'euros par enfant.

a. Écris ce prix sous forme d'un nombre décimal.

b. Combien le petit-déjeuner coûte-t-il pour 2 enfants ? 5 enfants ? 10 enfants ? 15 enfants ? 30 enfants ?

c. Lorsque tu trouves un résultat décimal, écris-le sous la forme d'une fraction décimale.

30 ⁑ Sandro remplit un seau de 10 litres avec le contenu de six bouteilles de 150 centilitres et le contenu de quatre petites bouteilles identiques.

a. Quelle est, en litre, la contenance d'une petite bouteille ?

b. Écris ce nombre sous forme d'une fraction.

31 ⁑ La cour de l'école Prévert est partagée en trois parties.

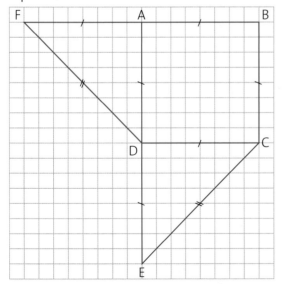

a. Reproduis cette figure à l'aide des instructions qui figurent sur le dessin.

b. Écris le programme de construction de cette figure.

c. Quelles natures d'angles trouve-t-on sur cette figure ?

d. Quelle est l'aire totale de la cour ?

INTERDISCIPLINARITÉ . . . . ✷

EPS
32 ⁑ Voici les résultats du triple saut au championnat d'Europe 2014 à Zurich.

Nom	Longueur en m
Yoann Rapinier	17,01
Fabrizio Donato	16,66
Aleksey Fedorov	17,04
Benjamin Campaoré	17,46
Marian Opréa	16,94
Lyukman Adams	17,09
Nelson Evora	16,78
Pablo Torrijos	16,56

a. Quels athlètes ont sauté entre 16 et 17 mètres ?

b. Quels athlètes ont sauté entre 17 et 18 mètres ?

c. Établis le classement de cette épreuve.

HISTOIRE DES ARTS
33 ⁑ À l'aide des informations données à propos de ces tableaux, réponds aux questions.

Le Sacre de Napoléon
Jacques-Louis David
1805 – 1808
6,21 m × 9,79 m

La Joconde
Léonard de Vinci
1503 – 1506
0,77 m × 0,53 m

Louis XIV en costume de sacre
Hyacinthe Rigaud
1701
2,77 m × 1,94 m

La Liberté guidant le peuple
Eugène Delacroix
1830
2,6 m × 3,25 m

a. Classe ces tableaux selon leur date de création.

b. Calcule le périmètre de chaque tableau.

c. Classe ces tableaux dans l'ordre croissant de leur périmètre.

SCIENCES
34 ⁑ Pour nourrir un éléphant, un responsable d'un zoo doit prévoir chaque jour 60 kg de foin, 15 kg de betteraves et 5 kg d'avoine. Il y a 5 éléphants dans le zoo.

a. Quelle quantité journalière de nourriture doit-il prévoir ?

b. Quelle quantité hebdomadaire doit-il prévoir ?

Crédits photographiques

p. 10 : © nadgob – Fotolia.com

p. 16 : © opka – Fotolia.com

p. 21 : © UbjsP – Fotolia.com

p. 41 hg : © pixelliebe – Fotolia.com

p. 41 hm : © alain wacquier – Fotolia.com

p. 41 hd : © Pictures news – Fotolia.com

p. 41 bg : © Brad Pict – Fotolia.com

p. 41 bm : © Benjamin Lefebvre – Fotolia.com

p. 41 bd : © PL.TH – Fotolia.com

p. 75 : © exopixel – Fotolia.com

p. 76 h : © Meliha Gojak – Fotolia.com

p. 76 b : © Andrey Armyagov – Fotolia.com

p. 81 : © laurenthuet – Fotolia.com

p. 147 g : © gemenacom – Fotolia.com

p. 147 d : © Elnur – Fotolia.com

p. 148 : © Anatolii – Fotolia.com

p. 154 : © birdiegal – Fotolia.com

p. 156 : © mbongo – Fotolia.com

p. 159 g : © Smileus – Fotolia.com

p. 159 d : © henvryfo – Fotolia.com

p. 161 : © Vladislav Gajic – Fotolia.com

p. 165 : © pixelliebe – Fotolia.com

p. 167 : © Christian Schwier – Fotolia.com

p. 179 h : © DEA / G. Dagli Orti – Getty Images

p. 179 m : © Leemage – Getty Images

p. 179 b : © Leemage – Getty Images

p. 182 : © Roman Sigaev – Fotolia.com

p. 185 hg : © Maruba – Fotolia.com

p. 185 hmg : © siraphol – Fotolia.com

p. 185 hmd : © exopixel – Fotolia.com

p. 185 hd : © geniuskp – Fotolia.com

p. 185 bg : © homydesign – Fotolia.com

p. 185 bmg : © gavran333 – Fotolia.com

p. 185 bmd : © fkurtcan01 – Fotolia.com

p. 185 bd : © ronstik – Fotolia.com

p. 191 hg : © Photothèque Hachette Livre

p. 191 hd : © Electa/ Leemage

p. 191 bg : © RMN/R.-G. Ojéda

p. 191 bd : © Photothèque Hachette Livre

Imprimé en Italie par ELCOGRAF Dépôt légal : Mars 2021 - Collection n°23 - Édition n°05 22/2638/0